法律法规释义系列

食盐专营办法释义

主　　编：甘藏春　罗　文

副 主 编：张建华　梁志峰　高延敏

编写人员：方　军　王群峰　安　宁　柳　蜻
孙　平　姚　驰　许长帅　宋占京
赵　阳　李叶萌　钟福俊

中国法制出版社
CHINA LEGAL PUBLISHING HOUSE

序

盐为“百味之首，化工之母”。盐业是我国重要的基础性行业，食盐是关系国计民生的基础性商品、事关人民群众身体健康。党中央、国务院高度重视盐业体制改革工作。中央全面深化改革领导小组第19次会议和中央政治局常委会会议先后对《盐业体制改革方案》进行了审议。2016年4月，国务院正式印发《盐业体制改革方案》（国发〔2016〕25号，以下简称《方案》）。深化盐业体制改革是党中央、国务院一项重大战略决策，是深入推进供给侧结构性改革、进一步完善盐业管理体制的重要举措，对于保障食盐安全，促进行业健康可持续发展，进一步释放市场活力具有深远的战略意义。

1996年国务院颁布《食盐专营办法》，确立了食盐专营制度和以此为核心的盐业管理体制。食盐专营制度为我国食盐加碘消除碘缺乏危害，保障食盐安全供应和广大人民群众身体健康等方面发挥了积极作用。随着我国市场化改革的深入推进，盐业管理体制的一些弊端逐步显现。推进盐业体制改革，有利于形成全国统一的食盐市场，有利于激发食盐企业的活力和创造力，有利于以“最严谨的标准、最严格的监管、最严厉的处罚、最严肃的问责”加强食盐质量安全监管，对食盐违法行为做到“零容忍”。为落实《方案》确定的各项改革措施，保障盐业体制改革顺利进行，需要对《食盐专营办法》进行修改。2017年12月26日，李克强总理签署第696号国务院令公布了新《食盐专营办法》。

修改《食盐专营办法》，是以习近平新时代中国特色社会主义思想为指导，深入贯彻党的十九大精神，按照党中央、国务院决策部署开展的一项重要工作。新《食盐专营办法》坚持发挥市场在资源配置中的决定性作用，改革食盐产、运、销领域的计划管理模式，打破区域限制，取消政府定价，引入市场竞争，释放市场活力。新《食盐专营办法》为了更好地发挥政府作用，在坚持食盐专营制度的基础上，完善监管体制，加强事中事后监管，维护良好的市场秩序，确保食盐质量安全和供应安全。

新《食盐专营办法》是盐业管理的基础性立法，是盐业行业管理和食盐安全监管的制度统领。各级盐业行业主管部门，要以习近平新时代中国特色社会主义思想为指导，以高度的政治责任感和勇于担当的精神，认真学习贯彻落实新《食盐专营办法》，扎实做好宣传和培训工作，大力提升行业执法能力和水平，严明公正执法，确保食盐质量安全和供应安全，保障人民群众身体健康。

为了方便社会各界学习理解和贯彻落实《方案》和新《食盐专营办法》，司法部、工业和信息化部组织编写了《食盐专营办法释义》，对《食盐专营办法》的立法背景、重大意义和条款内容进行了解读，供学习参考。

工业和信息化部党组书记、部长：苗圩

2018 年 9 月

目　　录

导　读

2017年12月26日，国务院总理李克强签署第696号国务院令，公布修订后的《食盐专营办法》，同时废止了国务院1990年3月2日发布的《盐业管理条例》。修订《食盐专营办法》，是中央政治局常委会议和中央全面深化改革领导小组会议部署的立法任务。修订后的《食盐专营办法》，为《盐业体制改革方案》的落地实施提供了牢靠的法律保障，为人民群众安全用盐筑牢了制度笼子。

一、《食盐专营办法》修订的意义

修订《食盐专营办法》，是深入贯彻党的十九大精神和习近平新时代中国特色社会主义思想，认真落实党中央、国务院关于盐业体制改革决策部署的一项重要举措。1990年3月和1996年5月，国务院分别颁布了《盐业管理条例》《食盐专营办法》，建立了以食盐专营制度为核心的盐业管理体制，对促进盐业发展起到了重要的作用。随着改革的不断深入，盐业管理体制、机制的不足日益显现。党中央和国务院高度重视盐业体制改革工作，2015 年 12 月中央全面深化改革领导小组第 19 次会议和 2016 年 1 月中央政治局常委会会议先后审议并原则通过盐业体制改革方案。2016 年 4 月，国务院印发了《盐业体制改革方案》，明确了完善监管体制、完善食盐定点生产和批发环节专营制度、改革食盐生产批发区域限制、工业盐运销管理和食盐储备体系等任务，要求抓紧清理盐业管理法规并提出立改废建议。

修订《食盐专营办法》，是保障食盐质量安全和供应安全的需要。食盐事关人民群众身体健康，与每个人的生活息息相关。推进盐业体制改革，需要认真贯彻落实创新、协调、绿色、开放、共享发展理念，以确保食盐质量安全和供应安全为核心，从食盐生产、销售、储存、监管等方面，保障人民群众的生活需要。

二、《食盐专营办法》修订的思路

一是紧紧围绕《盐业体制改革方案》，落实《盐业体制改革方案》已经明确和各方面达成共识的改革举措。二是发挥市场在资源配置中的决定性作用，改革食盐产、运、销领域的计划管理模式，打破区域限制，取消政府定价，引入市场竞争，释放市场活力。三是更好地发挥政府作用，在坚持食盐专营制度的基础上，完善监管体制，加强事中事后监管，确保食盐质量安全和供应安全，保障人民群众身体健康。

三、《食盐专营办法》修订的主要内容

修订紧扣盐业体制改革任务，以确保食盐质量安全和供应安全为核心，坚持依法治盐，主要体现在以下方面：

（一）完善食盐监管体制。根据《盐业体制改革方案》关于保持现有专业化食盐监管体制不变，探索推进食盐安全监管体制改革，创造条件将食盐质量安全管理与监督职能移交食品药品监管部门或市场监管部门负责的要求，将食盐监管区分为食盐专营监管和食盐质量安全监管，维持了盐业主管部门负责食盐专营工作的职责，并增加规定国务院食品药品监管部门和县级以上地方人

民政府确定的部门负责食盐质量安全监督管理的职责。同时，明确盐业主管部门应当加强工业用盐等非食用盐管理。

（二）完善食盐专营制度。一是坚持和完善食盐定点生产、定点批发制度。明确省级盐业主管部门按照统一规划、合理布局的要求，审批确定食盐定点生产、定点批发企业。二是取消食盐产、运、销等环节的计划管理。删去现行办法关于食盐生产、批发、分配调拨、运输等实行指令性计划管理以及核发食盐准运证的规定。三是取消食盐产销隔离、区域限制制度，打破垄断。规定食盐定点生产企业申请经营食盐批发业务，省级盐业主管部门应当颁发食盐定点批发企业证书，明确食盐定点批发企业在国家规定的范围内销售食盐，任何单位或者个人不得组织或者限制。三是改革食盐定价机制。删去国家规定食盐价格的规定，明确食盐价格由经营者自主确定。增加规定县级以上地方人民政府价格主管部门应当加强食盐零售价格的市场日常监测，当食盐价格显著上涨或者有可能上涨时依法采取价格干预或者其他应急措施。

（三）完善确保食盐供应安全的制度。一是改革食盐储备制度。规定省级盐业主管部门建立健全食盐储备制度，承担政府储备责任，食盐定点生产、定点批发企业承担企业食盐储备责任。二是保障食盐供应。规定县级以上地方人民政府采取必要措施，保障边远地区和民族地区的食盐供应。同时规定盐业主管部门应当会同有关部门制定食盐供应应急预案，在发生突发事件时，协调、保障食盐供应。

（四）强化食盐质量安全管控措施。一是明确国务院食品药品监管部门和县级以上地方人民政府确定的部门负责食盐质量安全监督管理的职责。二是严防工业盐等非食用盐流入食盐市场。对食盐定点生产企业、定点批发企业和非食用盐生产企业规定了产购销记录制度。规定食盐定点批发企业应当从食盐定点生产企业或者其他食盐定点批发企业购进食盐，食盐零售单位应当从食盐定点批发企业购进食盐。规定食盐应当按照规定在外包装上作出标识，非食用盐的包装、标识应当明显区别于食盐。三是明确禁止销售不符合食品安全标准的食盐，禁止将液体盐、工业用盐、井矿盐卤水熬制的盐等作为食盐销售。

（五）完善监管手段和处罚措施。一是增加规定食盐企业及董事、监事、高级管理人员信用管理机制，建立健全信用信息记录和公示制度，对影响食盐安全的严重违法行为，采取食盐行业禁入措施。二是规定了盐业主管部门调查涉嫌盐业违法行为可以依法采取的监督检查措施，增加了部门之间行政执法协作配合和加强信息共享的规定，引入社会监督机制。三是加大处罚力度，将食盐违法行为的罚款额度由原来的“三倍以下罚款”，提高到“5万元以下的罚款”和“货值金额5倍以上10倍以下的罚款”，对将非食盐产品作为食盐销售等行为规定了吊销企业证书等处罚措施。

四、食盐专营基本情况

（一）法规修改情况

《盐业管理条例》（1990年3月2日国务院令第51号发布）和《食盐专营办法》（1996年5月27日国务院令第197号发布）实施以来，各地积极落实，出台了地方性盐业管理立法。据统计，29个省（区、市）出台了盐业管理地方立法。其中，17个为地方法规，12个为政府规章。青海省和西藏自治区未制定盐业管理的地方立法。

2013年12月7日，《国务院关于修改部分行政法规的决定》（国务院令第645号）对《食盐专营办法》进行了第一次修订，将食盐定点生产企业审批权由工业和信息化部负责下放到省级盐业主管部门负责，同时明确食盐准运证统一由省级盐业主管部门负责核发。2014年4月12日，国家发展改革委废止了《食盐专营许可证管理办法》。

2016年4月22日，国务院印发了《盐业体制改革方案》，明确要求“取消食盐产销区域限制，改革食盐定价机制和工业盐管理”“取消食盐定点生产企业只能销售给指定批发企业的规定，允许生产企业进入流通和销售领域，自主确定生产销售数量并建立销售渠道”“取消食盐批发企业只能在指定范围销售的规定，允许向食盐定点生产企业购盐并开展跨区域经营，省级食盐批发企业可开展跨省经营，省级以下食盐批发企业可在本省（区、市）范围内开展经营”“放开食盐出厂、批发和零售价格，由企业根据生产经营成本、食盐品质、市场供求状况等因素自主确定”“取消各地自行设立的两碱工业盐备案制和准运证制度，取消对小工业盐及盐产品进入市场的各类限制，放开小工业盐及盐产品市场和价格”。

2017 年 12 月 26 日，国务院修订了《食盐专营办法》，删除了与上述改革要求不符的规定，修改完善了有关制度，并同时废止了《盐业管理条例》。

（二）相关许可证件情况

食盐专营相关的许可证书，包括食盐定点生产企业证书、食盐定点批发企业证书、食盐准运证和食盐零售许可证。

1. 食盐定点生产企业证书

《食盐专营办法》第八条规定“国家实行食盐定点生产制度。非食盐定点生产企业不得生产食盐”。第九条规定“省、自治区、直辖市人民政府盐业主管部门按照统一规划、合理布局的要求审批确定食盐定点生产企业，颁发食盐定点生产企业证书，及时向社会公布食盐定点生产企业名单，并报国务院盐业主管部门备案”。食盐定点生产企业证书，由省、自治区、直辖市人民政府盐业主管机构颁发。目前，共有 99 家食盐定点生产企业，40 家多品种食盐定点生产企业。

2. 食盐定点批发企业证书

修订前的《食盐专营办法》第十一条第一款规定“经营食盐批发业务的企业，由省、自治区、直辖市人民政府盐业主管机构审查批准，颁发食盐批发许可证，并报国务院盐业主管机构备案”。目前，省级食盐批发企业共有 31 家。修订后的《食盐专营办法》第十三条规定“省、自治区、直辖市人民政府盐业主管部门按照统一规划、合理布局的要求审批确定食盐定点批发企业，颁发食盐定点批发企业证书，及时向社会公布食盐定点批发企业名单，并报国务院盐业主管部门备案。食盐定点生产企业申请经营食盐批发业务的，省、自治区、直辖市人民政府盐业主管部门应当确定其为食盐定点批发企业并颁发食盐定点批发企业证书”。修订后的《食盐专营办法》，将“食盐批发许可证”修改为“食盐定点批发企业证书”，并要求省级盐业主管部门应食盐定点生产企业申请为其颁发食盐定点批发企业证书。

3. 食盐准运许可证

修订前的《食盐专营办法》第十八条第一款规定“托运或者自运食盐的单位和个人，应当持有省、自治区、直辖市人民政府盐业主管机构核发的食盐准运证”。2017 年 1 月，《国务院关于第三批取消中央指定地方实施行政许可事项的决定》（国发〔2017〕7 号）取消了“食盐准运许可证”。修订后的《食盐专营办法》删除了有关“食盐准运许可证”的相关规定。

4. 食盐零售许可证

《盐业管理条例》《食盐专营办法》和《食盐加碘消除碘缺乏危害管理条例》均未设立食盐零售许可制度。食盐零售许可证由部分地方法规自行设立，不符合《盐业体制改革方案》关于“取消对盐产品进入市场的各类限制”的规定。2017年4月，《国家发展改革委办公厅、工业和信息化部办公厅关于进一步落实盐业体制改革有关工作的通知》（发改办经体〔2017〕604号）明确要求“各省、自治区、直辖市人民政府要坚决取消食盐准运证、食盐零售许可证等不符合《方案》精神的行政审批事项”。由于食盐属于食品的一种，根据《食品安全法》第一百五十一条“转基因食品和食盐的食品安全管理，本法未作规定的，适用其他法律、行政法规的规定”及《食品经营许可管理办法》的相关规定，取得食品经营许可证的主体才可以零售食盐。

（三）盐的基本概念

1. 盐

盐的化学成分是氯化钠（NaCl），按质量计算，由39.34%的纳和60.66%的氯组成。盐能与许多物质起化学反应，产生多种钠化合物和氯化合物，或通过电解还原，产生金属钠和气体氯。因而，在工业上有广泛用途，是重要的生产资料。作为生产资料，盐和硫并列为化学工业的两大支柱，盐是碱的基础，硫是酸的基础。烧碱、纯碱、盐酸是用盐作为基础原料；其他化工产品凡是用到氯和钠的，绝大多数取之于盐。此外，在食品、饲料、皮革、陶瓷、玻璃、肥皂、染料、油脂、矿冶、医药、农药等工业部门以及水处理、制冰冷藏、公路除雪等方面，都有广泛应用。

2. 工业盐

包括大工业盐、小工业盐。大工业盐，指用于生产烧碱和纯碱的盐，约占全部工业盐消费量的 80% 以上。小工业盐，指生产两碱（烧碱和纯碱）以外的印染、皮革等工业用盐。另外，还存在工业副产盐，指来源于工业副产的盐，俗称“盐渣”。工业副产盐达不到工业盐质量标准，主要来源于农药、精细化工、纺织印染、金属加工以及化肥生产等行业副产的高盐废水的产物，通常含有微量的有毒有害成分。

3. 食盐

我国供食用的盐包括精制盐、粉碎洗涤盐、日晒细盐及普通盐。按照国家标准《食用盐》（GB/T5461－2016），精制盐指以卤水或盐为原料，用真空蒸发制盐工艺、机械热压缩蒸发制盐工艺或粉碎、洗涤、干燥工艺制得的食用盐，氯化钠含量（g/100g）：优级为不低于99.1%、一级为不低于98.5%、二级为不低于97.2%；粉碎洗涤盐指以海盐、湖盐或岩盐为原料，用粉碎、洗涤工艺制得的食用盐，氯化钠含量（g/100g）：一级为不低于97.2%，二级为不低于96.0%；日晒盐指以日晒卤水浓缩结晶工艺制得的食用盐，氯化钠含量（g/100g）：一级为不低于93.5%，二级为不低于91.2%。

4. 碘盐

根据《食盐加碘消除碘缺乏危害管理条例》，按照国家规定的碘盐浓度规定，在食盐中添加了一定碘的盐，即碘盐。《盐业体制改革方案》要求“确保合格碘盐覆盖率在90%”“国家卫生计生委负责制定食盐加碘标准，组织开展碘缺乏病监测”。2016年8月16日，《国家卫生计生委办公厅、国家发展改革委办公厅、工业和信息化部办公厅关于第七次全国碘缺乏病病情监测和2015年全国碘盐监测情况的通报》（国卫办疾控发〔2016〕34号），公布2015年全国碘盐覆盖率为98.37%。2016年9

月 8 日，《工业和信息化部办公厅、国家发展和改革委员会办公厅关于做好改革过渡期间食盐定点生产企业进入食盐流通销售领域和食盐批发企业开展跨区经营有关工作的通知》（工信厅联消费函〔2016〕585 号）公布了各省（区、市）盐碘浓度规定。其中，山西、内蒙古、吉林、江苏、安徽、江西、山东、广西、云南、湖北、海南、福建、浙江、陕西等 14 个省（区）的盐碘水平为 25mg/kg；天津、湖南、重庆、四川、宁夏、上海、甘肃、青海、西藏、河南、贵州、新疆（包括兵团）等 12 个省（区、市）盐碘水平为 30mg/kg；北京、黑龙江、河北、辽宁、广东等 5 个省（市）的普通人群盐碘水平为 25mg/kg、孕妇盐碘水平为 30mg/kg。

第一章 总 则

本章作为总则，规定了食盐管理的基本制度，是办法的统领和基础。本章明确国家实行食盐专营管理，确定了适用范围和管理对象，规定了食盐监管体制和部门分工，要求实行信用管理和开展行业自律。

第一条 【立法目的】

为了加强对食盐的管理，保障食盐科学加碘工作的有效实施，确保食盐质量安全和供应安全，保护公民的身体健康，制定本办法。

释 义

本条是关于立法目的的规定，贯穿于《食盐专营办法》全文。学习、理解和执行《食盐专营办法》，应立足于立法目的。本条按照逻辑顺序规定了四个立法目的，相互联系、层层递进，揭示了《食盐专营办法》立法设计各项制度的出发点。

一、保护公民的身体健康

开门七件事，柴米油盐酱醋茶。食盐是人民群众日常生活的必需品，每个人都离不开食盐。国以民为本，民以食为天，食以安为先。食盐安全事关人民群众生命安全和身体健康，事关千家万户，与社会安全稳定息息相关。确保食盐安全，保障公民的身体健康，是《食盐专营办法》立法的终极目的或者说是最主要的目的。

二、加强对食盐的管理

加强对食盐的管理，是保障食盐科学加碘工作有效实施和确保食盐质量安全和供应安全的基础。《食盐专营办法》明确规定国家实行食盐专营，规定了食盐定点生产和定点批发制度，确立了食盐监管的体制，是我国食盐管理的基本法规。食盐生产、批发、零售、储备和管理等活动，均应按照《食盐专营办法》和其他法律法规的要求进行。

三、保障食盐科学加碘工作有效实施

保障食盐科学加碘工作有效实施，是开展食盐管理工作的一个目的。《盐业体制改革方案》明确要求“突出食盐安全。完善食盐监管机制，加强企业规范条件和信用体系建设，健全社会食盐储备体系，拓宽碘盐供应渠道，保障食盐质量，实现科学补碘”。根据“实现科学补碘”的要求，此次修订将原“保障食盐加碘工作的有效实施”，修改为了“保障食盐科学加碘工作的有效实施”，对加碘工作提出了更高要求。食盐科学加碘和相应的监管工作，应当遵守《食盐加碘消除碘缺乏危害管理条例》等法律法规的规定。

四、确保食盐安全

确保食盐质量安全和供应安全，是此次修订《食盐专营办法》增加的内容。《盐业体制改革方案》要求“认真落实创新、协调、绿色、开放、共享发展理念，以确保食盐质量安全和供应安全为核心，在坚持食盐专营制度基础上推进供给侧结构性改革，坚持依法治盐”。根据盐业体制改革有关精神，《食盐专营办法》第四条建立了食盐安全监管体制，即国务院食品药品监督管理部门和县级以上地方人民政府确定的食盐质量安全监督管理部门负责食盐质量安全监管，国务院盐业主管部门和县级以上地方人民政府确定的盐业主管部门负责食盐专营工作。根据《中共中央关于深化党和国家机构改革的决定》《深化党和国家机构改革方案》和第十三届全国人民代表大会第一次会议批准的《国务院机构改革方案》，市场监督管理总局负责食品安全监督管理，承担食盐质量安全监管工作。

第二条　【专营管理】

国家实行食盐专营管理。

本办法所称食盐，是指直接食用和制作食品所用的盐。

释　义

本条开宗明义，明确国家实行食盐专营管理。专营制度，是食盐管理工作的根本和基础。《食盐专营办法》围绕“保护公民的身体健康”立法目的，从食盐生产、批发、零售、储备、应急管理、监督检查和执法等多个方面，对“专营”制度进行了规范。

一、食盐专营

食盐专营，自古有之。自春秋时期齐国管仲创制食盐民产、官运、官销的官营制度以来，在漫长的古代时期，食盐由官方经营或者指定的组织经营的专营体制一直占据主导地位。现行食盐专营的法律制度，始于1996

年5月国务院发布的《食盐专营办法》。办法从食盐定点生产、食盐年度生产计划、食盐年度分配调拨计划、食盐批发许可、购盐渠道、政府定价、准运管理等多个方面，规定了食盐专营制度。

在《食盐专营办法》之前，国务院于1990年3月发布了《盐业管理条例》。条例第二十条规定“盐的批发业务，由各级盐业公司统一经营。未设盐业公司的地方，由县级以上人民政府授权的单位统一组织经营”，明确盐（含食盐）的批发由盐业公司和县级以上人民政府授权的单位经营，其他公司或者单位无权经营。1994年2月20日，国务院就原国家经贸委和中国轻工总会《关于进一步依法加强盐业管理若干意见的请示》，作了《关于进一步依法加强盐业管理问题的批复》（国函〔1994〕13号），“同意对食盐实行专营”，并要求“研究制定具体实施办法”。1996年5月出台的《食盐专营办法》具体规定了食盐专营的法律制度。从1996年5月《食盐专营办法》规定的制度看，食盐专营是对食盐生产—批发—零售的全流程监管，涵盖生产计划、购进计划、销售区域、购盐渠道、运输、储备等多个方面，且相关管理要求严格，充分体现了行政管理色彩和主管部门的管理意志。

此次修订《食盐专营办法》，按照《盐业体制改革方案》“在坚持食盐专营制度基础上推进供给侧结构性改革，坚持依法治盐，创新管理方式，健全食盐储备，严格市场监管，建立公平竞争、监管到位的市场环境”的要求，对原有专营制度进行了完善，删除了原来行政管理色彩较浓的产销区域限制和准运许可等制度，放开食盐政府定价和产销计划，适应中国特色社会主义市场经济改革要求。

从现行《食盐专营办法》规定看，食盐专营制度仍体现为对食盐生产—批发—零售的全流程监管，即食盐生产由定点生产企业负责，批发由定点批发企业负责，定点批发企业应当从定点生产企业或者其他定点批发企业购进食盐，食盐零售单位应当从食盐定点批发企业购进食盐。关于食盐专营制度，《盐业体制改革方案》要求“完善食盐定点生产制度。不再核准新增食盐定点生产企业，确保企业数量只减不增”“完善食盐批发环节专营制度。坚持批发专营制度，以现有食盐定点生产企业和食盐批发企业为基数，不再核准新增食盐批发企业”。

为了更好地体现“食盐专营”的管理要求，此次修订《食盐专营办法》特意将“食盐批发许可”修改为“食盐定点批发”，用“定点”这一带有地域布局要求的措辞，表达“专营”的制度含义。

二、食盐定义

本条将食盐界定为“直接食用和制作食品所用的盐”，即食盐包括直接食用的盐和制作食品所用的盐两类。根据国家标准《食用盐》（GB/T5461－2016），食盐指以海水、地下卤水、盐湖卤水、海盐、岩盐或湖盐为原料制成的食用盐。《食盐专营办法》没有在区分直接食用的盐和制作食品所用的盐的基础上规定不同的制度，制作食品所用的盐和直接食用的盐同样适用于食盐专营制度。因此，制作食品所添加的盐，应当是《食盐专营办法》规定的“食盐”，应从食盐定点批发企业或者零售单位购进。

食盐属于食品，《食品安全法》第一百五十一条专门规定“食盐的食品安全管理，本法未作规定的，适用其他法律、行政法规的规定”。因此，食盐的质量安全监管适用《食品安全法》。《食盐专营办法》对此也作了衔接，在第三十条规定“经营者的行为违反本办法的规定同时违反《中华人民共和国食品安全法》的，由县级以上地方人民政府食盐质量安全监督管理部门依照《中华人民共和国食品安全法》进行处罚”。

第三条　【适用范围】

本办法适用于中华人民共和国境内的食盐生产、销售和储备活动。

释　义

本条是关于适用范围的规定，明确境内的食盐生产、销售和储备活动适用《食盐专营办法》。在我国境内任何从事食盐生产、销售和储备的活动，都应遵守《食盐专营办法》的规定。

一、食盐生产

食盐生产，包括食盐的“从无到有”和“从有到优”生产加工活动。《食盐专营办法》未对“食盐生产”进行界定。参照《食品安全法》第二条将食品生产界定为食品生产和加工的规定，食盐生产包括食盐的生产和加工。根据国家标准《食用盐》（GB/T5461－2016），食盐的生产工艺包括真空蒸发制盐、机械热压缩蒸发制盐、粉碎洗涤制盐和日晒制盐等。

根据《食盐专营办法》第八条和第九条，食盐生产实行定点生产制度，生产活动主体特定，即由省级盐业主管部门审批确定的食盐定点生产企业生产，其他任何主体均不得从事食盐生产活动。在境内从事食盐生产活动，应当按照《食盐专营办法》的规定，取得食盐定点生产企业证书。

二、食盐销售

食盐销售，包括批发和零售两个环节。依据《食盐专营办法》第十二条和第十三条，国家实行食盐定点批发制度，批发活动主体特定，即由省级盐业主管部门审批确定的食盐定点批发企业负责，其他任何主体均不得从事食盐批发活动。在境内从事食盐批发活动，应当按照《食盐专营办法》的规定，取得食盐定点批发企业证书。

零售与批发相对，均是食盐从生产者到终端用户之间流通过程中的环节。按照"国家实行食盐定点批发制度。非食盐定点批发企业不得经营食盐批发业务"的要求，食盐定点批发企业以外的主体不得从事食盐批发活动，但可以从事食盐零售活动。食盐零售是直接面向终端用户的一个环节，即零售单位从食盐定点批发企业购进食盐后不可以再向其他零售单位出售食盐。

三、食盐储备

食盐储备包括政府食盐储备和企业社会责任食盐储备。省、自治区、直辖市人民政府盐业主管部门应当根据本行政区域食盐供需情况，建立健全食盐储备制度。《盐业体制改革方案》要求“建立由政府储备和企业社会责任储备组成的全社会食盐储备体系，确保自然灾害和突发事件发生时食盐和原碘的安全供应”。建立食盐储备，是为了在突发事件发生时保障食盐供应安全。

第四条 【管理体制】

国务院盐业主管部门主管全国盐业工作，负责管理全国食盐专营工作。县级以上地方人民政府确定的盐业主管部门负责管理本行政区域的食盐专营工作。

国务院食品药品监督管理部门负责全国食盐质量安全监督管理。县级以上地方人民政府确定的食盐质量安全监督管理部门负责本行政区域的食盐质量安全监督管理。

释 义

本条是关于食盐监管体制的规定，明确了部门之间的职责划分、中央和地方的监管职责。在国家层面，确定国务院盐业主管部门（即工业和信息化部）主管全国盐业工作，国务院食品药品监督管理部门（即市场监督管理总局）负责全国食盐质量安全监督管理工作。地方负责食盐专营工作和食盐质量安全监督管理工作的部门，授权县级以上地方人民政府自行确定。

一、监管分工

根据《盐业体制改革方案》“以确保食盐质量安全和供应安全为核心，在坚持食盐专营制度基础上推进供给侧结构性改革”和“创造条件将食盐质量安全管理与监督职能移交食品药品监管部门或市场监管部门负责”的精神，《食盐专营办法》在原有食盐专营管理制度基础上，划分出食盐质量安全监管职责，明确由食盐质量安全监管部门负责。

食盐专营管理，围绕“食盐供应安全”，负责食盐生产、批发、零售、储备和应急管理，管理对象是食盐的生产和流通活动。食盐质量安全监督管理，围绕“食盐质量安全”，将食盐作为“食品”进行监管，管理对象为食盐的产品质量。由于食盐质量安全监督管理与食盐专营管理并存，且前者由后者管理职责划分而来，食盐质量安全监督管理的法律依据是《食盐专营办法》和《食品安全法》。

二、地方监管部门

地方负责食盐专营管理和食盐质量安全的监督管理部门，有省级、地市级和县级三级。《食盐专营办法》授权县级以上地方人民政府确定具体的负责部门。地方人民政府可以结合地方实际情况，通过地方立法、编制部门文件或者地方盐改方案等，确定具体负责盐业行业管理、专营管理、专营执法、食盐质量安全监督管理的部门。

第五条 【工业盐管理】

盐业主管部门应当加强对工业用盐等非食用盐的管理，防止非食用盐流入食盐市场。

释 义

本条明确了盐业主管部门负责盐业行业管理的职责，要求盐业主管部门加强工业用盐等非食用盐管理，目的是防止非食用盐流入食盐市场，确保食盐供应安全。

一、盐业行业管理职责

食盐是盐的一种。除食盐外，盐还包括工业用盐、农业用盐、渔业畜牧用盐等。1990 年 3 月国务院发布的《盐业管理条例》明确了盐业工作的管理部门。由于此次修订《食盐专营办法》将《盐业管理条例》同时废止，为了明确盐业工作的负责部门和相应管理职责，此次修订《食盐专营办法》吸收了《盐业管理条例》的相关规定，在本条规定“盐业主管部门应当加强对工业用盐等非食用盐的管理”，从法律上明确了盐业主管部门负责盐业行业管理的职责。

二、防止非食用盐流入食盐市场

本条要求盐业主管部门加强工业用盐等的管理，防止非食用盐流入食盐市场，确保食盐安全。为此，《食盐专营办法》第十条要求非食用盐生产企业建立生产销售记录制度，如实记录并保存相关凭证，并要求非食用盐的包装、标识明显区别于食盐，第十九条禁止将工业用盐和其他非食用盐作为食盐销售，第二十七条规定了将非食用盐产品作为食盐销售行为的法律责任。

第六条　【信用管理】

国务院盐业主管部门应当会同有关部门加强对食盐生产、批发企业及其董事、监事、高级管理人员的信用管理，建立健全信用信息记录、公示制度，提高食盐行业信用水平。

释　义

本条是关于食盐行业信用管理机制的规定，要求国务院盐业主管部门会同有关部门加强食盐行业信用管理，提升行业信用水平。

一、国家信用管理政策

加强信用管理，是国家推进“简政放权、放管结合、优化服务”改革中加强事中事后监管的重要措施。《国务院关于“先照后证”改革后加强事中事后监管的意见》（国发〔2015〕62 号）要求“强化信用对市场主体的约束作用，构建以信息归集共享为基础，以信息公示为手段，以信用监管为核心的监管制度”。《国务院关于建立完善守信联合激励和失信联合惩戒制度加快推进社会诚信建设的指导意见》（国发〔2016〕33 号）明确“健全社会信用体系，加快构建以信用为核心的新型市场监管体制。加快推进社会信用体系建设，加强信用信息公开和共享，依法依规运用信用激励和约束手段，构建政府、社会共同参与的跨地区、跨部门、跨领域的守信联合激励和失信联合惩戒机制”。

为了贯彻落实国家推进信用管理的精神，加快推进盐行业信用体系建设，国家发展改革委、工业和信息化部等27个部门印发了《关于对盐行业生产经营严重失信者开展联合惩戒的合作备忘录》(发改经体〔2017〕1164号)，决定对盐行业存在严重失信行为的食盐和非食用盐产品生产经营者实施联合惩戒，明确由工业和信息化部公布存在严重失信行为的食盐和非食用盐产品生产经营者，规定了联合惩戒措施、操作程序及依据。

二、食盐行业信用管理机制

《盐业体制改革方案》明确提出“各级盐业主管机构要会同有关部门、行业协会建立食盐生产、批发企业及其负责人和高管人员信用记录，纳入国家统一的社会信用体系”“对有违法失信行为的企业和个人，有关部门要加大监管力度，依法实施联合惩戒，对行为后果严重且影响食盐安全的，要依法采取行业禁入等措施”。

《食盐专营办法》通过立法形式明确了食盐行业信用

管理制度。在具体制度制定上，明确国务院盐业主管部门应当会同有关部门建立食盐行业信用管理的具体制度，包括信用信息记录、公示等制度等；在实施主体上，各级盐业主管部门和有关部门、行业协会等，应按照《食盐专营办法》和国务院盐业主管部门牵头制定食盐行业信用管理的具体制度，做好信用信息记录、公示、行业禁入等管理；在适用对象上，食盐生产、批发企业及其董事、监事、高级管理人员是食盐行业信用管理的对象。

关于信用管理的适用对象，《食盐专营办法》未使用“食盐定点生产企业”“食盐定点批发企业”的表述，而是“食盐生产、批发企业”。食盐生产、批发企业，指从事食盐生产或者批发活动的企业，而无论该企业是否依法取得食盐定点生产或者定点批发企业证书，抑或是否办理企业工商登记手续。食盐行业信用管理的适用对象是广泛的，包括合法的食盐定点生产和批发企业，也包括非法从事食盐生产、批发活动的企业，目的是加强监管，维护食盐安全。

关于“高级管理人员”，可以参照《公司法》第二百一十六条“高级管理人员，是指公司的经理、副经理、财务负责人，上市公司董事会秘书和公司章程规定的其他人员”的规定确认。

第七条　【行业自律】

依法成立的盐业行业组织依照法律、行政法规和章程，保护企业合法权益，加强行业自律，促进企业守法、诚信经营，引导企业公平竞争。

释　义

本条是关于盐业行业自律的规定，明确了自律依据、自律主体、自律内容。

一、行业自律的必要性

市场经济条件下，行业协会发挥着越来越重要的作用。《中共中央关于深化党和国家机构改革的决定》要求“激发社会组织活力”“推动社会组织规范自律”。《盐业体制改革方案》提出“推进盐业体制改革，实现盐业资源有效配置，进一步释放市场活力”。伴随盐业体制改革的深入推进，特别是允许跨区域经营和放开食盐出厂、批发和零售价格政策的实施，同一地区食盐销售主体逐步增多、产品日益丰富，食盐市场活跃。在食盐市场，须充分发挥有关协会组织的作用，这是转变政府职能，提高食盐行业发展质量的必然要求。

二、自律组织

《食盐专营办法》要求“依法成立的盐业行业组织”“加强行业自律”。根据《盐业体制改革方案》“各级盐业协会要发挥好协调沟通和行业自律的作用”的规定，依法成立的盐业行业组织，包括全国性的自律组织（如中国盐业协会）和地方性的自律组织（如山东省盐业协会、广东省盐业协会）。

三、自律依据

法律、行政法规和章程是行业组织依法开展自律的依据。行业自律是行业主体为了维护共同利益、促进共同发展而成立自律组织，订立自律规范、规范会员行为、维护公平竞争、提升行业发展水平，进行自我管理的活动。行业组织的成立、活动开展，都应依据法律、行政法规的规定进行，如行业自律组织不得违反《反垄断法》第十六条“行业协会不得组织本行业的经营者从事本章禁止的垄断行为”的规定。行业组织的章程，一般包括本组织的宗旨任务、成员权利义务、活动规范等，是开展行业自律的重要依据。

四、自律内容

行业组织开展自律，应当促进和引导企业守法经营、诚信经营、公平竞争。守法经营，是企业的法定义务。督促企业依照法律法规的规定开展业务，是行业自律的重要内容。诚信经营，是对企业和行业组织提出的更高要求，即要求企业以最大的诚意从事民事活动，督促企业重承诺、守信用。公平竞争，是市场良性运行的基础，也是监管的目标。企业应当遵守市场规则，自觉维护公平的竞争秩序。

第二章　食盐生产

本章明确国家实行食盐定点生产制度，规定了开办食盐定点生产企业的基本条件和审批程序，要求食盐定点生产企业和非食盐定点生产企业建立生产销售记录制度，规范了食盐和非食盐包装和标识，禁止利用井矿盐卤水熬制食盐。

第八条　【定点生产】

国家实行食盐定点生产制度。非食盐定点生产企业不得生产食盐。

释　义

本条是关于食盐定点生产制度的规定，明确食盐生产活动的特殊性，规定食盐生产必须由持有食盐定点生产企业证书的企业负责，其他任何单位和个人不得生产食盐。

一、制度含义

定点生产是指主管部门指定某一个或者若干个企业生产某一种或者若干种产品供应市场。定点生产单位通常是根据企业的基本条件、设备状况、技术构成、管理水平和资信等情况确定的。定点生产的作用，一是可以保证产品质量、避免生产的盲目性；二是有利于缓解产销矛盾，提高经济效益。

目前，我国对食盐实行专营，对食盐实行定点生产制度。食盐定点生产是《食盐专营办法》中的专有名词，是构成食盐专营制度体系的重要基础，是对食盐供应和流通链条中生产环节的规范。根据本条和第九条规定，在我国从事食盐生产经营活动的食盐定点生产企业，必须是经省级盐业主管部门审核，取得食盐定点生产企业证书的企业，未取得食盐定点生产企业证书的任何单位和个人不得从事食盐生产经营活动。

二、制度沿革

1996 年 5 月，国务院出台《食盐专营办法》，明确国家对食盐实行定点生产制度，由国务院盐业主管部门审批确定食盐定点生产企业，规定国家对食盐生产实行指令性计划管理，禁止非食盐定点生产企业生产食盐。

2013年12月，《国务院关于修改部分行政法规的决定》（国务院令第645号）将食盐定点生产企业审批权由国务院盐业主管部门下放到省、自治区、直辖市人民政府盐业主管机构负责。2015年5月，《国务院关于取消非行政许可审批事项的决定》（国发〔2015〕27号）取消了食盐生产限额年度计划审批、食盐分配调拨计划和干线运输计划审批项目。

此次修订《食盐专营办法》，按照《盐业体制改革方案》“在坚持食盐专营制度基础上推进供给侧结构性改革”的精神，除明确“国家实行食盐定点生产制度”对生产企业实施资质管理外，不对生产计划、产量、调拨等进行要求，尊重生产企业的市场主体地位，释放市场活力。

三、食盐生产基本情况

截至目前，我国共有各类制盐企业286家（含工业盐生产企业）。其中，食盐定点生产企业99家，多品种食盐定点生产企业40家。我国食盐产大于销，存在产能过剩问题。2017年，我国原盐产能达到11075万吨，其中食盐产能4800万吨，已达世界第一；原盐库存2592万吨，其中小包装食盐590万吨、食品加工用盐380万吨，食盐消费量980万吨。总体上，食盐需求弹性相对较小，增长乏力，食盐需求市场相对饱和。

2015年，国家取消对小工业盐及盐产品进入市场的各类限制，放开小工业盐及盐产品市场和价格后，为预防非食用盐产品流入食盐市场，确保合格碘盐覆盖率在90%以上，基于食盐产能调控、碘盐供应等原因，需要坚持食盐定点生产制度，促进行业稳定健康的发展。

第九条　【证书颁发】

省、自治区、直辖市人民政府盐业主管部门按照统一规划、合理布局的要求审批确定食盐定点生产企业，颁发食盐定点生产企业证书，及时向社会公布食盐定点生产企业名单，并报国务院盐业主管部门备案。

释　义

本条是关于食盐定点生产企业证书颁发的规定，明确了食盐定点生产企业的审批确定主体、审批程序。

一、审批主体

本条确定省、自治区、直辖市人民政府盐业主管部门是食盐定点生产企业证书的颁发主体。1996年5月国务院公布的《食盐专营办法》，规定国务院盐业主管机构根据食盐资源状况和国家核定的食盐产量，按照合理布局、保障质量的要求，确定食盐定点生产企业。1996 年 9 月，原国家工商行政管理局、中国轻工总会印发了《关于对食盐生产、批发企业进行重新登记的通知》，要求“现从事食盐生产、批发业务的企业，须在 1996 年 10 月 15 日以前，向各省、自治区、直辖市人民政府盐业主管机构提出经营申请。符合条件的，由盐业主管机构发给食盐定点生产企业证书或食盐批发许可证”。

1997 年中国轻工业总会盐业管理办公室、中国盐业总公司印发了《关于加强多品种食盐管理的若干规定》（中盐生〔1997〕113 号），决定对多品种食盐生产实行准产证制度。该规定所指多品种食盐包括：强化营养盐、调味盐、低钠盐等所有直接食用和制作食品所用的食盐。目前《关于加强多品种食盐管理的若干规定》已被废止。截至当前，全国共 40 家企业取得多品种食盐定点生产企业证书。

2013 年 12 月《国务院关于取消和下放一批行政审批项目的决定》（国发〔2013〕44 号），明确将食盐定点生产企业审批部门由工业和信息化部下放至省级人民政府盐业行政主管部门。

二、审批条件

本条要求省级盐业主管部门“按照统一规划、合理布局的要求审批确定食盐定点生产企业”。“统一规划、合理布局”是省级盐业主管部门审批确定食盐定点生产企业的总体要求。

此次修订《食盐专营办法》，将确定食盐定点生产企业的条件从原来的“国务院盐业主管机构根据食盐资源状况和国家核定的食盐产量，按照合理布局、保证质量的要求，确定食盐定点生产企业”，修改为“省、自治区、直辖市人民政府盐业主管部门按照统一规划、合理布局的要求审批确定食盐定点生产企业”，为落实《盐业体制改革方案》“工业和信息化部牵头，制定食盐生产、批发企业的规范条件。省级盐业主管机构要依照新的规范条件对现有食盐生产、批发企业资质重新进行严格审核后报工业和信息化部备案”的要求提供了上位法依据。

为了落实《盐业体制改革方案》和《食盐专营办法》，2018 年 4 月 12 日工业和信息化部公告 2018 年第 19 号公布了《食盐定点生产企业和食盐定点批发企业规范条件》和《食盐定点生产企业和食盐定点批发企业规范条件管理办法》，细化了确定食盐定点生产企业的具体条件，包括经营能力、技术和设备设施条件、质量管理要求、信用和储备管理要求等。省级盐业主管部门确定食盐定点生产企业，应当依据《食盐专营办法》和《食盐定点生产企业和食盐定点批发企业规范条件》规定的条件进行审核。

三、审批程序

本条要求省级盐业主管部门确定食盐定点生产企业、颁发食盐定点批发企业证书后，及时向社会公布食盐定点生产企业名单，并报国务院盐业主管部门备案。省级盐业主管部门确定食盐定点生产企业、颁发食盐定点批发企业证书，应当按照《行政许可法》和《食盐定点生产企业和食盐定点批发企业规范条件管理办法》规定的申请、受理、审核、颁证等程序进行。

按照《盐业体制改革方案》“完善食盐定点生产制度。不再核准新增食盐定点生产企业，确保企业数量只减不增。鼓励食盐生产与批发企业产销一体。鼓励社会资本进入食盐生产领域，与现有定点生产企业进行合作”的要求，省级盐业主管部门只能受理已经持有食盐定点生产证书、从事食盐生产活动企业的申请。

根据推进政务公开的要求，按照《行政许可法》第四十条“行政机关作出的准予行政许可决定，应当予以公开，公众有权查阅”的规定，本条要求省级盐业主管部门及时向社会公布食盐定点生产企业名单，便于社会公众查询和知晓。同时，为了便于对全国食盐定点批发企业整体情况的了解，本条要求省级盐业主管部门将食盐定点生产企业名单向工业和信息化部备案。

第十条 【生产销售记录和标识】

食盐定点生产企业和非食用盐生产企业应当建立生产销售记录制度，如实记录并保存相关凭证。记录和凭证保存期限不得少于2年。

食盐应当按照规定在外包装上作出标识，非食用盐的包装、标识应当明显区别于食盐。

释 义

本条是关于食盐产品生产销售记录制度和标识要求的规定，目的是便于社会公众辨识区分食盐和非食用盐，防止非食用盐流入食盐市场，并建立追溯渠道，督促企业履行社会责任，接受社会监督，确保食盐供应安全，对社会公众负责。

一、生产销售记录制度

本条要求食盐定点生产企业和非食盐定点生产企业建立生产销售记录制度，如实记录和保存相关凭证，目的是加强对食盐和非食盐产品生产和销售过程的监管，确保生产和销售链条可以被有效追溯，防止工业盐等非食用盐流入食盐市场，保证生产和销售的食盐的安全。

建立生产销售记录制度，是食盐定点生产企业和非食用盐生产企业的法定义务，包括三方面内容：一是如实记录每批次生产盐产品的名称、规格、数量、生产日期或生产批号、保质期等；二是记录每批次生产销售盐产品的出库日期、销售对象（指批发或者零售网点）、数量、购货单位名称、地址、联系方式等信息内容；三是保存购销合同、发票等反映盐产品生产和销售活动的凭证。

二、记录保存期限

本条要求食盐定点生产企业和非食用盐生产企业保存记录和凭证的期限不得少于 2 年。保存期限应当从记录和凭证产生之日起计算。违反本条规定，食盐定点生产企业和非食用盐生产企业未建立生产销售记录制度、未保存相关凭证或者虚假保存相关凭证、保存记录和凭证少于2年等的行为，将由盐业主管部门给予行政处罚。

三、标识特殊要求

为了便于社会公众辨识区分食盐和非食用盐，避免混淆，防止非食用盐流入食盐市场，本条要求食盐应当按照规定在外包装上作出标识，非食用盐的包装、标识应当明显区别于食盐。根据本条的立法目的，本条规定的食盐外包装标识要求，指标注包装内产品为食盐，并标注追溯标识；非食用盐的包装、标识明显区别于食盐，应当在外包装上标注“工业用盐”“非食用盐”或者“禁止食用”字样，提示提醒消费者，避免误食误用。

第十一条　【禁止熬制食盐】

禁止利用井矿盐卤水熬制食盐。

释　义

本条关于禁止利用井矿盐卤水熬制食盐的规定，任何单位和个人都不得利用井矿盐卤水熬制食盐。

食盐是人们生活的必需品，每天离不开，事关身体健康。为确保食盐质量安全，本条从生产制作工艺角度，严禁利用井矿盐卤水熬制食盐。

国家明令禁止利用井矿盐卤水熬制食盐，主要有三方面的考虑：一是利用容器熬制食盐的生产条件不易控制。如果条件控制不当，在井矿盐卤水蒸发结晶生成氯化钠（盐）的过程中，会同时生成硫酸钠、硫酸钙等无机盐，甚至会生成含有钡离子等重金属有害物质，影响食盐质量安全。二是熬制过程中产品极易受到污染。利用井矿盐熬制食盐单位多为个人或小作坊式生产，生产条件简陋，产品极易受到污染。三是容易造成环境污染等二次污染。利用井矿盐卤水熬制食盐，不仅产品质量得不到保证，而且污染环境，应严格禁止。

第三章 食盐销售

本章是适用于食盐批发和零售活动，对食盐供应和流通链条进行了规范。本章明确国家实行食盐定点批发制度，规定了食盐定点批发企业证书的颁发、购盐渠道、采购销售记录、价格确定和监测、边远和民族地区供盐保障等制度。

第十二条 【定点批发】

国家实行食盐定点批发制度。非食盐定点批发企业不得经营食盐批发业务。

释 义

本条是关于食盐定点批发制度的规定，规范对象是食盐批发活动。

一、制度含义

食盐定点批发是构成食盐专营制度体系的基础之一，

是对食盐流通链条中批发环节的规范。根据本条和第十二条规定，在我国从事食盐批发活动的，必须取得省、自治区、直辖市人民政府盐业主管部门颁发的食盐定点批发企业证书，未取得食盐定点批发企业证书的任何单位和个人不得从事食盐批发业务。

二、制度沿革

在实行食盐定点批发制度前，为了确保食盐市场供应，食盐销售一直实行计划管理。1988 年，原轻工业部和国家计划委员会联合印发了《关于食盐计划管理暂行办法》，明确“食盐是国家指令性计划，轻工业部统一分配调拨的商品”，规定轻工业部委托中国盐业总公司行使分配调拨权，负责督促检查各地盐业产销部门执行计划，各省、自治区、直辖市、计划单列市盐业公司（兼营公司）具体负责贯彻实施。1990 年，国务院发布《盐业管理条例》，规定食用盐由国家实行统一分配调拨。1996 年，国务院发布《食盐专营办法》，规定国家对食盐的分配调拨实行指令性计划管理，并要求食盐批发企业应当按照国家计划购进食盐，对从事食盐批发活动的主体资格和购进食盐的数量同时进行管理。

三、制度变化

此次修订《食盐专营办法》，对食盐批发的管理模式做了较大调整，根据2015年《国务院关于取消非行政许可审批事项的决定》（国发〔2015〕27号）取消“食盐分配调拨计划和干线运输计划审批”的要求，取消了食盐分配调拨的计划管理，删除了“食盐批发企业应当按照国家计划购进食盐”的规定，不再对食盐批发企业购进食盐的数量进行监管，仅对从事食盐批发活动的主体资格进行监管。

《盐业体制改革方案》要求“坚持批发专营制度，以现有食盐定点生产企业和食盐批发企业为基数，不再核准新增食盐批发企业”，明确不再新增食盐定点批发企业。为了落实《盐业体制改革方案》“确保企业数量只减不增”的改革要求，此次修订《食盐专营办法》将“食盐批发企业许可”修改为“食盐定点批发”，更加明确了食盐的专营属性，为盐业主管部门审批食盐定点批发企业证书申请的活动赋予了制度空间。

第十三条 【证书颁发】

省、自治区、直辖市人民政府盐业主管部门按照统一规划、合理布局的要求审批确定食盐定点批发企业，颁发食盐定点批发企业证书，及时向社会公布食盐定点批发企业名单，并报国务院盐业主管部门备案。

食盐定点生产企业申请经营食盐批发业务的，省、自治区、直辖市人民政府盐业主管部门应当确定其为食盐定点批发企业并颁发食盐定点批发企业证书。

释 义

本条是关于食盐定点批发企业证书审批主体、审批条件、审批程序的规定，对盐业主管部门颁发食盐定点批发企业证书的基本制度作了规定。

一、审批主体

1996 年 5 月，国务院发布《食盐专营办法》，在第十一条规定“经营食盐批发业务的企业由省、自治区、直辖市人民政府盐业主管审查批准”。为了推进《食盐专营办法》的实施，1996 年 9 月原国家工商行政管理局、中国轻工总会印发《关于对食盐生产、批发企业进行重新登记的通知》，要求“现从事食盐生产、批发业务的企业，须在1996年10月15日以前，向各省、自治区、直辖市人民政府盐业主管机构提出经营申请。符合条件的，由盐业主管机构发给食盐定点生产企业证书或食盐批发许可证。生产、批发企业凭‘证书’或‘许可证’，于1个月内向工商行政管理部门申请重新登记”。

此次修订《食盐专营办法》，仍将省、自治区、直辖市人民政府盐业主管部门确定为食盐定点批发企业证书的审批主体。自食盐专营制度确定以来，食盐定点批发企业证书的审批主体，一直是省级盐业主管部门，未曾发生改变。

二、审批条件

本条要求省级盐业主管部门“按照统一规划、合理布局的要求审批确定食盐定点批发企业”。“统一规划、合理布局”是省级盐业主管部门审批确定食盐定点批发企业的总体要求。修订前的《食盐专营办法》第十二条将“取得食盐批发许可证”的条件规定为“有与经营规模相适应的注册资本”“有固定的经营场所”“有符合国家规定的仓储措施”和“符合本地区食盐批发企业合理布局的要求”等。

此次修订《食盐专营办法》，将确定食盐定点批发企业的条件修改为“统一规划、合理布局”，而未规定详细具体的条件，目的是落实《盐业体制改革方案》“工业和信息化部牵头，制定食盐生产、批发企业的规范条件。省级盐业主管机构要依照新的规范条件对现有食盐生产、批发企业资质重新进行严格审核后报工业和信息化部备案”的要求，为工业和信息化部制定食盐定点批发企业规范条件提供上位法依据。

为了贯彻落实《盐业体制改革方案》和《食盐专营办法》，2018 年 4 月 12 日工业和信息化部公告 2018 年第 19 号公布了《食盐定点生产企业和食盐定点批发企业规范条件》和《食盐定点生产企业和食盐定点批发企业规范条件管理办法》，细化了确定食盐定点批发企业的具体条件，包括经营能力、技术和设备设施条件、质量管理要求、信用和储备管理要求等。省级盐业主管部门确定食盐定点批发企业，应当依据《食盐专营办法》和《食盐定点生产企业和食盐定点批发企业规范条件》规定的条件进行审核。

三、审批程序

本条要求省级盐业主管部门确定食盐定点生产企业、

颁发食盐定点批发企业证书后，及时向社会公布食盐定点批发企业名单，并报国务院盐业主管部门备案。省级盐业主管部门确定食盐定点生产企业、颁发食盐定点批发企业证书，应当按照《行政许可法》和《食盐定点生产企业和食盐定点批发企业规范条件管理办法》规定申请、受理、审核、颁证等程序进行。按照《盐业体制改革方案》“坚持批发专营制度，以现有食盐定点生产企业和食盐批发企业为基数，不再核准新增食盐批发企业”的要求，省级盐业主管部门只能受理已经持有食盐批发许可证、从事食盐定点批发活动企业的申请。

根据推进政务公开的要求，按照《行政许可法》第四十条“行政机关作出的准予行政许可决定，应当予以公开，公众有权查阅”的规定，本条要求省级盐业主管部门及时向社会公布食盐定点生产企业名单，便于社会公众查询和知晓。同时，为了便于对全国食盐定点批发企业整体情况的了解，本条要求省级盐业主管部门将食盐定点生产企业名单向工业和信息化部备案。

四、特别规定

根据《盐业体制改革方案》“取消食盐定点生产企业只能销售给指定批发企业的规定，允许生产企业进入流通和销售领域，自主确定生产销售数量并建立销售渠道，以自有品牌开展跨区域经营”的规定，本条明确“食盐定点生产企业申请经营食盐批发业务的，省、自治区、直辖市人民政府盐业主管部门应当确定其为食盐定点批发企业并颁发食盐定点批发企业证书”。根据该规定，食盐定点生产企业提出经营食盐批发企业申请的，省级盐业主管部门即应为其颁发食盐定点企业证书。

第十四条 【购盐渠道和销售范围】

食盐定点批发企业应当从食盐定点生产企业或者其他食盐定点批发企业购进食盐，在国家规定的范围内销售。

食盐定点批发企业在国家规定的范围内销售食盐，任何单位或者个人不得阻止或者限制。

释 义

本条是关于食盐定点批发企业购盐渠道和销售范围的规定。食盐定点批发企业的购盐和销盐活动，是食盐流通链条中的重要环节，是食盐专营管理中的重要关节。

一、购盐渠道

本条规定了食盐定点批发企业购进食盐的两个渠道，一是从食盐定点生产企业购进食盐，二是从本企业以外的其他食盐定点批发企业购进食盐。食盐定点批发企业从除食盐定点生产企业、其他食盐定点批发企业以外的单位或者个人购进食盐的，将面临没收违法购进的食盐和处以违法购进的食盐货值金额3倍以下的罚款的行政处罚（《食盐专营办法》第二十八条)。

对食盐定点批发企业购进食盐的活动进行严格监管，一直是食盐专营管理的内容，是确保食盐流通安全的要求。1996年5月国务院发布的《食盐专营办法》，明确规定国家对食盐的分配调拨实行指令性计划管理，要求食盐批发企业应当按照国家计划购进食盐。此次修订《食盐专营办法》，根据《盐业体制改革方案》“实现盐业资源有效配置，进一步释放市场活力”的改革精神，删除了国家对食盐的分配调拨实行指令性计划管理和要求食盐批发企业应当按照国家计划购进食盐的规定，但从确保食盐供应安全目的出发，要求食盐定点批发企业“应当从食盐定点生产企业或者其他食盐定点批发企业购进食盐”。

二、销售范围

本条要求食盐定点批发企业在国家规定的范围内销售。"国家规定的范围" 指区域范围：一方面，《盐业体制改革方案》明确要求 "取消食盐批发企业只能在指定范围销售的规定，允许向食盐定点生产企业购盐并开展跨区域经营，省级食盐批发企业可开展跨省经营，省级以下食盐批发企业可在本省（区、市）范围内开展经营"；另一方面，《食盐加碘消除碘缺乏危害管理条例》要求 "在缺碘地区销售的碘盐必须达到规定的含碘量，禁止非碘盐和不合格碘盐进入缺碘地区食用盐市场"。

《盐业体制改革方案》取消对食盐批发活动的区域限制，目的是增加区域内食盐批发经营主体的数量，丰富食盐产品供给，打破区域垄断，释放市场活力，为行业健康发展提供动力。为了保障食盐定点批发企业的自主经营权，保护其开展跨区经营的积极性，本条规定 "食盐定点批发企业在国家规定的范围内销售食盐，任何单位或者个人不得阻止或者限制"。

第十五条 【采购销售记录】

食盐定点批发企业应当建立采购销售记录制度，如实记录并保存相关凭证。记录和凭证保存期限不得少于2年。

释 义

本条是关于食盐定点批发企业建立采购和销售记录制度的规定，包括建立采购销售记录制度和按照法定期限保存记录和凭证两个方面。

一、记录制度

本条要求食盐定点批发企业建立采购销售记录制度，如实记录和保存相关凭证，目的是加强对食盐产品购进和批发过程的监管，确保食盐产品供应链条可以被追溯，保证购进和销售食盐的安全，对社会公众负责，督促企业履行社会责任，接受社会监督。

建立食盐采购销售记录制度，是食盐定点批发企业的法定义务，包括三方面内容：一是如实记录每批次购进食盐产品的名称、规格、数量、生产日期或生产批号、保质期、购进日期及供货商名称、地址、联系方式等内容；二是记录每批次销售食盐产品的出库日期、销售地点（指批发或者零售网点）、数量、购货单位名称、地址、联系方式等信息内容；三是保存购销合同、发票等反映食盐购进和销售活动的凭证。

二、保存期限

本条要求食盐定点批发企业保存记录和凭证的期限不得少于2年。保存期限应当从记录和凭证产生之日起起算。违反本条规定，食盐定点批发企业未保存采购销售记录的，将受到行政处罚。

第十六条　【零售单位购盐】

食盐零售单位应当从食盐定点批发企业购进食盐。

释　义

本条是关于食盐零售单位购进食盐渠道的规定，要求食盐零售单位应当从食盐定点批发企业购进食盐。

一、食盐零售单位

本条适用于食盐零售单位，对其购进食盐的行为进行规范。食盐零售单位，指食盐定点批发企业以外的从事食盐销售的单位。根据《零售业态分类》（GB/T18106

－2004）国家标准的界定，零售业态包括食杂店、便利店、折扣店、超市、大型超市、仓储会员店、百货店、专业店、专卖店、家居建材店、购物中心、厂家直销中心、电视购物、邮购、网上商店、自动售货亭、电话购物等17种业态。国家法律没有对食盐零售活动设定行政许可项目，从事食盐零售活动不需要取得食盐零售方面的行政许可，但由于食盐属于食品的一种，根据《食品安全法》的规定，从事食盐零售活动的单位应当办理食品经营许可证。

本条删除了原“受委托代销食盐的个体工商户、代购代销店以及食品加工用盐的单位，应当从当地取得食盐批发许可证的企业购进食盐”，一是取消了盐业公司委托代理批发的代销食盐的个体工商户、代购代销店的模式，即传统的食盐“转代批”模式，二是取消了食品加工用盐单位应当从当地取得食盐批发许可证的企业购进食盐的限制。取消食盐“转代批”模式，在于《盐业体制改革方案》要求批发企业“只减不增”，“转代批”模式相当于增加了食盐定点批发企业的数量。取消食品加工用盐单位应当从当地取得食盐批发许可证的企业购进食盐的规定，将允许食品加工用盐单位从食盐定点批发企业和食盐零售单位购进食盐。

二、购盐渠道

本条要求食盐零售单位从食盐定点批发企业购进食盐。食盐零售单位不得从食盐定点批发企业以外的任何单位和个人（如其他食盐零售单位）购进食盐，否则将面临没收违法购进的食盐和违法购进食盐货值金额3倍以下的罚款等行政处罚。食盐零售单位可以从当地的食盐定点批发企业购进食盐，也可以从外地的食盐定点批发企业购进食盐。

第十七条　【价格确定和监测】

食盐价格由经营者自主确定。

县级以上地方人民政府价格主管部门应当加强对食盐零售价格的市场日常监测。当食盐价格显著上涨或者有可能显著上涨时，省、自治区、直辖市人民政府可以依法采取价格干预或者其他应急措施。

释　义

本条是关于食盐价格确定和监测的规定，明确赋予食盐经营者自主定价权，同时规定了省、自治区、直辖市人民政府干预食盐价格的职责。

一、食盐价格确定

本条明确规定食盐价格由经营者自主确定，赋予食盐经营者自主定价权，是盐业体制改革的重要内容。该规定包括三方面的含义：一是食盐定点生产企业可以自主确定出厂价，二是食盐定点批发企业可以自主确定批发价，三是食盐零售单位可以自主确定零售价。本条赋予食盐经营者自主定价权，是落实《盐业体制改革方案》“改革食盐政府定价机制。放开食盐出厂、批发和零售价格”要求的需要。食盐定点生产企业、定点批发企业和零售单位，可以根据生产经营成本、食盐品质、市场供求状况等因素自主确定食盐价格。

盐业体制改革前，食盐价格一直实行政府定价的管理模式。1996 年国务院发布的《食盐专营办法》规定，食盐的出厂价格、批发价格和零售价格“应当执行国家规定的食盐价格”。2003 年国家发展和改革委员会印发《食盐价格管理办法》，规定食盐价格实行政府定价，按照食盐生产、经销环节分别制定食盐的出厂价格、批发价格（含产区批发价格和销区批发价格）和零售价格，明确食盐价格实行统一领导、分级管理，即国务院价格主管部门负责制定或调整食盐的出厂价格、批发价格，省、自治区、直辖市价格主管部门制定或调整食盐零售价格和小包装费用标准。

2016 年 4 月，《盐业体制改革方案》确立了盐业体制市场化的改革方向，要求放开食盐出厂、批发和零售价格，授权企业自主确定食盐价格。2016 年 10 月，国家发展和改革委员会出台《关于废止〈食盐价格管理办法〉的决定》，决定自 2017 年 1 月 1 日起废止《食盐价格管理办法》。按照《盐业体制改革方案》“从 2017 年 1 月 1 日开始，放开所有盐产品价格”的要求，2017 年 1 月 1 日起食盐由政府定价的模式不再实施。

食盐价格实行市场调节价后，食盐定点生产、批发和零售单位应当遵守《价格法》及《价格违法行为行政处罚规定》《价格监测规定》《关于商品和服务实行明码标价的规定》等规定，约束自主定价行为，明码标价，不得有不正当价格行为。

二、食盐价格监测

为了保持食盐价格基本稳定，防止普通食盐价格异常波动，保障食盐稳定供应，本条依据《价格法》第二十八条“政府价格主管部门应当建立价格监测制度，对重要商品、服务价格的变动进行监测”的规定，将食盐作为“重要商品”，要求县级以上地方人民政府价格主管部门加强对食盐零售价格的市场日常监测。本条规定的价格监测制度的实施主体是县级以上地方人民政府价格主管部门，不包括国务院价格主管部门（即国家发展和改革委员会）；监测对象是食盐零售价格，而非食盐出厂价、批发价。

同时，依据《价格法》第三十条“当重要商品和服务价格显著上涨或者有可能显著上涨，国务院和省、自治区、直辖市人民政府可以对部分价格采取限定差价率或者利润率、规定限价、实行提价申报制度和调价备案制度等干预措施”的规定，本条授权省、自治区、直辖市人民政府在食盐价格显著上涨或者有可能显著上涨时，依法采取价格干预或者其他应急措施。省、自治区、直辖市人民政府采取价格干预或者其他应急措施，应当遵守《价格法》和《食盐专营办法》的规定。

第十八条　【政府保障】

县级以上地方人民政府应当根据实际情况，采取必要措施，保障边远地区和民族地区的食盐供应。

释 义

本条是关于保障边远地区和民族地区食盐供应的规定。

食盐是生活必需品，与人民群众身体健康息息相关。为了保证边远地区和经济欠发达的边疆民族地区人民能够吃得上、吃得起合格碘盐，本条要求县级以上地方人民政府根据实际情况，采取必要措施，保障边远地区和民族地区的食盐供应。根据《盐业体制改革方案》的要求，县级以上地方人民政府可以选择政府补贴运销费用或者直接补贴贫困人口等方式保障食盐供应。

保障食盐供应措施的实施主体是县级以上地方人民政府。盐业体制改革之前，保障食盐供应工作一般由各地盐业公司负责，具体采用“以近补远”“抽肥补瘦”等方式保障老、少、边、穷地区普通食盐的供应。根据《盐业体制改革方案》“研究剥离食盐批发企业承担的行政管理职能”的要求，各地盐业公司将逐渐实现“政企分开”，不再承担食盐专营管理工作，不宜负责“保障边远地区和民族地区的食盐供应”的工作。本条根据《盐业体制改革方案》的有关要求，明确边远地区和民族地区等帮扶地区的食盐供应由政府提供保障。

第十九条　【禁止销售】

禁止销售不符合食品安全标准的食盐。

禁止将下列产品作为食盐销售：

（一）液体盐（含天然卤水）；

（二）工业用盐和其他非食用盐；

（三）利用盐土、硝土或者工业废渣、废液制作的盐；

（四）利用井矿盐卤水熬制的盐；

（五）外包装上无标识或者标识不符合国家有关规定的盐。

释　义

本条是关于禁止销售的盐产品范围的规定，目的是保障食盐安全，确保人民群众身体健康。

一、销售的含义

本条规定的销售，指出售这一活动，包括生产者将自己生产的产品销售给批发者、批发者将产品销售给零售者和零售者将产品销售给终端用户等行为。具体到食盐领域，本条规定的“销售”，不单指合法的食盐定点生产企业、批发企业和零售单位批发、零售食盐的行为，还指未取得食盐定点生产企业证书或者定点批发企业证书等的主体的销售行为。

本条未明确“销售”活动的主体范围，目的是禁止任何单位和个人销售不符合食品安全标准的食盐和将工业用盐等作为食盐销售的行为。对于违反本条规定，具有本条第一款禁止的销售行为的，依据《食盐专营办法》第三十条的规定，由县级以上地方人民政府食盐质量安全监督管理部门依照《中华人民共和国食品安全法》进行处罚；具有本条第二款禁止的销售行为的，依据《食盐专营办法》第二十七条的规定，由县级以上地方人民政府盐业主管部门作为“将非食用盐产品作为食盐销售”的行为进行处罚。

二、禁止销售的产品范围

禁止销售的产品包括两类：不符合食品安全标准的食盐和非食用盐产品。

（一）不符合食品安全标准的食盐

本条第一款禁止销售的不符合食品安全标准的食盐，包括两层含义：一是销售的产品本质上属于食盐；二是销售的食盐不符合食品安全标准。依据《食品安全法》第三章规定，食品安全标准是强制执行的标准，包括食品安全国家标准、食品安全地方标准和食品安全企业标准。不符合食品安全标准的食盐，指不符合食品安全国家标准、食品安全地方标准或者食品安全企业标准的食盐。另外，由于食盐属于食品，食盐安全标准是食品安全标准的具体类型，所以销售不符合食盐安全标准的食盐，属于本条第一款禁止的行为。

（二）非食用盐

本条第二款禁止将非食用盐作为食盐销售，具体包括：（1）液体盐（含天然卤水），是从盐的存在形态进行规范，我国当前食用盐生产技术和工艺还不具备生产液体食盐的水平；（2）工业用盐和其他非食用盐，是从盐的用途进行规范，作为工业用或者其他非食用用途的盐，不可以作为食盐；（3）利用盐土、硝土或者工业废渣、废液制作的盐，是从制作原料角度进行规范，明确盐土等原料制作的食盐，不可以作为食盐销售；（4）利用井矿盐卤水熬制的盐，是从制作工艺角度进行规范，明确井矿盐卤水熬制的盐不可以作为食盐销售；（5）外包装上无标识或者标识不符合国家有关规定的盐，是从包装标识角度进行规范，明确不符合包装标识规定的盐产品不可以作为食盐销售。

第四章　食盐的储备和应急管理

本章按照《盐业体制改革方案》“建立由政府储备和企业社会责任储备组成的全社会食盐储备体系，确保自然灾害和突发事件发生时食盐和原碘的安全供应”的要求，规定了政府食盐储备、定点企业食盐储备责任和食盐应急供应保障制度。实施盐业体制改革，允许食盐定点生产企业进入销售流通领域和食盐批发企业开展跨区经营活动，一方面可以活跃市场竞争，繁荣盐业市场，另一方面也有可能因盲目竞争导致食盐供需不平衡，易产生“抢盐”等紧急事件。建立食盐储备制度，稳定食盐供应，可以有效防控风险，避免紧急事件的发生。

第二十条　【政府储备】

省、自治区、直辖市人民政府盐业主管部门应当根据本行政区域食盐供需情况，建立健全食盐储备制度，承担政府食盐储备责任。

释　义

本条是关于政府食盐储备制度的规定，要求省、自治区、直辖市人民政府盐业主管部门承担政府储备责任。

一、储备责任主体

根据《盐业体制改革方案》“各省（区、市）根据本地食盐供需情况建立政府食盐储备”的要求，本条将省、自治区、直辖市人民政府盐业主管部门确定为承担政府食盐储备责任的主体。省、自治区、直辖市人民政府盐业主管部门应当根据本行政区域食盐供需情况，建立健全本地区食盐储备制度。

建立食盐政府储备，是社会主义市场经济体制的要求，是社会主义市场经济体制关注和保障民生的具体体现。各省（区、市）根据本地食盐供需情况建立政府食盐储备，保持合理的食盐储备量，动态调整，保障、调节食盐市场供求关系，需要本级财政预算通过安排资金对食盐储备给予贷款贴息、管理费支出等支持，保证食盐储备工作的正常开展，确保自然灾害和突发事件发生时食盐和原碘的安全供应。

二、储备要求

《盐业体制改革方案》关于政府食盐储备的要求有：

一是数量要求。食盐储备量不得低于本省（自治区、直辖市）1个月食盐消费量。二是储备保管形式。本省（自治区、直辖市）人民政府可以依托现有食盐批发企业仓储能力，也可以选择具备条件的食盐生产企业实施动态储备。三是食盐储备经费保障。本级财政预算应安排资金对食盐储备给予贷款贴息、管理费支出等支持。同时，加大对储备补贴资金的审计力度，接受社会监督。

第二十一条 【企业储备】

食盐定点生产企业和食盐定点批发企业应当按照食盐储备制度要求，承担企业食盐储备责任，保持食盐的合理库存。

释 义

本条是关于食盐定点生产企业和食盐批发企业承担的企业食盐储备责任的规定。

一、储备主体

企业食盐储备责任的主体是食盐定点生产企业和食盐定点批发企业。定点企业承担食盐储备责任，应当执行食盐储备制度要求，履行好轮储、贮存、出库等管理制度，保存好轮储和出入库的相关凭证，做好储备库存记录。定点企业履行储备管理制度的情况，也将作为食盐专营管理加强事中和事后监管的重要内容。

二、库存要求

《盐业体制改革方案》要求完善企业食盐储备制度，限定食盐生产、批发企业的最低库存和最高库存，防止食盐市场供应短缺和企业囤积居奇，其中最低库存不得低于本企业正常情况下 1 个月的平均销售量，库存具体标准由行业协会研究提出，工业和信息化部核定，各级盐业主管机构要加强对库存情况的监督检查。同时，鼓励企业在供求关系稳定或产能大于需求时，在最低库存基础上建立成本自担的社会责任储备。

第二十二条 【应急管理】

盐业主管部门应当会同有关部门制定食盐供应应急预案，在发生突发事件时协调、保障食盐供应。

释 义

本条是关于食盐供应应急管理的规定，目的是在突发事件发生时确保和稳定食盐供应。

食盐生产集中度高、消费分散性强，是关系国计民生的“战略”物资，无法被其他食品所替代。食盐市场具有敏感脆弱的特点，容易受重大自然灾害、公共卫生事件和各种突发事件影响。本条是对盐业主管部门权责和食盐应急供应保障的规定。近年来，我国出现了两次较为严重的抢盐事件：一是2003年非典期间爆发的抢盐风波；二是2011年受日本“核泄漏”影响引起的抢盐潮。两次抢盐事件爆发速度快，影响规模广，在党中央和国务院高度重视下，各部门密切配合及时予以平息。

为了避免抢盐事件的发生，促进社会稳定，《盐业体制改革方案》就应急机制建设提出了相应要求，要求工业和信息化部负责全国食盐供应紧急突发事件的协调处置工作，各级盐业主管机构要会同有关部门研究制定食盐供应应急预案，并向同级政府应急管理部门备案。省（自治区、直辖市）及以下各级盐业主管机构应当建立紧急突发事件信息报告制度，在获知紧急突发事件信息后，应当及时向上级盐业主管机构报告。紧急突发情况下，由盐业主管机构按照应急预案规定，采取投放政府储备、调运企业社会责任储备等方式，确保食盐市场稳定。按照《突发事件应对法》要求，调动食盐储备后应给予补偿等。

第五章 监督管理

本章规定了监督检查措施和相关管理要求，目的是授权执法部门相关管理手段和措施，要求盐业主管部门、食盐质量安全监督管理部门加强协作配合，形成监管合力，确保食盐安全。

第二十三条 【监督检查】

盐业主管部门依法履行监督检查职责，可以采取下列措施：

（一）向有关单位和个人了解情况；

（二）查阅或者复制有关合同、票据、账簿、购销记录及其他有关资料；

（三）查封、扣押与涉嫌盐业违法行为有关的食盐及原材料，以及用于违法生产或者销售食盐的工具、设备；

（四）查封涉嫌违法生产或者销售食盐的场所。

采取前款第三项、第四项规定的措施，应当向盐业主管部门主要负责人书面报告，并经批准。

盐业主管部门调查涉嫌盐业违法行为，应当遵守《中华人民共和国行政强制法》和其他有关法律、行政法规的规定。

释　义

本条是关于盐业主管部门依法履行职务时可以采取的监督检查措施的规定。

一、措施内容

本条规定的监督检查措施的实施主体，是各级盐业主管部门。开展监督检查，是盐业主管部门开展食盐专营管理和市场监管的重要内容，是发现和查处食盐市场违法生产经营行为的重要保障。盐业主管部门开展监督检查，不以发现涉嫌盐业违法行为或者有人举报盐业违法行为为前提，开展日常监督检查。具体措施包括：

1. 调查措施。包括“向有关单位和个人了解情况”和“查阅或者复制有关合同、票据、账簿、购销记录及其他有关资料”。“向有关单位和个人了解情况”，指的是询问有关单位和个人，了解情况，并制作询问笔录。

“查阅或者复制有关合同、票据、账簿、购销记录及其他有关资料”，指的是对有关书面资料进行取证，包括查阅和复制两种手段。根据《行政处罚法》第三十七条规定，盐业主管部门开展调查的，执法人员不得少于两人，并应当向当事人或者有关人员出示证件；当事人或者有关人员应当如实回答询问，并协助调查或者检查，不得阻挠；询问或者检查应当制作笔录；收集证据时可以采取抽样取证的方法，在证据可能灭失或者以后难以取得的情况下，经行政机关负责人批准，可以先行登记保存，并应当在7日内及时作出处理决定，在此期间，当事人或者有关人员不得销毁或者转移证据。

2. 行政强制措施。包括“查封、扣押与涉嫌盐业违法行为有关的食盐及原材料，以及用于违法生产或者销售食盐的工具、设备”和“查封涉嫌违法生产或者销售食盐的场所”，目的是制止盐业违法行为，为进一步查处违法行为保存证据。“查封、扣押与涉嫌盐业违法行为有关的食盐及原材料，以及用于违法生产或者销售食盐的工具、设备”，指的是在查处涉嫌盐业违法行为时，可以对涉嫌盐业违法行为的主体生产和销售的产品、使用的各种原材料和包装物及设备、运输的工具等，采取就地查封或者异地扣押等措施。“查封涉嫌违法生产或者销售食盐的场所”，指的是查封生产或者销售的涉嫌盐业违法产品的房屋或者车间。

二、行政强制措施的批准

本条第二款要求盐业主管部门采取查封、扣押行政强制措施，应当向主要负责人书面报告并经批准。据此，盐业主管部门采取查封、扣押行政强制措施，应首先由内部机构及执法人员事先向本机关主要负责人书面报告，报告的形式可以是案件受理呈批表、检查工作请示等；其次是经本机关主要负责人批准同意。需要注意的是，查封、扣押行政强制措施，应由盐业主管部门的主要负责人批准同意，而非分管负责人。

三、执法要求

本条第三款要求盐业主管部门调查涉嫌盐业违法行为，应当遵守《中华人民共和国行政强制法》和其他有关法律、行政法规的规定。盐业主管部门依照《食盐专营办法》规定调查处理涉嫌盐业违法行为时，应当同时依照《行政强制法》《行政处罚法》《无证无照经营查处办法》等法律法规关于执法人员、执法权限、执法程序等的规定。

同时，盐业主管部门开展执法活动，应当按照《国务院办公厅关于印发推行行政执法公示制度执法全过程记录制度重大执法决定法制审核制度试点工作方案的通知》（国办发〔2017〕14号）的精神，严格规范公正文明执法，提升执法能力和水平。

第二十四条 【协作配合】

盐业主管部门、食盐质量安全监督管理部门应当各司其职，加强协作，相互配合，通过政务信息系统等实现信息共享，建立健全行政执法协作配合制度。

盐业主管部门、食盐质量安全监督管理部门在监督管理工作中发现依法不属于本部门处理权限的涉嫌违法行为，应当及时移交有权处理的部门；有权处理的部门应当依法及时处理，并及时反馈处理结果。

释 义

本条是关于盐业主管部门、食盐质量安全监督管理部门执法协作配合和移交处理的规定。

一、执法协作配合

盐业主管部门和食盐质量安全监督管理部门是盐业执法的主要部门，二者加强执法协作和配合，可以消除监管漏洞和死角，增强执法覆盖，确保食盐安全。根据《盐业体制改革方案》“各级盐业主管机构与公安、司法、卫生计生、工商、质检、食品药品监管等部门各司其职、密切协作，依法加强食盐安全监管”的要求，本条规定了盐业主管部门与食盐质量安全监管部门之间的协作配合机制。

一是要求两部门各司其职。《食盐专营办法》将食盐安全区分为食盐供应安全和食盐质量安全，明确分别由盐业主管部门和食盐质量安全监督管理部门负责监管。盐业主管部门和食盐质量安全监督管理部门应当立足本职工作，各司其职，依法加强监管和执法。具体而言，盐业主管部门应依据《食盐专营办法》加强食盐专营管理，做好食盐供应安全监管，食盐质量安全监督管理部门应依据《食品安全法》《食盐专营办法》做好食盐质量安全监管。各司其职，各尽其责，不越权，不越位，是做好执法协作配合的前提和保障，可以避免管理交叉和冲突，影响执法效果。

二是要求两部门协作配合。盐业主管部门和食盐质量安全监督管理部门履行职责查处盐业违法行为时，应围绕国家确定的保障食盐质量安全和供应安全的目标，加强协作，相互配合，如提供执法协助、共享执法线索、提供执法证据、开展联合执法等，形成盐业执法合力。

三是要求两部门信息共享。盐业主管部门和食盐质量安全监督管理部门应在同级政府建立的政务信息系统基础上，开通或者专设部门之间盐业违法案件信息共享机制，做到资源共享、信息互通。

四是要求两部门建立制度。盐业主管部门和食盐质量安全监督管理部门应当建立健全食盐安全执法协作配合制度，包括建立联席会议、食盐食品追溯信息共享、工作协作机制、指导基层办案、案件移送等。

二、移交处理

本条在要求盐业主管部门和食盐质量安全监督管理部门加强执法协作配合的基础上，进一步规定了涉嫌违法行为的移送处理制度。移送处理，是协作配合制度的内容之一，建立在各司其职和各尽其责基础之上，要求盐业主管部门、食盐质量安全监督管理部门在监督管理工作中发现依法不属于本部门处理权限的涉嫌违法行为，应当及时移交有权处理的部门。为了确保执法效果，本条同时要求有权处理的部门应当依法及时处理，并及时反馈处理结果。

移交处理的情形，包括：（1）盐业主管部门、食盐质量安全监督管理部门根据级别管辖、地域管辖等原则，将违法案件移送其他相应的盐业主管部门、食盐质量安全监督管理部门，例如，盐业主管部门处理《食盐专营办法》第二十七条第三项规定的“食盐定点批发企业超出国家规定的范围销售食盐”案件时，认为应当作出吊销食盐定点批发企业证书处罚的，应当将案件及时移交颁发食盐定点批发企业证书的盐业主管部门处理。（2）盐业主管部门、食盐质量安全监督管理部门根据职责分工，将案件移交至对方处理，例如，盐业主管部门在执法中发现有违反《食盐专营办法》第三十条规定的案件的，应当及时移交食品药品监督管理部门处理。（3）盐业主管部门、食品药品监督管理部门在执法中发现属于公安、司法、价格、卫生等其他部门管辖的案件的，应当及时移交相应的部门处理。

第二十五条　【举报处理】

盐业主管部门、食盐质量安全监督管理部门应当向社会公布本部门的联系方式，方便公众举报违法行为。

盐业主管部门、食盐质量安全监督管理部门接到举报，应当及时依法调查处理。对实名举报，盐业主管部门、食盐质量安全监督管理部门应当为举报人保密，并将处理结果告知举报人。

释　义

本条是关于食盐监管举报制度的规定，要求盐业主管部门、食盐质量安全监督管理部门接受公众举报违法行为，并依法及时调查处理。

一、公布联系方式

食盐安全关系人民群众身体健康。确保食盐安全，一方面需要盐业主管部门、食盐质量安全监督管理部门等加强食盐安全监管，另一方面也需要鼓励社会各界积极参与对食盐安全的社会监督。多年来行政执法的经验证明人民群众监督提供的举报信息，提高了查处盐业违法行为的执法效率，对于保障食盐安全具有重要意义。

为了便于社会公众举报盐业违法线索，本条要求盐业主管部门、食盐质量安全监督管理部门向社会公布本部门的联系方式。

盐业主管部门、食盐质量安全监督管理部门可以根据《法治政府建设实施纲要（2015—2020 年）》有关“完善社会监督和舆论监督机制”的要求，设立举报箱、电子信箱、热线电话等监督渠道，并向社会公布这些渠道的联系方式，方便群众投诉举报、反映问题，依法及时调查处理违法行政行为。

二、举报处理

为了让社会公众的举报在加强盐业执法中真正起到作用，本条要求盐业主管部门、食盐质量安全监督管理部门接到举报后，应当及时依法调查处理，对实名举报的，应当为举报人保密并将处理结果告知举报人。

盐业主管部门、食盐质量安全监督管理部门处理社会公众举报，负有 3 项义务：一是依法及时调查处理。目前，盐业行业没有出台举报处理规则，原国家食品药品监督管理总局于 2016 年出台了《食品药品投诉举报管理办法》。盐业主管部门处理举报，还没有较为具体的程序性规定，但食盐质量安全监督管理处理举报应依据

《食品药品投诉举报管理办法》。二是为举报人保密。盐业主管部门、食盐质量安全监督管理部门不可以向被举报人或者其他与调查处理举报工作无关的人员泄露举报人信息或者举报事项。三是反馈举报处理结果。盐业主管部门、食盐质量安全监督管理部门调查处理举报后，应当将处理结果告知实名举报人。

第六章　法律责任

本章集中规定了违反《食盐专营办法》行为的法律责任，主要是明确了盐业主管部门实施的行政处罚，规定食盐质量安全监督管理部门依据《食品安全法》开展执法，并对治安管理处罚责任和刑事责任进行了衔接。

第二十六条　【违反定点生产和批发的处罚】

有下列情形之一的，由县级以上地方人民政府盐业主管部门予以取缔，没收违法生产经营的食盐和违法所得。违法生产经营的食盐货值金额不足1万元的，可以处5万元以下的罚款；货值金额1万元以上的，并处货值金额5倍以上10倍以下的罚款：

（一）非食盐定点生产企业生产食盐；

（二）非食盐定点批发企业经营食盐批发业务。

释 义

本条是关于违反食盐定点生产和定点批发制度行为的处罚规定。

一、处罚实施主体

本条规定的行政处罚，由县级以上地方人民政府盐业主管部门负责，不由工业和信息化部负责。县级、地市级和省级人民政府的盐业主管部门，均可以取缔没有取得食盐定点生产企业证书或者食盐定点批发企业证书的单位或者个人从事食盐生产或者批发的行为，并给予没收违法生产经营的食盐等行政处罚。

二、处罚对象

《食盐专营办法》明确我国实行食盐专营管理。食盐定点生产和定点批发是食盐专营管理的基础制度，非食盐定点生产企业不得生产食盐，非食盐定点批发企业不得经营批发业务。为了确保食盐专营制度得到落实，本条对非食盐定点生产企业生产食盐和非食盐定点批发企业经营食盐批发业务的行为设定了行政处罚。任何单位和个人违反食盐定点生产或者定点批发制度，没有相应的食盐定点生产或者定点批发企业证书但生产食盐或者批发食盐的，均属于本条规定的被处罚主体。

三、处罚内容

本条规定了取缔、没收违法生产经营的食盐、没收违法所得和罚款 4 项行政处罚措施。取缔，是采取措施终止生产、批发经营食盐的行为。在取缔过程中，可采取以下措施：一是责令当事人停止违法行为，改正错误；二是扣留经营工具、查封、扣押财物、账册、合同等；三是查封经营场所；四是捣毁生产设施或者没收生产工具、设备等；五是通知有关单位断水、断电、断信号、收回出租场地等；六是其他法律规定的措施。

没收违法生产经营的食盐，是指没收非食盐定点生产企业违法生产的食盐和非食盐定点批发企业违法销售的食盐，是对现存实物的罚没。没收违法所得，是指没收非法生产或者批发食盐所得的货币收入，而无论违法所得是否仍然存在。取缔、没收违法生产经营的食盐和违法所得，是地方盐业主管部门对本条规定的违法情形必须给予的行政处罚，没有不予处罚的裁量空间，且三者是同时适用的关系。

本条规定的罚款，以违法生产经营食盐货值 1 万元作为标准，规定了两种罚款，一是货值金额不足 1 万元的，可以处 5 万元以下的罚款；二是货值金额 1 万元以上（包含1万元）的，应当并处货值金额5倍以上10倍以下的罚款。需要注意的是，违法生产经营食盐货值金额不足1万的，地方盐业主管部门可以予以罚款，也可以不予以罚款；货值金额1万元以上的，地方盐业主管部门应当在采取取缔、没收等措施的同时予以罚款。货值金额的计算，应当按照实际食盐产出价值并参照本地同类食盐市场销售价格计算，处罚时应载明计算理由。

第二十七条　【违反供应安全管理的处罚】

有下列情形之一的，由县级以上地方人民政府盐业主管部门责令改正，处5000元以上5万元以下的罚款；情节严重的，责令停产停业整顿，直至吊销食盐定点生产、食盐定点批发企业证书：

（一）食盐定点生产企业、非食用盐生产企业未按照本办法规定保存生产销售记录；

（二）食盐定点批发企业未按照本办法规定保存采购销售记录；

（三）食盐定点批发企业超出国家规定的范围销售食盐；

（四）将非食用盐产品作为食盐销售。

释　义

本条是关于违反确保食盐供应安全相关规定行为的处罚规定。本条规定的处罚，由县级以上地方人民政府盐业主管部门负责。

一、处罚对象

1. 食盐定点生产企业、非食用盐生产企业未按规定保存生产销售记录。《食盐专营办法》第十条要求食盐定点生产企业和非食用盐生产企业建立生产销售记录制度，如实记录并保存相关凭证，且记录和凭证保存期限不得少于2年。违反第十条规定，食盐定点生产企业和非食用盐生产企业未建立生产销售记录制度、未保存相关凭证或者虚假保存相关凭证、保存记录和凭证少于2年等的行为，均应被处罚。

2. 食盐定点批发企业未按规定保存采购销售记录。《食盐专营办法》第十五条要求食盐定点批发企业建立采购销售记录制度，如实记录并保存相关凭证，且记录和凭证保存期限不得少于2年。违反第十五条规定，食盐定点批发企业未建立采购销售记录制度、未保存相关凭证或者虚假保存相关凭证、保存记录和凭证少于2年等的行为，均应被处罚。

3. 食盐定点批发企业超出国家规定的范围销售食盐。《食盐专营办法》第十四条要求食盐定点批发企业在国家规定范围内销售食盐。食盐定点批发企业未按照《盐业体制改革方案》《食盐加碘消除碘缺乏危害管理条例》有关销售区域范围的规定销售食盐的，属于“超出国家规定的范围销售食盐”。

4. 将非食用盐产品作为食盐销售。《食盐专营办法》第十九条第二款禁止将非食用盐作为食盐销售。任何单位和个人有将液体盐（含天然卤水），工业用盐和其他非食用盐，利用盐土、硝土或者工业废渣、废液制作的盐或者利用井矿盐卤水熬制的盐作为食盐销售的行为的，均应被处罚。

二、处罚内容

本条规定了责令改正、罚款、责令停产停业整顿、吊销证书等处理和处罚措施。在具体适用上，有本条规定的行为的，盐业主管部门应责令改正，处 5000 元以上 5 万元以下的罚款；对于情节严重的，还应当责令停产停业整顿，甚至可以吊销食盐定点生产、食盐定点批发企业证书。

根据《行政处罚法》第二十三条“行政机关实施行政处罚时，应当责令当事人改正或者限期改正违法行为”的规定，责令改正不属于行政处罚措施，是予以行政处罚的前置条件或者同时采取的行政措施。对于本条规定的违法行为，责令改正与“5000 元以上 5 万元以下的罚款”属于同时适用的关系。责令停产停业整顿，指盐业主管部门责令违法行为人停止生产销售食盐、非食用盐的经营活动，是对违法情节严重的主体作出的处罚。对于违法情节特别严重的，盐业主管部门可以作出吊销食盐定点生产或者食盐定点批发企业证书处罚。

第二十八条　【违反购盐渠道管理的处罚】

有下列情形之一的，由县级以上地方人民政府盐业主管部门责令改正，没收违法购进的食盐，可以处违法购进的食盐货值金额 3 倍以下的罚款：

（一）食盐定点批发企业从除食盐定点生产企业、其他食盐定点批发企业以外的单位或者个人购进食盐；

（二）食盐零售单位从食盐定点批发企业以外的单位或者个人购进食盐。

释　义

本条是关于食盐定点批发企业和食盐零售单位违反购盐渠道管理要求行为的处罚规定。本条规定的处罚，由县级以上地方人民政府盐业主管部门负责。

一、处罚对象

为了确保食盐安全，《食盐专营办法》对食盐的供应链条进行了规范，是食盐专营制度的重要内容，第十四条规定“食盐定点批发企业应当从食盐定点生产企业或者其他食盐定点批发企业购进食盐”，第十六条规定“食盐零售单位应当从食盐定点批发企业购进食盐”。食盐定点批发企业违反《食盐专营办法》第十四条规定，从除食盐定点生产企业、其他食盐定点批发企业以外的单位或者个人购进食盐的，属于本条规定的违法行为。食盐零售单位违反《食盐专营办法》第十六条规定，从食盐定点批发企业以外的单位或者个人购进食盐的，属于本条规定的违法行为。

二、处罚内容

对于本条规定的违法行为，地方盐业主管部门应当责令改正，没收违法购进的食盐；同时，可以综合违法情节、改正表现等因素，根据行政自由裁量权，作出“处违法购进的食盐货值金额3倍以下的罚款”的决定。本条要求“没收违法购进的食盐产品”，不可以没收合法渠道购进的食盐。罚款数额的计算，应当以违法购进食盐的货值金额为基数。

第二十九条　【违反标识管理的处罚】

未按照本办法第十条的规定作出标识的，由有关主管部门依据职责分工，责令改正，可以处5万元以下的罚款。

释　义

本条是关于盐产品标识违法行为的处罚规定。

一、处罚对象

本条对违反《食盐专营办法》第十条有关标识管理规定的行为设定了行政处罚。第十条第二款规定“食盐应当按照规定在外包装上作出标识，非食用盐的包装、标识应当明显区别于食盐”。违反第十条关于标识管理规定的行为，包括食盐未按照规定在外包装上作出标识和非食用盐的包装、标识未明显区别于食盐。

二、实施主体

本条规定了5万元以下的罚款，由主管部门根据自由裁量权决定是否给予处罚。本条未明确具体的处罚实施主体，而是规定“由有关主管部门依据职责分工”实施处罚。在具体实施主体的确定上，应当按照标识管理要求的作出部门确定。《食盐专营办法》第十条要求食盐和非食用盐应做好相关标识，目的是便于消费者轻松识别食盐和非食用盐，避免工业用盐等非食用盐流入食盐市场，确保用盐安全。第十条规定的食盐标识不同于《食品安全法》规定的食品外包装标识，是盐业主管部门从食盐专营管理角度提出的辨识、追溯等管理要求，违反该规定的应由盐业主管部门负责处罚；关于违反非食用盐标识管理要求，一般由盐业主管部门负责处罚，但有相应主管部门的，应由该特定主管部门负责，如违反农业用盐标识管理要求的，由农业部门负责处罚。

第三十条　【食盐质量安全监管执法依据】

经营者的行为违反本办法的规定同时违反《中华人民共和国食品安全法》的，由县级以上地方人

民政府食盐质量安全监督管理部门依照《中华人民共和国食品安全法》进行处罚。

释　义

本条是关于食盐质量安全监管执法依据的规定。

《食盐专营办法》第四条第二款规定“国务院食品药品监督管理部门负责全国食盐质量安全监督管理。县级以上地方人民政府确定的食盐质量安全监督管理部门负责本行政区域的食盐质量安全监督管理”，明确了食盐质量安全监管部门负责食盐质量安全监督管理的职责。本条从执法依据角度，明确了食盐质量安全监督管理部门履行食盐质量安全监督管理职责，依据《食品安全法》开展执法活动和进行行政处罚。

《食盐专营办法》在明确《食品安全法》为食盐质量安全监督管理执法依据的同时，在第三十四条规定“除本办法的规定外，食盐质量安全监督管理、食盐加碘工作还应当依照有关法律、行政法规的规定执行”，进一步明确食盐质量安全监督管理适用《食品安全法》关于“食品安全”的制度，与《食品安全法》第一百五十一条“转基因食品和食盐的食品安全管理，本法未作规定的，适用其他法律、行政法规的规定”进行了衔接。

由于《食盐专营办法》明确了食盐质量安全监督管理部门依据《食品安全法》开展食盐质量安全监督管理和执法工作，《食盐专营办法》不再对食盐质量监督管理部门实施的行政处罚进行具体规定，而是在本条明确“经营者的行为违反本办法的规定同时违反《中华人民共和国食品安全法》的”，由地方食盐质量安全监督管理部门依照《食品安全法》进行处罚。

需要注意的是，本条并非要求食盐质量安全监督管理部门开展食盐质量安全处罚，以经营者同时违反《食盐专营办法》和《食品安全法》为前提，而是要求食盐质量安全监督管理部门对于经营者同时违反《食盐专营办法》和《食品安全法》的行为，依据《食品安全法》进行处罚。对于经营者未违反《食盐专营办法》但违反《食品安全法》的行为，由食盐质量安全监督管理部门依据《食品安全法》进行处罚。

第三十一条　【从业禁止】

食盐定点生产企业、食盐定点批发企业违反本办法的规定，被处以吊销食盐定点生产、食盐定点

批发企业证书行政处罚的，其法定代表人、直接负责的主管人员和其他直接责任人员自处罚决定作出之日起5年内不得从事食盐生产经营管理活动，不得担任食盐定点生产企业、食盐定点批发企业的董事、监事或者高级管理人员。

食盐定点生产企业、食盐定点批发企业违反前款规定聘用人员的，由盐业主管部门责令改正；拒不改正的，吊销其食盐定点生产、食盐定点批发企业证书。

释　义

本条是关于违法食盐定点生产企业或者食盐定点批发企业有关责任人员从业禁止的规定，目的是通过设定“双罚”，对相关责任人员的从业资格进行限制，督促食盐定点生产企业和食盐定点批发企业合法经营，确保食盐安全。

一、从业禁止

本条禁止被处以吊销食盐定点生产、食盐定点批发企业证书行政处罚的食盐定点生产或者定点批发企业的法定代表人、直接负责的主管人员和其他直接责任人员，在5年内从事食盐生产经营管理活动和担任食盐定点生产或者批发企业的董事、监事或者高级管理人员，是在追究企业相应法律责任的同时，追究企业的法定代表人等责任人员的法律责任，是一种双罚制。

本条规定的从业禁止制度，适用于被吊销食盐定点生产证书或者食盐定点批发企业证书行政处罚的企业，适用对象为企业的法定代表人、直接负责的主管人员和其他直接责任人员，禁止内容是不得从事食盐生产经营管理活动，不得担任食盐定点生产企业、食盐定点批发企业的董事、监事或者高级管理人员。禁止时限是5年，自行政处罚作出之日起算。

二、保障措施

为了保障从业禁止要求得到落实，本条规定了相应的保障措施，即食盐定点生产企业、食盐定点批发企业不得聘用本条第一款规定的人员；若聘用了本条第一款规定的人员，由盐业主管部门责令改正，拒不改正的，由盐业主管部门吊销食盐定点生产、食盐定点批发企业证书。

第三十二条　【责任衔接】

违反本办法的规定，构成违反治安管理行为的，依法给予治安管理处罚；构成犯罪的，依法追究刑事责任。

释　义

本条原则规定了违反《食盐专营办法》规定的行为应承担的治安管理处罚责任和刑事责任。

本条是关于治安管理处罚责任和刑事责任的衔接性规定，并未直接设定食盐违法行为的治安管理处罚责任和刑事责任。追究有关食盐违法行为的治安管理处罚责任或者刑事责任，应当依据《治安管理处罚法》和《刑法》进行。

一、治安管理处罚责任

对违反《食盐专营办法》规定的行为，应依照《治安管理处罚法》给予治安管理处罚的情形，主要包括：

1. 根据《治安管理处罚法》第五十条，盐业企业和有关人员阻碍盐业主管部门依据《食盐专营办法》第二十三条履行监督检查职责的，处警告或者200元以下罚款，情节严重的，处5日以上10日以下拘留，可以并处

500 元以下罚款。

2. 根据《治安管理处罚法》第六十条，盐业企业和有关人员隐藏、转移、变卖或者损毁盐业主管部门依据《食盐专营办法》第二十三条查封、扣押的财物的，处 5 日以上 10 日以下拘留，并处 200 元以上 500 元以下罚款。

二、刑事责任

对于违反《食盐专营办法》规定的行为，应当依照《刑法》追究刑事责任的情形，主要包括：

1. 非法经营罪。根据《刑法》第二百二十五条，非食盐定点生产企业生产食盐或者非食盐定点批发企业经营食盐批发业务的，情节严重的，处 5 年以下有期徒刑或者拘役，并处或者单处违法所得 1 倍以上 5 倍以下罚金；情节特别严重的，处 5 年以上有期徒刑，并处违法所得 1 倍以上 5 倍以下罚金或者没收财产。

2. 生产、销售不符合安全标准的食品罪。根据《刑法》第一百四十三条，销售不符合食品安全标准的食盐，足以造成严重食物中毒事故或者其他严重食源性疾病的，处 3 年以下有期徒刑或者拘役，并处罚金；对人体健康造成严重危害或者有其他严重情节的，处 3 年以上 7 年以下有期徒刑，并处罚金；后果特别严重的，处 7 年以上有期徒刑或者无期徒刑，并处罚金或者没收财产。

3. 生产、销售有毒、有害食品罪。根据《刑法》第一百四十四条，将工业用盐、利用盐土、硝土或者工业废液、废渣制作的盐等作为食盐销售，构成在生产、销售的食品中掺入有毒、有害的非食品原料的，或者销售明知掺有有毒、有害的非食品原料的食品的情形的，处5年以下有期徒刑，并处罚金；对人体健康造成严重危害或者有其他严重情节的，处5年以上10年以下有期徒刑，并处罚金；致人死亡或者有其他特别严重情节的，依照《刑法》第一百四十一条的规定处罚。

盐业主管部门、食盐质量安全监督管理部门在执法活动中，发现有应当给予刑事处罚的犯罪行为的，应当妥善保存所收集的与违法行为有关的证据，及时依据《行政执法机关移送涉嫌犯罪案件的规定》移送公安机关。需要注意的是，在行政责任与刑事责任同时存在的情况下，由于法律责任的性质不同，在责任承担上不发生冲突，也不会发生重责吸收轻责的情况，违法者应同时承担多种违法责任，不能因接受了行政处罚而免除其刑事责任，也不能因承担了行政责任而减轻刑事责任。

第三十三条 【主管部门工作人员责任】

盐业主管部门以及其他有关部门的工作人员滥用职权、玩忽职守、徇私舞弊，构成犯罪的，依法追究刑事责任；尚不构成犯罪的，依法给予处分。

释 义

本条是关于盐业主管部门和其他有关部门的工作人员在监督管理工作中滥用职权、玩忽职守、徇私舞弊所应当承担的法律责任的规定。为了规范盐业主管部门和其他有管理职责的部门的监督管理行为，切实保证相关部门在监督管理工作中切实履行好职责，本条针对有关工作人员不履行《食盐专营办法》规定的职责，对滥用职权、玩忽职守、徇私舞弊等行为规定了相应的法律责任。

一、承担法律责任的主体

本条规定的承担法律责任的主体是盐业主管部门、食盐质量安全监督管理部门、公安、司法、卫生、工商、质检等部门的工作人员。

二、承担法律责任的违法行为

本条规定的承担法律责任的违法行为是盐业主管部

门和其他有关部门的工作人员在监督管理工作中滥用职权、玩忽职守、徇私舞弊的行为。滥用职权，主要是指盐业主管部门和其他有关部门的工作人员超越职权，违法决定、处理其无权决定、无权处理的事项，或者违反规定处理公务。玩忽职守，主要是指盐业主管部门和其他有关部门的工作人员严重不负责任，不履行或者不恰当履行职责义务。其中，不履行职责义务是指对于自己应当履行的职责，拒绝履行或者放弃履行。徇私舞弊，主要是指盐业主管部门和其他有关部门的工作人员在履行职责过程中，为谋取个人的私利或者徇私情而违背职责的行为。

三、责任形式

本条规定的法律责任形式为刑事责任和处分。

关于刑事责任，《刑法》第三百九十七条规定了滥用职权罪、玩忽职守罪和徇私舞弊罪。盐业主管部门和其他有关部门的工作人员滥用职权或者玩忽职守，致使公共财产、国家和人民利益遭受重大损失的，处 3 年以下有期徒刑或者拘役；情节特别严重的，处 3 年以上 7 年以下有期徒刑。盐业主管部门和其他有关部门的工作人员徇私舞弊，致使公共财产、国家和人民利益遭受重大损失的，处5年以下有期徒刑或者拘役；情节特别严重的，处5年以上10年以下有期徒刑。

处分是指国家行政机关根据有关行政法律规范的规定，并依照行政隶属关系，对失职、渎职的公职人员给予的惩罚性处理措施，是国家机关内部的一种惩戒措施，一般不涉及行政相对人权益。依照《中华人民共和国公务员法》和《行政机关公务员处分条例》的有关规定，处分种类按照严重程度从轻到重依次分为：警告、记过、记大过、降级、撤职、开除6种。对于本条规定的盐业主管部门和其他有关部门的工作人员，根据违法情节的轻重，有处分权的行政机关有权决定处分的具体种类。

第七章　附　则

本章是附则，与《食品安全法》等其他法律、行政法规进行了衔接，授权国务院盐业主管部门会同国务院农业行政主管部门另行制定渔业、畜牧用盐管理办法，规定了《食盐专营办法》的施行日期。

第三十四条　【衔接规定】

除本办法的规定外，食盐质量安全监督管理、食盐加碘工作还应当依照有关法律、行政法规的规定执行。

释　义

本条是衔接性规定，要求食盐质量安全监督管理、食盐加碘工作还应当适用其他法律、行政法规，主要包括《食品安全法》《食品安全法实施条例》和《食盐加碘消除碘缺乏危害管理条例》等。

本条明确了食盐质量安全监督管理部门履行食盐质量安全监督管理职责的法律依据，即《食品安全法》《食品安全法实施条例》等，与《食品安全法》第一百五十一条“转基因食品和食盐的食品安全管理，本法未作规定的，适用其他法律、行政法规的规定”的规定相一致。食盐生产、批发、零售等活动，除适用《食盐专营办法》外，还要遵守《食品安全法》等关于食品安全、原材料、运输、贮存、包装等的规定。

本条要求食盐加碘工作遵守《食盐加碘消除碘缺乏危害管理条例》等，明确了食盐生产、批发等活动除适用《食盐专营办法》外，还应当遵守《食盐加碘消除碘缺乏危害管理条例》有关碘盐加工、运输、储存、供应等的规定。

第三十五条　【渔业、畜牧用盐管理】

渔业、畜牧用盐管理办法，由国务院盐业主管部门会同国务院农业行政主管部门另行制定。

释　义

本条授权国务院盐业主管部门会同国务院农业行政主管部门另行制定渔业、畜牧用盐管理办法。修订前的《食盐专营办法》第二十八条规定“渔业、畜牧用盐适用本办法”，明确渔业、畜牧用盐适用食盐专营管理制度。

国务院盐业主管部门、农业行政主管部门制定渔业、畜牧用盐管理办法，应当遵守《食盐专营办法》明确的确保食盐质量安全和供应安全的原则，从源头控制好渔业、畜牧用盐安全，维护人民群众身体健康。

第三十六条 【生效日期】

本办法自公布之日起施行。1990 年 3 月 2 日国务院发布的《盐业管理条例》同时废止。

释 义

本条是关于《食盐专营办法》施行日期和废止《盐业管理条例》的规定。

一、施行日期

施行日期的规定，是法律、法规、规章的重要组成部分，是其产生社会规范功能的时间起点。任何法律、法规或者规章都需要明确规定其产生法律效力的具体日期。从我国的立法实践看，绝大多数法律、法规都在附则中规定了实施日期，具体方式通常有两种：

一是自公布之日起施行。即在附则中明确规定“本法自公布之日起施行”。目前，在立法实践中采用这种方式规定法律施行时间的情况已经较少，采用这种方式的个别法律法规，多是为调整某种社会关系所急需，而且无须为其实施做大量的准备工作，或者涉及国家安全、外汇汇率、货币政策以及其他公布后不立即施行将有碍施行的情况。

二是公布后经过一定的实践才施行。目前我国立法实践中，采用这种规定方式的较为常见。这种方式的好处是，可以对待施行的法律法规进行充分宣传，使大家都了解其内容。同时，可以为法律实施做相应的准备工作，包括思想、组织、制度、物质等方面的准备，以保证更好地实施。《中华人民共和国立法法》《行政法规制定程序条例》《规章制定程序条例》等也有明确规定，法律、行政法规、规章的施行日期，与公布日期应间隔30日以上。

本条规定的施行时间属于前述的第一种方式。《盐业体制改革方案》要求“从2017年1月1日开始，放开所有盐产品价格，取消食盐准运证，允许现有食盐定点生产企业进入流通销售领域，食盐批发企业可开展跨区域经营”“从2018年1月1日开始，现有食盐定点生产企业和批发企业可依照新的规定申请许可，根据许可范围从事相应的经营活动”，对改革任务设定了明确的时间表。为了提供坚实的法制保障，确保改革于法有据，本条规定“本办法自公布之日起施行”，即自 2017 年 12 月 26 日起施行。

二、废止《盐业管理条例》

本条同时废止了 1990 年 3 月 2 日国务院发布的《盐业管理条例》，具体考虑是：一是《盐业管理条例》中有关食盐管理的内容，已在《食盐专营办法》中作了统一规定，相关内容不宜再保留；二是《盐业管理条例》中对工业盐实行计划管理的内容，按照《盐业体制改革方案》关于改革工业盐运销管理和放开工业盐运销管制的要求，需要删去；三是《盐业管理条例》中关于盐场保护的规定，随着我国有关物权、侵权、土地管理、城乡规划等法律的陆续出台，已经实现了有法可依，无须保留；四是关于《盐业管理条例》设定的开办制盐企业许可项目，由于目前制盐企业需要依法取得矿产资源开发、用地、用海等许可，遵守环境保护、安全生产管理等规定，没有必要重复实行开办制盐企业许可。据此，《盐业管理条例》已经没有需要保留的实质性内容，需要予以废止。

新旧条文对照表

（条文中黑体字为新增加或者修改的内容，双划线为删去的内容）

原《食盐专营办法》	现行《食盐专营办法》
第一章　总　则	**第一章　总　则**
第一条　为了加强对食盐的管理，保障食盐加碘工作的有效实施，保护公民的身体健康，制定本办法。	**第一条**　为了加强对食盐的管理，保障食盐**科学**加碘工作的有效实施，**确保食盐质量安全和供应安全，**保护公民的身体健康，制定本办法。
第二条　国家对食盐~~实行~~专营管理。 本办法所称食盐，是指直接食用和制作食品所用的盐。	**第二条**　国家**实行**食盐专营管理。 本办法所称食盐，是指直接食用和制作食品所用的盐。
第三条　本办法适用于中华人民共和国境内的食盐生产、~~储运和~~销售活动。	**第三条**　本办法适用于中华人民共和国境内的食盐生产、销售**和储备**活动。
第四条　~~国务院授权的盐业主管机构（以下简称~~国务院盐业主管~~机构）~~负责管理全国食盐专营工作。 ~~县级以上地方各级人民政府授权的盐业主管机构（以下简称~~县级以上地方各级人民政府盐业主管机~~构）~~，负责管理本行政区域内的食盐专营工作。	**第四条**　国务院盐业主管**部门主管全国盐业工作，**负责管理全国食盐专营工作。县级以上地方人民政府**确定的**盐业主管**部门**负责管理本行政区域的食盐专营工作。 **国务院食品药品监督管理部门负责全国食盐质量安全监督管理。县级以上地方人民政府确定的食盐质量安全监督管理部门负责本行政区域的食盐质量安全监督管理。**
	第五条　盐业主管部门应当加强对工业用盐等非食用盐的管理，防止非食用盐流入食盐市场。

原《食盐专营办法》	现行《食盐专营办法》
	第六条　国务院盐业主管部门应当会同有关部门加强对食盐生产、批发企业及其董事、监事、高级管理人员的信用管理，建立健全信用信息记录、公示制度，提高食盐行业信用水平。
	第七条　依法成立的盐业行业组织依照法律、行政法规和章程，保护企业合法权益，加强行业自律，促进企业守法、诚信经营，引导企业公平竞争。
第二章　食盐生产	第二章　食盐生产
第五条　国家对食盐实行定点生产制度。非食盐定点生产企业不得生产食盐。 ~~食盐定点生产企业由省、自治区、直辖市人民政府盐业主管机构审批。~~	**第八条**　国家实行食盐定点生产制度。非食盐定点生产企业不得生产食盐。
第六条　省、自治区、直辖市人民政府盐业主管~~机构根据食盐资源状况和国家核定的食盐产量，~~按照合理布局、~~保证质量的要求，~~确定食盐定点生产企业。	**第九条**　省、自治区、直辖市人民政府盐业主管**部门**按照**统一规划**、合理布局的要求**审批**确定食盐定点生产企业，颁发食盐定点生产企业证书，**及时向社会公布食盐定点生产企业名单，并报国务院盐业主管部门备案**。
第七条　~~国家对食盐生产实行指令性计划管理。~~ ~~食盐年度生产计划由国务院计划行政主管部门下达，国务院盐业主管机构组织实施。~~	**第十条　食盐定点生产企业和非食用盐生产企业应当建立生产销售记录制度，如实记录并保存相关凭证。记录和凭证保存期限不得少于2年。** **食盐应当按照规定在外包装上作出标识，非食用盐的包装、标识应当明显区别于食盐。**

原《食盐专营办法》	现行《食盐专营办法》
第八条　~~严~~禁利用井矿盐卤水~~晒制、~~熬制食盐。	**第十一条**　**禁止**利用井矿盐卤水熬制食盐。
第三章　食盐销售	**第三章　食盐销售**
~~**第九条**　国家对食盐的分配调拨实行指令性计划管理。~~ ~~食盐年度分配调拨计划，由国务院计划行政主管部门下达，国务院盐业主管机构组织实施。~~	
第十条　国家~~对食盐批发~~实行批发~~许可证~~制度。 ~~经营食盐批发业务，必须依法申请领取食盐批发许可证。未取得~~食盐批发~~许可证的，~~不得经营食盐批发业务。	**第十二条**　国家实行**食盐定点**批发**制度。非**食盐**定点**批发**企业**不得经营食盐批发业务。
第十一条　~~经营食盐批发业务的企业，由~~省、自治区、直辖市人民政府盐业主管~~机构审查批准~~，颁发食盐批发~~许可证~~，并报国务院盐业主管~~机构~~备案。 ~~食盐批发许可证由国务院盐业主管机构统一制作。~~	**第十三条**　**省、自治区、直辖市人民政府盐业主管部门按照统一规划、合理布局的要求审批确定食盐定点批发企业，**颁发食盐**定点**批发**企业证书，及时向社会公布食盐定点批发企业名单，**并报国务院盐业主管**部门**备案。 **食盐定点生产企业申请经营食盐批发业务的，省、自治区、直辖市人民政府盐业主管部门应当确定其为食盐定点批发企业并颁发食盐定点批发企业证书。**
~~**第十二条**　取得食盐批发许可证，应当具备下列条件：~~ ~~（一）有与其经营规模相适应的注册资本；~~ ~~（二）有固定的经营场所；~~ ~~（三）有符合国家规定的仓储~~	

原《食盐专营办法》	现行《食盐专营办法》
设施； （四）符合本地区食盐批发企业合理布局的要求。	
第十三条 食盐批发企业应当按照国家计划购进食盐，并按照规定的销售范围销售食盐。	**第十四条** 食盐定点批发企业应当从食盐定点生产企业或者其他食盐定点批发企业购进食盐，在国家规定的范围内销售。 食盐定点批发企业在国家规定的范围内销售食盐，任何单位或者个人不得阻止或者限制。
	第十五条 食盐定点批发企业应当建立采购销售记录制度，如实记录并保存相关凭证。记录和凭证保存期限不得少于2年。
第十四条 食盐零售单位和受委托代销食盐的个体工商户、代购代销店以及食品加工用盐的单位，应当从当地取得食盐批发许可证的企业购进食盐。	**第十六条** 食盐零售单位应当从食盐定点批发企业购进食盐。
第十五条 食盐定点生产企业、食盐批发企业、食盐零售单位和受委托代销食盐的个体工商户、代购代销店，应当执行国家规定的食盐价格。	**第十七条** 食盐价格由经营者自主确定。 县级以上地方人民政府价格主管部门应当加强对食盐零售价格的市场日常监测。当食盐价格显著上涨或者有可能显著上涨时，省、自治区、直辖市人民政府可以依法采取价格干预或者其他应急措施。
	第十八条 县级以上地方人民政府应当根据实际情况，采取必要措施，保障边远地区和民族地区的食盐供应。

原《食盐专营办法》	现行《食盐专营办法》
第十六条　严禁将下列产品作为食盐销售： （一）液体盐（含天然卤水）； （二）工业用盐、~~农业用盐~~； （三）利用井矿盐卤水~~晒制、~~熬制的盐~~产品~~； ~~（四）不符合国家食盐标准或者行业标准的盐产品；~~ ~~（五）其他非食用盐产品~~。	**第十九条　禁止销售不符合食品安全标准的食盐。** 禁止将下列产品作为食盐销售： （一）液体盐（含天然卤水）； （二）工业用盐**和其他非食用盐**； **（三）利用盐土、硝土或者工业废渣、废液制作的盐；** **（四）利用井矿盐卤水熬制的盐；** **（五）外包装上无标识或者标识不符合国家有关规定的盐。**
第四章　食盐的储~~存和运输~~	第四章　食盐的储**备和应急管理**
第十七条　省、自治区、直辖市人民政府盐业主管机构应当根据~~实际情况，确定~~本地区食盐~~定点生产企业、食盐批发企业的合理库存量，并报国务院盐业主管机构备案~~。 ~~食盐定点生产企业和食盐批发企业应当按照省、自治区、直辖市人民政府盐业主管机构的要求，保持食盐的合理库存~~。	第二十条　省、自治区、直辖市人民政府盐业主管部门应当根据本行政区域食盐**供需情况，建立健全食盐储备制度，承担政府食盐储备责任。**
	第二十一条　食盐定点生产企业和食盐定点批发企业应当按照食盐储备制度要求，承担企业食盐储备责任，保持食盐的合理库存。
第十八条　~~托运或者自运食盐的单位和个人，应当持有省、自治区、直辖市人民政府盐业主管机构核发的食盐准运证~~。 ~~食盐作为国家重点运输物资，运输企业应当保障运输~~。	**第二十二条　盐业主管部门应当会同有关部门制定食盐供应应急预案，在发生突发事件时协调、保障食盐供应。**

原《食盐专营办法》	现行《食盐专营办法》
	第五章 监督检查
	第二十三条 盐业主管部门依法履行监督检查职责，可以采取下列措施： （一）向有关单位和个人了解情况； （二）查阅或者复制有关合同、票据、账簿、购销记录及其他有关资料； （三）查封、扣押与涉嫌盐业违法行为有关的食盐及原材料，以及用于违法生产或者销售食盐的工具、设备； （四）查封涉嫌违法生产或者销售食盐的场所。 采取前款第三项、第四项规定的措施，应当向盐业主管部门主要负责人书面报告，并经批准。 盐业主管部门调查涉嫌盐业违法行为，应当遵守《中华人民共和国行政强制法》和其他有关法律、行政法规的规定。
	第二十四条 盐业主管部门、食盐质量安全监督管理部门应当各司其职，加强协作，相互配合，通过政务信息系统等实现信息共享，建立健全行政执法协作配合制度。 盐业主管部门、食盐质量安全监督管理部门在监督管理工作中发现依法不属于本部门处理权限的涉嫌违法行为，应当及时移交有权处理的部门；有权处理的部门应当依法及时处理，并及时反馈处理结果。

原《食盐专营办法》	现行《食盐专营办法》
	第二十五条　盐业主管部门、食盐质量安全监督管理部门应当向社会公布本部门的联系方式，方便公众举报违法行为。 盐业主管部门、食盐质量安全监督管理部门接到举报，应当及时依法调查处理。对实名举报，盐业主管部门、食盐质量安全监督管理部门应当为举报人保密，并将处理结果告知举报人。
第五章　罚　　则	第六章　法律责任
第十九条　违反本办法第五条的规定，非食盐定点生产企业生产食盐的，由盐业主管机构责令停止生产，没收违法生产的食盐和违法所得，可以并处违法生产的食盐价值3倍以下的罚款。	第二十六条　有下列情形之一的，由县级以上地方人民政府盐业主管部门予以取缔，没收违法生产经营的食盐和违法所得。违法生产经营的食盐货值金额不足1万元的，可以处5万元以下的罚款；货值金额1万元以上的，并处货值金额5倍以上10倍以下的罚款： （一）非食盐定点生产企业生产食盐； （二）非食盐定点批发企业经营食盐批发业务。
第二十条　违反本办法第六条的规定，利用井矿盐卤水晒制、熬制食盐的，由盐业主管机构责令停止生产，没收违法生产的盐产品、违法所得和生产工具，可以并处违法生产的盐产品价值3倍以下的罚款。	第二十七条　有下列情形之一的，由县级以上地方人民政府盐业主管部门责令改正，处5000元以上5万元以下的罚款；情节严重的，责令停产停业整顿，直至吊销食盐定点生产、食盐定点批发企业证书： （一）食盐定点生产企业、非食用盐生产企业未按照本办法规定保存生产销售记录；

原《食盐专营办法》	现行《食盐专营办法》
	（二）食盐定点批发企业未按照本办法规定保存采购销售记录； （三）食盐定点批发企业超出国家规定的范围销售食盐； （四）将非食用盐产品作为食盐销售。
第二十一条 ~~违反本办法第十条的规定，未取得食盐批发许可证经营食盐批发业务的，由盐业主管机构责令停止批发活动，没收违法经营的食盐和违法所得，可以并处违法经营的食盐价值3倍以下的罚款~~。	第二十八条 有下列情形之一的，由县级以上地方人民政府盐业主管部门责令改正，没收违法购进的食盐，可以处违法购进的食盐货值金额3倍以下的罚款： （一）食盐定点批发企业从除食盐定点生产企业、其他食盐定点批发企业以外的单位或者个人购进食盐； （二）食盐零售单位从食盐定点批发企业以外的单位或者个人购进食盐。
第二十二条 ~~违反本办法第十四条的规定，食盐零售单位和受委托代销食盐的个体工商户、代购代销店以及食品加工用盐的单位，从未取得食盐批发许可证的企业、单位或者个人购进食盐的，由盐业主管机构责令改正，没收违法购进的食盐，可以并处违法购进的食盐价值3倍以下的罚款~~。	第二十九条 未按照本办法第十条的规定作出标识的，由有关主管部门依据职责分工，责令改正，可以处5万元以下的罚款。
第二十三条 ~~违反本办法第十六条第（一）、（二）、（三）、（五）项的规定，将非食用盐作为食盐销售的，由盐业主管机构责令停止销售，没收违法所得，可以并处违法所得5倍以下的罚款；构成犯罪的，依法追究刑事责任~~。	第三十条 经营者的行为违反本办法的规定同时违反《中华人民共和国食品安全法》的，由县级以上地方人民政府食盐质量安全监督管理部门依照《中华人民共和国食品安全法》进行处罚。

原《食盐专营办法》	现行《食盐专营办法》
第二十四条　违反本办法第十六条第（四）项的规定将不符合食盐标准的盐产品当作食盐销售的，依照《中华人民共和国产品质量法》、《中华人民共和国标准化法》的有关规定处罚。	**第三十一条　食盐定点生产企业、食盐定点批发企业违反本办法的规定，被处以吊销食盐定点生产、食盐定点批发企业证书行政处罚的，其法定代表人、直接负责的主管人员和其他直接责任人员自处罚决定作出之日起5年内不得从事食盐生产经营管理活动，不得担任食盐定点生产企业、食盐定点批发企业的董事、监事或者高级管理人员。** **食盐定点生产企业、食盐定点批发企业违反前款规定聘用人员的，由盐业主管部门责令改正；拒不改正的，吊销其食盐定点生产、食盐定点批发企业证书。**
第二十五条　违反本办法第十八条的规定，无食盐准运证托运或者自运食盐的，由盐业主管机构没收违法运输的食盐，对货主处以违法运输的食盐价值3倍以下的罚款，对承运人处以违法所得3倍以下的罚款。	**第三十二条　违反本办法的规定，构成违反治安管理行为的，依法给予治安管理处罚；构成犯罪的，依法追究刑事责任。**
第二十六条　盐业主管机构的工作人员玩忽职守、徇私舞弊，构成犯罪的，依法追究刑事责任；尚不构成犯罪的，依法给予行政处分。	**第三十三条**　盐业主管**部门以及其他有关部门**的工作人员**滥用职权**、玩忽职守、徇私舞弊，构成犯罪的，依法追究刑事责任；尚不构成犯罪的，依法给予处分。
第六章　附　　则	**第七章　附　　则**
第二十七条　本办法施行前已经从事食盐批发业务的企业，具备本办法第十三条规定的条件的，由省、自治区、直辖市人民政府盐业主管机构审核颁发食盐批发许可证。	**第三十四条　除本办法的规定外，食盐质量安全监督管理、食盐加碘工作还应当依照有关法律、行政法规的规定执行。**

原《食盐专营办法》	现行《食盐专营办法》
第二十八条　渔业、畜牧用盐~~适用本~~办法。	**第三十五条**　渔业、畜牧用盐**管理**办法，**由国务院盐业主管部门会同国务院农业行政主管部门另行制定。**
第二十九条　本办法自发布之日施行。	**第三十六条　本办法自公**布之日**起**施行。1990 **年** 3 **月** 2 **日国务院发布的《盐业管理条例》同时废止。**

附　录

中华人民共和国国务院令

第 696 号

现公布修订后的《食盐专营办法》，自公布之日起施行。

总　理　李克强

2017 年 12 月 26 日

食盐专营办法

（1996 年 5 月 27 日中华人民共和国国务院令第 197 号发布　根据 2013 年 12 月 7 日《国务院关于修改部分行政法规的决定》修订　2017 年 12 月 26 日中华人民共和国国务院令第 696 号修订）

第一章　总　　则

第一条　为了加强对食盐的管理，保障食盐科学加碘工作的有效实施，确保食盐质量安全和供应安全，保护公民的身体健康，制定本办法。

第二条　国家实行食盐专营管理。

本办法所称食盐，是指直接食用和制作食品所用的盐。

第三条　本办法适用于中华人民共和国境内的食盐生产、销售和储备活动。

第四条　国务院盐业主管部门主管全国盐业工作，负责管理全国食盐专营工作。县级以上地方人民政府确定的盐业主管部门负责管理本行政区域的食盐专营工作。

国务院食品药品监督管理部门负责全国食盐质量安全监督管理。县级以上地方人民政府确定的食盐质量安全监督管理部门负责本行政区域的食盐质量安全监督管理。

第五条　盐业主管部门应当加强对工业用盐等非食用盐的管理，防止非食用盐流入食盐市场。

第六条 国务院盐业主管部门应当会同有关部门加强对食盐生产、批发企业及其董事、监事、高级管理人员的信用管理，建立健全信用信息记录、公示制度，提高食盐行业信用水平。

第七条 依法成立的盐业行业组织依照法律、行政法规和章程，保护企业合法权益，加强行业自律，促进企业守法、诚信经营，引导企业公平竞争。

第二章 食盐生产

第八条 国家实行食盐定点生产制度。非食盐定点生产企业不得生产食盐。

第九条 省、自治区、直辖市人民政府盐业主管部门按照统一规划、合理布局的要求审批确定食盐定点生产企业，颁发食盐定点生产企业证书，及时向社会公布食盐定点生产企业名单，并报国务院盐业主管部门备案。

第十条 食盐定点生产企业和非食用盐生产企业应当建立生产销售记录制度，如实记录并保存相关凭证。记录和凭证保存期限不得少于2年。

食盐应当按照规定在外包装上作出标识，非食用盐的包装、标识应当明显区别于食盐。

第十一条 禁止利用井矿盐卤水熬制食盐。

第三章 食盐销售

第十二条 国家实行食盐定点批发制度。非食盐定点批发企业不得经营食盐批发业务。

第十三条 省、自治区、直辖市人民政府盐业主管部门按照统一规划、合理布局的要求审批确定食盐定点批发企业，颁发食盐定点批发企业证书，及时向社会公布食盐定点批发企业名单，并报国务院盐业主管部门备案。

食盐定点生产企业申请经营食盐批发业务的，省、自治区、直辖市人民政府盐业主管部门应当确定其为食盐定点批发企业并颁发食盐定点批发企业证书。

第十四条 食盐定点批发企业应当从食盐定点生产企业或者其他食盐定点批发企业购进食盐，在国家规定的范围内销售。

食盐定点批发企业在国家规定的范围内销售食盐，任何单位或者个人不得阻止或者限制。

第十五条 食盐定点批发企业应当建立采购销售记录制度，如实记录并保存相关凭证。记录和凭证保存期限不得少于2年。

第十六条 食盐零售单位应当从食盐定点批发企业购进食盐。

第十七条 食盐价格由经营者自主确定。

县级以上地方人民政府价格主管部门应当加强对食盐零售价格的市场日常监测。当食盐价格显著上涨或者有可能显著上涨时，省、自治区、直辖市人民政府可以依法采取价格干预或者其他应急措施。

第十八条 县级以上地方人民政府应当根据实际情况，采取必要措施，保障边远地区和民族地区的食盐供应。

第十九条 禁止销售不符合食品安全标准的食盐。

禁止将下列产品作为食盐销售：

（一）液体盐（含天然卤水）；

（二）工业用盐和其他非食用盐；

（三）利用盐土、硝土或者工业废渣、废液制作的盐；

（四）利用井矿盐卤水熬制的盐；

（五）外包装上无标识或者标识不符合国家有关规定的盐。

第四章　食盐的储备和应急管理

第二十条　省、自治区、直辖市人民政府盐业主管部门应当根据本行政区域食盐供需情况，建立健全食盐储备制度，承担政府食盐储备责任。

第二十一条　食盐定点生产企业和食盐定点批发企业应当按照食盐储备制度要求，承担企业食盐储备责任，保持食盐的合理库存。

第二十二条　盐业主管部门应当会同有关部门制定食盐供应应急预案，在发生突发事件时协调、保障食盐供应。

第五章　监督管理

第二十三条　盐业主管部门依法履行监督检查职责，可以采取下列措施：

（一）向有关单位和个人了解情况；

（二）查阅或者复制有关合同、票据、账簿、购销记录及其他有关资料；

（三）查封、扣押与涉嫌盐业违法行为有关的食盐及原材料，以及用于违法生产或者销售食盐的工具、设备；

（四）查封涉嫌违法生产或者销售食盐的场所。

采取前款第三项、第四项规定的措施，应当向盐业主管部门主要负责人书面报告，并经批准。

盐业主管部门调查涉嫌盐业违法行为，应当遵守《中华人民共和国行政强制法》和其他有关法律、行政法规的规定。

第二十四条 盐业主管部门、食盐质量安全监督管理部门应当各司其职，加强协作，相互配合，通过政务信息系统等实现信息共享，建立健全行政执法协作配合制度。

盐业主管部门、食盐质量安全监督管理部门在监督管理工作中发现依法不属于本部门处理权限的涉嫌违法行为，应当及时移交有权处理的部门；有权处理的部门应当依法及时处理，并及时反馈处理结果。

第二十五条 盐业主管部门、食盐质量安全监督管理部门应当向社会公布本部门的联系方式，方便公众举报违法行为。

盐业主管部门、食盐质量安全监督管理部门接到举报，应当及时依法调查处理。对实名举报，盐业主管部门、食盐质量安全监督管理部门应当为举报人保密，并将处理结果告知举报人。

第六章 法律责任

第二十六条 有下列情形之一的，由县级以上地方人民政府盐业主管部门予以取缔，没收违法生产经营的食盐和违法所得。违法生产经营的食盐货值金额不足 1 万元的，可以处 5 万元以下的罚款；货值金额 1 万元以上的，并处货值金额 5 倍以上 10 倍以下的罚款：

（一）非食盐定点生产企业生产食盐；

（二）非食盐定点批发企业经营食盐批发业务。

第二十七条 有下列情形之一的，由县级以上地方人民政府盐业主管部门责令改正，处 5000 元以上 5 万元以下的罚款；情节严重的，责令停产停业整顿，直至吊销食盐定点生产、食盐定点批发企业证书：

（一）食盐定点生产企业、非食用盐生产企业未按照本办法规定保存生产销售记录；

（二）食盐定点批发企业未按照本办法规定保存采购销售记录；

（三）食盐定点批发企业超出国家规定的范围销售食盐；

（四）将非食用盐产品作为食盐销售。

第二十八条　有下列情形之一的，由县级以上地方人民政府盐业主管部门责令改正，没收违法购进的食盐，可以处违法购进的食盐货值金额3倍以下的罚款：

（一）食盐定点批发企业从除食盐定点生产企业、其他食盐定点批发企业以外的单位或者个人购进食盐；

（二）食盐零售单位从食盐定点批发企业以外的单位或者个人购进食盐。

第二十九条　未按照本办法第十条的规定作出标识的，由有关主管部门依据职责分工，责令改正，可以处5万元以下的罚款。

第三十条　经营者的行为违反本办法的规定同时违反《中华人民共和国食品安全法》的，由县级以上地方人民政府食盐质量安全监督管理部门依照《中华人民共和国食品安全法》进行处罚。

第三十一条　食盐定点生产企业、食盐定点批发企业违反本办法的规定，被处以吊销食盐定点生产、食盐定点批发企业证书行政处罚的，其法定代表人、直接负责的主管人员和其他直接责任人员自处罚决定作出之日起5年内不得从事食盐生产经营管理活动，不得担任食盐定点生产企业、食盐定点批发企业的董事、监事或者高级管理人员。

食盐定点生产企业、食盐定点批发企业违反前款规定聘用人员的，由盐业主管部门责令改正；拒不改正的，吊销其食盐定点生产、食盐定点批发企业证书。

第三十二条　违反本办法的规定，构成违反治安管理行为的，依法给予治安管理处罚；构成犯罪的，依法追究刑事责任。

第三十三条　盐业主管部门以及其他有关部门的工作人员滥用职权、玩忽职守、徇私舞弊，构成犯罪的，依法追究刑事责任；尚不构成犯罪的，依法给予处分。

第七章　附　　则

第三十四条　除本办法的规定外，食盐质量安全监督管理、食盐加碘工作还应当依照有关法律、行政法规的规定执行。

第三十五条　渔业、畜牧用盐管理办法，由国务院盐业主管部门会同国务院农业行政主管部门另行制定。

第三十六条　本办法自公布之日起施行。1990 年 3 月 2 日国务院发布的《盐业管理条例》同时废止。

国务院法制办、工业和信息化部负责人就《食盐专营办法》修订答记者问

2017 年 12 月 26 日，国务院总理李克强签署国务院令，公布了修订后的《食盐专营办法》（以下简称《办法》），自公布之日起施行。日前，国务院法制办、工业和信息化部负责人就《办法》有关问题回答了记者的提问。

问：开门七件事，柴米油盐酱醋茶。食盐事关千家万户。请介绍一下修改《食盐专营办法》的背景情况。

答：盐业是我国重要的基础性行业，食盐事关人民群众身体健

康。1996年5月，国务院发布《食盐专营办法》（以下称原办法），建立了以食盐专营制度为核心的管理体制，对加强盐业管理、促进盐业发展发挥了重要作用。2013年根据国务院行政审批制度改革要求，对原办法作了专项修改，将食盐定点生产企业的审批权限下放至省级盐业主管机构。党中央和国务院高度重视盐业体制改革工作，2015年12月中央全面深化改革领导小组第19次会议和2016年1月中央政治局常委会会议先后审议并原则通过盐业体制改革方案。2016年4月，《国务院关于印发盐业体制改革方案的通知》（国发〔2016〕25号，以下简称《方案》）提出在坚持食盐专营制度的基础上，推进供给侧结构性改革；要求实现盐业资源有效配置，进一步释放市场活力。落实方案确定的各项改革措施，保障盐业体制改革顺利进行，需要抓紧对原办法进行修改。

问：这次修改《办法》有什么总体思路和考虑？

答：这次修改《办法》的总体思路是非常明确的：一是紧紧围绕《方案》，落实《方案》已经明确和各方面达成共识的改革举措。二是发挥市场在资源配置中的决定性作用，改革食盐产、运、销领域的计划管理模式，打破区域限制，取消政府定价，引入市场竞争，释放市场活力。三是更好地发挥政府作用，在坚持食盐专营制度的基础上，完善监管体制，加强事中事后监管，确保食盐质量安全和供应安全，保障人民群众身体健康。

问：盐业体制改革方案明确要求进一步完善食盐专营制度，此次修改《办法》对食盐专营制度作了哪些改革和完善？

答：为适应社会主义市场经济要求，此次修改《办法》重点对食盐定点生产制度和食盐批发环节的专营制度作了完善，同时，取消了一些与市场经济不相适应的制度，主要有以下几个方面：

一是坚持和完善食盐定点生产、定点批发制度。按照《方案》关于坚持食盐专营制度、不再核准新增食盐定点生产、定点批发企业的规定，明确省级盐业主管部门按照统一规划、合理布局的要求，审批确定食盐定点生产、定点批发企业。

二是取消食盐产、运、销等环节的计划管理。删去了原办法关于食盐生产、批发、分配调拨、运输等实行指令性计划管理，以及核发食盐准运证的规定。

三是取消食盐产销隔离、区域限制制度。根据《方案》关于食盐流通的规定，规定食盐定点生产企业申请经营食盐批发业务，省级盐业主管部门应当颁发食盐定点批发企业证书；食盐定点批发企业在国家规定的范围内销售食盐，任何单位或者个人不得阻止或者限制。

四是改革食盐定价机制。根据《方案》改革食盐政府定价机制的要求，删去国家规定食盐价格的规定，明确食盐价格由经营者自主确定；增加规定县级以上地方人民政府价格主管部门应当加强食盐零售价格的市场日常监测，当食盐价格显著上涨或者有可能显著上涨时依法采取价格干预或者其他应急措施。

问：前几年发生过“抢盐”风波，不少人还记忆犹新，大家很关心食盐的安全稳定供应问题。《办法》对确保食盐供应安全作了哪些规定？

答：我国食盐生产能力远大于消费量，供应较为充足。虽然一些特殊情况下出现过几次抢盐事件，但在党中央、国务院高度重视下，经各部门密切配合，很快得到平息。盐业体制改革方案很重视食盐供应安全问题。《办法》也主要从两方面作了规定：

一是改革食盐储备制度。根据《方案》建立食盐储备体系的要求，规定省级盐业主管部门建立健全食盐储备制度，承担政府储备责任；食盐定点生产、定点批发企业承担企业食盐储备责任。

二是保障食盐供应。根据《方案》要求，增加规定县级以上地方人民政府采取必要措施，保障边远地区和民族地区的食盐供应。同时，规定盐业主管部门应当会同有关部门制定食盐供应应急预案，在发生突发事件时，协调、保障食盐供应。

问：老百姓一日三餐，食盐不可或缺。修改《办法》时对确保其质量安全有哪些考虑？

答：确保食盐质量安全是完善食盐专营制度的应有之义，为此，《办法》对食盐质量安全管控措施作了以下几方面规定：

一是完善食盐监管体制。根据《方案》关于保持现有专业化食盐监管体制不变，探索推进食盐安全监管体制改革，创造条件将食盐质量安全管理与监督职能移交食品药品监管部门或市场监管部门负责的要求，维持了盐业主管部门负责食盐专营工作的职责，并增加规定国务院食品药品监管部门和县级以上地方人民政府确定的部门负责食盐质量安全监督管理的职责。同时，明确了盐业主管部门可以依法采取的监督检查措施，增加了部门之间行政执法协作配合和加强信息共享的规定。

二是增加食盐企业及其董事、监事、高级管理人员的信用管理，建立健全信用信息记录和公示制度的规定。明确禁止销售不符合食品安全标准的食盐，并完善了禁止作为食盐销售的产品类别。

三是严防工业用盐等非食用盐流入食盐市场。根据《方案》要求，对食盐定点生产企业、定点批发企业和非食用盐生产企业规定了产购销记录制度；规定食盐零售单位应当从食盐定点批发企业购进食盐；规定食盐应当按照规定在外包装上作出标识，非食用盐的包装、标识应当明显区别于食盐。

四是进一步完善法律责任，加大对违法行为处罚力度。对危害食盐质量安全和群众身体健康的违法行为，提高了罚款额度，规定了违法经营企业退出机制和行业禁入等措施。同时，在法律责任上做好与食品安全法以及治安管理处罚法、刑法等法律的衔接。

问：新《办法》生效的同时，还废止了1990年国务院发布的《盐业管理条例》，请问主要有哪些考虑？

答：1990 年 3 月国务院发布的《盐业管理条例》（以下简称《条例》），对盐资源开发、盐场（厂、矿）保护、生产管理、运销管理等作了规范。在修改《办法》的同时，我们还对《条例》也作了认真研究，其中主要包括四个方面的内容：一是关于食盐管理的内容，已在《办法》中作了统一规定。二是对工业盐实行计划管理的内容，按照《方案》关于改革工业盐运销管理的要求，需要删去。三是关于盐场保护的规定，随着我国有关物权、侵权、土地管理、城乡规划等法律的陆续出台，已经实现了有法可依。四是关于开办制盐企业许可，目前制盐企业需要依法取得矿产资源开发、用地、用海等许可，遵守环境保护、安全生产管理等规定，没有必要重复实行开办制盐企业许可。据此，《条例》已经没有需要保留的实质性内容，国务院决定予以废止。

中华人民共和国食品安全法

（2009 年 2 月 28 日第十一届全国人民代表大会常务委员会第七次会议通过　2015 年 4 月 24 日第十二届全国人民代表大会常务委员会第十四次会议修订　2015 年 4 月 24 日中华人民共和国主席令第 21 号公布　自 2015 年 10 月 1 日起施行）

第一章　总　　则

第一条　为了保证食品安全，保障公众身体健康和生命安全，制定本法。

第二条　在中华人民共和国境内从事下列活动，应当遵守本法：

（一）食品生产和加工（以下称食品生产），食品销售和餐饮服务（以下称食品经营）；

（二）食品添加剂的生产经营；

（三）用于食品的包装材料、容器、洗涤剂、消毒剂和用于食品生产经营的工具、设备（以下称食品相关产品）的生产经营；

（四）食品生产经营者使用食品添加剂、食品相关产品；

（五）食品的贮存和运输；

（六）对食品、食品添加剂、食品相关产品的安全管理。

供食用的源于农业的初级产品（以下称食用农产品）的质量安全管理，遵守《中华人民共和国农产品质量安全法》的规定。但是，食用农产品的市场销售、有关质量安全标准的制定、有关安全信息的公布和本法对农业投入品作出规定的，应当遵守本法的规定。

第三条　食品安全工作实行预防为主、风险管理、全程控制、社会共治，建立科学、严格的监督管理制度。

第四条　食品生产经营者对其生产经营食品的安全负责。

食品生产经营者应当依照法律、法规和食品安全标准从事生产经营活动，保证食品安全，诚信自律，对社会和公众负责，接受社会监督，承担社会责任。

第五条　国务院设立食品安全委员会，其职责由国务院规定。

国务院食品药品监督管理部门依照本法和国务院规定的职责，对食品生产经营活动实施监督管理。

国务院卫生行政部门依照本法和国务院规定的职责，组织开展食品安全风险监测和风险评估，会同国务院食品药品监督管理部门制定并公布食品安全国家标准。

国务院其他有关部门依照本法和国务院规定的职责，承担有关食品安全工作。

第六条 县级以上地方人民政府对本行政区域的食品安全监督管理工作负责，统一领导、组织、协调本行政区域的食品安全监督管理工作以及食品安全突发事件应对工作，建立健全食品安全全程监督管理工作机制和信息共享机制。

县级以上地方人民政府依照本法和国务院的规定，确定本级食品药品监督管理、卫生行政部门和其他有关部门的职责。有关部门在各自职责范围内负责本行政区域的食品安全监督管理工作。

县级人民政府食品药品监督管理部门可以在乡镇或者特定区域设立派出机构。

第七条 县级以上地方人民政府实行食品安全监督管理责任制。上级人民政府负责对下一级人民政府的食品安全监督管理工作进行评议、考核。县级以上地方人民政府负责对本级食品药品监督管理部门和其他有关部门的食品安全监督管理工作进行评议、考核。

第八条 县级以上人民政府应当将食品安全工作纳入本级国民经济和社会发展规划，将食品安全工作经费列入本级政府财政预算，加强食品安全监督管理能力建设，为食品安全工作提供保障。

县级以上人民政府食品药品监督管理部门和其他有关部门应当加强沟通、密切配合，按照各自职责分工，依法行使职权，承担责任。

第九条 食品行业协会应当加强行业自律，按照章程建立健全行业规范和奖惩机制，提供食品安全信息、技术等服务，引导和督促食品生产经营者依法生产经营，推动行业诚信建设，宣传、普及食品安全知识。

消费者协会和其他消费者组织对违反本法规定，损害消费者合法权益的行为，依法进行社会监督。

第十条 各级人民政府应当加强食品安全的宣传教育，普及食品安全知识，鼓励社会组织、基层群众性自治组织、食品生产经营者开展食品安全法律、法规以及食品安全标准和知识的普及工作，倡导健康的饮食方式，增强消费者食品安全意识和自我保护能力。

新闻媒体应当开展食品安全法律、法规以及食品安全标准和知识的公益宣传，并对食品安全违法行为进行舆论监督。有关食品安全的宣传报道应当真实、公正。

第十一条　国家鼓励和支持开展与食品安全有关的基础研究、应用研究，鼓励和支持食品生产经营者为提高食品安全水平采用先进技术和先进管理规范。

国家对农药的使用实行严格的管理制度，加快淘汰剧毒、高毒、高残留农药，推动替代产品的研发和应用，鼓励使用高效低毒低残留农药。

第十二条　任何组织或者个人有权举报食品安全违法行为，依法向有关部门了解食品安全信息，对食品安全监督管理工作提出意见和建议。

第十三条　对在食品安全工作中做出突出贡献的单位和个人，按照国家有关规定给予表彰、奖励。

第二章　食品安全风险监测和评估

第十四条　国家建立食品安全风险监测制度，对食源性疾病、食品污染以及食品中的有害因素进行监测。

国务院卫生行政部门会同国务院食品药品监督管理、质量监督等部门，制定、实施国家食品安全风险监测计划。

国务院食品药品监督管理部门和其他有关部门获知有关食品安全风险信息后，应当立即核实并向国务院卫生行政部门通报。对有关部门通报的食品安全风险信息以及医疗机构报告的食源性疾病等有关疾病信息，国务院卫生行政部门应当会同国务院有关部门分析研究，认为必要的，及时调整国家食品安全风险监测计划。

省、自治区、直辖市人民政府卫生行政部门会同同级食品药品监督管理、质量监督等部门，根据国家食品安全风险监测计划，结合本行政区域的具体情况，制定、调整本行政区域的食品安全风险监测方案，报国务院卫生行政部门备案并实施。

第十五条 承担食品安全风险监测工作的技术机构应当根据食品安全风险监测计划和监测方案开展监测工作，保证监测数据真实、准确，并按照食品安全风险监测计划和监测方案的要求报送监测数据和分析结果。

食品安全风险监测工作人员有权进入相关食用农产品种植养殖、食品生产经营场所采集样品、收集相关数据。采集样品应当按照市场价格支付费用。

第十六条 食品安全风险监测结果表明可能存在食品安全隐患的，县级以上人民政府卫生行政部门应当及时将相关信息通报同级食品药品监督管理等部门，并报告本级人民政府和上级人民政府卫生行政部门。食品药品监督管理等部门应当组织开展进一步调查。

第十七条 国家建立食品安全风险评估制度，运用科学方法，根据食品安全风险监测信息、科学数据以及有关信息，对食品、食品添加剂、食品相关产品中生物性、化学性和物理性危害因素进行风险评估。

国务院卫生行政部门负责组织食品安全风险评估工作，成立由医学、农业、食品、营养、生物、环境等方面的专家组成的食品安全风险评估专家委员会进行食品安全风险评估。食品安全风险评估结果由国务院卫生行政部门公布。

对农药、肥料、兽药、饲料和饲料添加剂等的安全性评估，应当有食品安全风险评估专家委员会的专家参加。

食品安全风险评估不得向生产经营者收取费用，采集样品应当按照市场价格支付费用。

第十八条　有下列情形之一的，应当进行食品安全风险评估：

（一）通过食品安全风险监测或者接到举报发现食品、食品添加剂、食品相关产品可能存在安全隐患的；

（二）为制定或者修订食品安全国家标准提供科学依据需要进行风险评估的；

（三）为确定监督管理的重点领域、重点品种需要进行风险评估的；

（四）发现新的可能危害食品安全因素的；

（五）需要判断某一因素是否构成食品安全隐患的；

（六）国务院卫生行政部门认为需要进行风险评估的其他情形。

第十九条　国务院食品药品监督管理、质量监督、农业行政等部门在监督管理工作中发现需要进行食品安全风险评估的，应当向国务院卫生行政部门提出食品安全风险评估的建议，并提供风险来源、相关检验数据和结论等信息、资料。属于本法第十八条规定情形的，国务院卫生行政部门应当及时进行食品安全风险评估，并向国务院有关部门通报评估结果。

第二十条　省级以上人民政府卫生行政、农业行政部门应当及时相互通报食品、食用农产品安全风险监测信息。

国务院卫生行政、农业行政部门应当及时相互通报食品、食用农产品安全风险评估结果等信息。

第二十一条　食品安全风险评估结果是制定、修订食品安全标准和实施食品安全监督管理的科学依据。

经食品安全风险评估，得出食品、食品添加剂、食品相关产品不安全结论的，国务院食品药品监督管理、质量监督等部门应当依据各自职责立即向社会公告，告知消费者停止食用或者使用，并采取相应措施，确保该食品、食品添加剂、食品相关产品停止生产经营；需要制定、修订相关食品安全国家标准的，国务院卫生行政部门应当会同国务院食品药品监督管理部门立即制定、修订。

第二十二条 国务院食品药品监督管理部门应当会同国务院有关部门，根据食品安全风险评估结果、食品安全监督管理信息，对食品安全状况进行综合分析。对经综合分析表明可能具有较高程度安全风险的食品，国务院食品药品监督管理部门应当及时提出食品安全风险警示，并向社会公布。

第二十三条 县级以上人民政府食品药品监督管理部门和其他有关部门、食品安全风险评估专家委员会及其技术机构，应当按照科学、客观、及时、公开的原则，组织食品生产经营者、食品检验机构、认证机构、食品行业协会、消费者协会以及新闻媒体等，就食品安全风险评估信息和食品安全监督管理信息进行交流沟通。

第三章 食品安全标准

第二十四条 制定食品安全标准，应当以保障公众身体健康为宗旨，做到科学合理、安全可靠。

第二十五条 食品安全标准是强制执行的标准。除食品安全标准外，不得制定其他食品强制性标准。

第二十六条 食品安全标准应当包括下列内容：

（一）食品、食品添加剂、食品相关产品中的致病性微生物，农药残留、兽药残留、生物毒素、重金属等污染物质以及其他危害人体健康物质的限量规定；

（二）食品添加剂的品种、使用范围、用量；

（三）专供婴幼儿和其他特定人群的主辅食品的营养成分要求；

（四）对与卫生、营养等食品安全要求有关的标签、标志、说明书的要求；

（五）食品生产经营过程的卫生要求；

（六）与食品安全有关的质量要求；

（七）与食品安全有关的食品检验方法与规程；

（八）其他需要制定为食品安全标准的内容。

第二十七条 食品安全国家标准由国务院卫生行政部门会同国务院食品药品监督管理部门制定、公布，国务院标准化行政部门提供国家标准编号。

食品中农药残留、兽药残留的限量规定及其检验方法与规程由国务院卫生行政部门、国务院农业行政部门会同国务院食品药品监督管理部门制定。

屠宰畜、禽的检验规程由国务院农业行政部门会同国务院卫生行政部门制定。

第二十八条 制定食品安全国家标准，应当依据食品安全风险评估结果并充分考虑食用农产品安全风险评估结果，参照相关的国际标准和国际食品安全风险评估结果，并将食品安全国家标准草案向社会公布，广泛听取食品生产经营者、消费者、有关部门等方面的意见。

食品安全国家标准应当经国务院卫生行政部门组织的食品安全国家标准审评委员会审查通过。食品安全国家标准审评委员会由医学、农业、食品、营养、生物、环境等方面的专家以及国务院有关部门、食品行业协会、消费者协会的代表组成，对食品安全国家标准草案的科学性和实用性等进行审查。

第二十九条 对地方特色食品，没有食品安全国家标准的，省、自治区、直辖市人民政府卫生行政部门可以制定并公布食品安全地方标准，报国务院卫生行政部门备案。食品安全国家标准制定后，该地方标准即行废止。

第三十条　国家鼓励食品生产企业制定严于食品安全国家标准或者地方标准的企业标准，在本企业适用，并报省、自治区、直辖市人民政府卫生行政部门备案。

第三十一条　省级以上人民政府卫生行政部门应当在其网站上公布制定和备案的食品安全国家标准、地方标准和企业标准，供公众免费查阅、下载。

对食品安全标准执行过程中的问题，县级以上人民政府卫生行政部门应当会同有关部门及时给予指导、解答。

第三十二条　省级以上人民政府卫生行政部门应当会同同级食品药品监督管理、质量监督、农业行政等部门，分别对食品安全国家标准和地方标准的执行情况进行跟踪评价，并根据评价结果及时修订食品安全标准。

省级以上人民政府食品药品监督管理、质量监督、农业行政等部门应当对食品安全标准执行中存在的问题进行收集、汇总，并及时向同级卫生行政部门通报。

食品生产经营者、食品行业协会发现食品安全标准在执行中存在问题的，应当立即向卫生行政部门报告。

第四章　食品生产经营

第一节　一般规定

第三十三条　食品生产经营应当符合食品安全标准，并符合下列要求：

（一）具有与生产经营的食品品种、数量相适应的食品原料处理和食品加工、包装、贮存等场所，保持该场所环境整洁，并与有毒、有害场所以及其他污染源保持规定的距离；

（二）具有与生产经营的食品品种、数量相适应的生产经营设备或者设施，有相应的消毒、更衣、盥洗、采光、照明、通风、防腐、防尘、防蝇、防鼠、防虫、洗涤以及处理废水、存放垃圾和废弃物的设备或者设施；

（三）有专职或者兼职的食品安全专业技术人员、食品安全管理人员和保证食品安全的规章制度；

（四）具有合理的设备布局和工艺流程，防止待加工食品与直接入口食品、原料与成品交叉污染，避免食品接触有毒物、不洁物；

（五）餐具、饮具和盛放直接入口食品的容器，使用前应当洗净、消毒，炊具、用具用后应当洗净，保持清洁；

（六）贮存、运输和装卸食品的容器、工具和设备应当安全、无害，保持清洁，防止食品污染，并符合保证食品安全所需的温度、湿度等特殊要求，不得将食品与有毒、有害物品一同贮存、运输；

（七）直接入口的食品应当使用无毒、清洁的包装材料、餐具、饮具和容器；

（八）食品生产经营人员应当保持个人卫生，生产经营食品时，应当将手洗净，穿戴清洁的工作衣、帽等；销售无包装的直接入口食品时，应当使用无毒、清洁的容器、售货工具和设备；

（九）用水应当符合国家规定的生活饮用水卫生标准；

（十）使用的洗涤剂、消毒剂应当对人体安全、无害；

（十一）法律、法规规定的其他要求。

非食品生产经营者从事食品贮存、运输和装卸的，应当符合前款第六项的规定。

第三十四条 禁止生产经营下列食品、食品添加剂、食品相关产品：

（一）用非食品原料生产的食品或者添加食品添加剂以外的化

学物质和其他可能危害人体健康物质的食品，或者用回收食品作为原料生产的食品；

（二）致病性微生物，农药残留、兽药残留、生物毒素、重金属等污染物质以及其他危害人体健康的物质含量超过食品安全标准限量的食品、食品添加剂、食品相关产品；

（三）用超过保质期的食品原料、食品添加剂生产的食品、食品添加剂；

（四）超范围、超限量使用食品添加剂的食品；

（五）营养成分不符合食品安全标准的专供婴幼儿和其他特定人群的主辅食品；

（六）腐败变质、油脂酸败、霉变生虫、污秽不洁、混有异物、掺假掺杂或者感官性状异常的食品、食品添加剂；

（七）病死、毒死或者死因不明的禽、畜、兽、水产动物肉类及其制品；

（八）未按规定进行检疫或者检疫不合格的肉类，或者未经检验或者检验不合格的肉类制品；

（九）被包装材料、容器、运输工具等污染的食品、食品添加剂；

（十）标注虚假生产日期、保质期或者超过保质期的食品、食品添加剂；

（十一）无标签的预包装食品、食品添加剂；

（十二）国家为防病等特殊需要明令禁止生产经营的食品；

（十三）其他不符合法律、法规或者食品安全标准的食品、食品添加剂、食品相关产品。

第三十五条　国家对食品生产经营实行许可制度。从事食品生产、食品销售、餐饮服务，应当依法取得许可。但是，销售食用农产品，不需要取得许可。

县级以上地方人民政府食品药品监督管理部门应当依照《中华人民共和国行政许可法》的规定，审核申请人提交的本法第三十三条第一款第一项至第四项规定要求的相关资料，必要时对申请人的生产经营场所进行现场核查；对符合规定条件的，准予许可；对不符合规定条件的，不予许可并书面说明理由。

第三十六条　食品生产加工小作坊和食品摊贩等从事食品生产经营活动，应当符合本法规定的与其生产经营规模、条件相适应的食品安全要求，保证所生产经营的食品卫生、无毒、无害，食品药品监督管理部门应当对其加强监督管理。

县级以上地方人民政府应当对食品生产加工小作坊、食品摊贩等进行综合治理，加强服务和统一规划，改善其生产经营环境，鼓励和支持其改进生产经营条件，进入集中交易市场、店铺等固定场所经营，或者在指定的临时经营区域、时段经营。

食品生产加工小作坊和食品摊贩等的具体管理办法由省、自治区、直辖市制定。

第三十七条　利用新的食品原料生产食品，或者生产食品添加剂新品种、食品相关产品新品种，应当向国务院卫生行政部门提交相关产品的安全性评估材料。国务院卫生行政部门应当自收到申请之日起六十日内组织审查；对符合食品安全要求的，准予许可并公布；对不符合食品安全要求的，不予许可并书面说明理由。

第三十八条　生产经营的食品中不得添加药品，但是可以添加按照传统既是食品又是中药材的物质。按照传统既是食品又是中药材的物质目录由国务院卫生行政部门会同国务院食品药品监督管理部门制定、公布。

第三十九条　国家对食品添加剂生产实行许可制度。从事食品添加剂生产，应当具有与所生产食品添加剂品种相适应的场所、生产设备或者设施、专业技术人员和管理制度，并依照本法第三十五条第二款规定的程序，取得食品添加剂生产许可。

生产食品添加剂应当符合法律、法规和食品安全国家标准。

第四十条 食品添加剂应当在技术上确有必要且经过风险评估证明安全可靠，方可列入允许使用的范围；有关食品安全国家标准应当根据技术必要性和食品安全风险评估结果及时修订。

食品生产经营者应当按照食品安全国家标准使用食品添加剂。

第四十一条 生产食品相关产品应当符合法律、法规和食品安全国家标准。对直接接触食品的包装材料等具有较高风险的食品相关产品，按照国家有关工业产品生产许可证管理的规定实施生产许可。质量监督部门应当加强对食品相关产品生产活动的监督管理。

第四十二条 国家建立食品安全全程追溯制度。

食品生产经营者应当依照本法的规定，建立食品安全追溯体系，保证食品可追溯。国家鼓励食品生产经营者采用信息化手段采集、留存生产经营信息，建立食品安全追溯体系。

国务院食品药品监督管理部门会同国务院农业行政等有关部门建立食品安全全程追溯协作机制。

第四十三条 地方各级人民政府应当采取措施鼓励食品规模化生产和连锁经营、配送。

国家鼓励食品生产经营企业参加食品安全责任保险。

第二节 生产经营过程控制

第四十四条 食品生产经营企业应当建立健全食品安全管理制度，对职工进行食品安全知识培训，加强食品检验工作，依法从事生产经营活动。

食品生产经营企业的主要负责人应当落实企业食品安全管理制度，对本企业的食品安全工作全面负责。

食品生产经营企业应当配备食品安全管理人员，加强对其培训和考核。经考核不具备食品安全管理能力的，不得上岗。食品药品监督管理部门应当对企业食品安全管理人员随机进行监督抽查考核并公布考核情况。监督抽查考核不得收取费用。

第四十五条 食品生产经营者应当建立并执行从业人员健康管理制度。患有国务院卫生行政部门规定的有碍食品安全疾病的人员，不得从事接触直接入口食品的工作。

从事接触直接入口食品工作的食品生产经营人员应当每年进行健康检查，取得健康证明后方可上岗工作。

第四十六条 食品生产企业应当就下列事项制定并实施控制要求，保证所生产的食品符合食品安全标准：

（一）原料采购、原料验收、投料等原料控制；

（二）生产工序、设备、贮存、包装等生产关键环节控制；

（三）原料检验、半成品检验、成品出厂检验等检验控制；

（四）运输和交付控制。

第四十七条 食品生产经营者应当建立食品安全自查制度，定期对食品安全状况进行检查评价。生产经营条件发生变化，不再符合食品安全要求的，食品生产经营者应当立即采取整改措施；有发生食品安全事故潜在风险的，应当立即停止食品生产经营活动，并向所在地县级人民政府食品药品监督管理部门报告。

第四十八条 国家鼓励食品生产经营企业符合良好生产规范要求，实施危害分析与关键控制点体系，提高食品安全管理水平。

对通过良好生产规范、危害分析与关键控制点体系认证的食品生产经营企业，认证机构应当依法实施跟踪调查；对不再符合认证要求的企业，应当依法撤销认证，及时向县级以上人民政府食品药品监督管理部门通报，并向社会公布。认证机构实施跟踪调查不得收取费用。

第四十九条 食用农产品生产者应当按照食品安全标准和国家有关规定使用农药、肥料、兽药、饲料和饲料添加剂等农业投入品，严格执行农业投入品使用安全间隔期或者休药期的规定，不得使用国家明令禁止的农业投入品。禁止将剧毒、高毒农药用于蔬菜、瓜果、茶叶和中草药材等国家规定的农作物。

食用农产品的生产企业和农民专业合作经济组织应当建立农业投入品使用记录制度。

县级以上人民政府农业行政部门应当加强对农业投入品使用的监督管理和指导，建立健全农业投入品安全使用制度。

第五十条 食品生产者采购食品原料、食品添加剂、食品相关产品，应当查验供货者的许可证和产品合格证明；对无法提供合格证明的食品原料，应当按照食品安全标准进行检验；不得采购或者使用不符合食品安全标准的食品原料、食品添加剂、食品相关产品。

食品生产企业应当建立食品原料、食品添加剂、食品相关产品进货查验记录制度，如实记录食品原料、食品添加剂、食品相关产品的名称、规格、数量、生产日期或者生产批号、保质期、进货日期以及供货者名称、地址、联系方式等内容，并保存相关凭证。记录和凭证保存期限不得少于产品保质期满后六个月；没有明确保质期的，保存期限不得少于二年。

第五十一条 食品生产企业应当建立食品出厂检验记录制度，查验出厂食品的检验合格证和安全状况，如实记录食品的名称、规格、数量、生产日期或者生产批号、保质期、检验合格证号、销售日期以及购货者名称、地址、联系方式等内容，并保存相关凭证。记录和凭证保存期限应当符合本法第五十条第二款的规定。

第五十二条 食品、食品添加剂、食品相关产品的生产者，应当按照食品安全标准对所生产的食品、食品添加剂、食品相关产品进行检验，检验合格后方可出厂或者销售。

第五十三条 食品经营者采购食品，应当查验供货者的许可证和食品出厂检验合格证或者其他合格证明（以下称合格证明文件）。

食品经营企业应当建立食品进货查验记录制度，如实记录食品的名称、规格、数量、生产日期或者生产批号、保质期、进货日期以及供货者名称、地址、联系方式等内容，并保存相关凭证。记录和凭证保存期限应当符合本法第五十条第二款的规定。

实行统一配送经营方式的食品经营企业，可以由企业总部统一查验供货者的许可证和食品合格证明文件，进行食品进货查验记录。

从事食品批发业务的经营企业应当建立食品销售记录制度，如实记录批发食品的名称、规格、数量、生产日期或者生产批号、保质期、销售日期以及购货者名称、地址、联系方式等内容，并保存相关凭证。记录和凭证保存期限应当符合本法第五十条第二款的规定。

第五十四条 食品经营者应当按照保证食品安全的要求贮存食品，定期检查库存食品，及时清理变质或者超过保质期的食品。

食品经营者贮存散装食品，应当在贮存位置标明食品的名称、生产日期或者生产批号、保质期、生产者名称及联系方式等内容。

第五十五条 餐饮服务提供者应当制定并实施原料控制要求，不得采购不符合食品安全标准的食品原料。倡导餐饮服务提供者公开加工过程，公示食品原料及其来源等信息。

餐饮服务提供者在加工过程中应当检查待加工的食品及原料，发现有本法第三十四条第六项规定情形的，不得加工或者使用。

第五十六条 餐饮服务提供者应当定期维护食品加工、贮存、陈列等设施、设备；定期清洗、校验保温设施及冷藏、冷冻设施。

餐饮服务提供者应当按照要求对餐具、饮具进行清洗消毒，不得使用未经清洗消毒的餐具、饮具；餐饮服务提供者委托清洗消毒餐具、饮具的，应当委托符合本法规定条件的餐具、饮具集中消毒服务单位。

第五十七条　学校、托幼机构、养老机构、建筑工地等集中用餐单位的食堂应当严格遵守法律、法规和食品安全标准；从供餐单位订餐的，应当从取得食品生产经营许可的企业订购，并按照要求对订购的食品进行查验。供餐单位应当严格遵守法律、法规和食品安全标准，当餐加工，确保食品安全。

学校、托幼机构、养老机构、建筑工地等集中用餐单位的主管部门应当加强对集中用餐单位的食品安全教育和日常管理，降低食品安全风险，及时消除食品安全隐患。

第五十八条　餐具、饮具集中消毒服务单位应当具备相应的作业场所、清洗消毒设备或者设施，用水和使用的洗涤剂、消毒剂应当符合相关食品安全国家标准和其他国家标准、卫生规范。

餐具、饮具集中消毒服务单位应当对消毒餐具、饮具进行逐批检验，检验合格后方可出厂，并应当随附消毒合格证明。消毒后的餐具、饮具应当在独立包装上标注单位名称、地址、联系方式、消毒日期以及使用期限等内容。

第五十九条　食品添加剂生产者应当建立食品添加剂出厂检验记录制度，查验出厂产品的检验合格证和安全状况，如实记录食品添加剂的名称、规格、数量、生产日期或者生产批号、保质期、检验合格证号、销售日期以及购货者名称、地址、联系方式等相关内容，并保存相关凭证。记录和凭证保存期限应当符合本法第五十条第二款的规定。

第六十条　食品添加剂经营者采购食品添加剂，应当依法查验供货者的许可证和产品合格证明文件，如实记录食品添加剂的名称、规格、数量、生产日期或者生产批号、保质期、进货日期以及供货者名称、地址、联系方式等内容，并保存相关凭证。记录和凭证保存期限应当符合本法第五十条第二款的规定。

第六十一条 集中交易市场的开办者、柜台出租者和展销会举办者，应当依法审查入场食品经营者的许可证，明确其食品安全管理责任，定期对其经营环境和条件进行检查，发现其有违反本法规定行为的，应当及时制止并立即报告所在地县级人民政府食品药品监督管理部门。

第六十二条 网络食品交易第三方平台提供者应当对入网食品经营者进行实名登记，明确其食品安全管理责任；依法应当取得许可证的，还应当审查其许可证。

网络食品交易第三方平台提供者发现入网食品经营者有违反本法规定行为的，应当及时制止并立即报告所在地县级人民政府食品药品监督管理部门；发现严重违法行为的，应当立即停止提供网络交易平台服务。

第六十三条 国家建立食品召回制度。食品生产者发现其生产的食品不符合食品安全标准或者有证据证明可能危害人体健康的，应当立即停止生产，召回已经上市销售的食品，通知相关生产经营者和消费者，并记录召回和通知情况。

食品经营者发现其经营的食品有前款规定情形的，应当立即停止经营，通知相关生产经营者和消费者，并记录停止经营和通知情况。食品生产者认为应当召回的，应当立即召回。由于食品经营者的原因造成其经营的食品有前款规定情形的，食品经营者应当召回。

食品生产经营者应当对召回的食品采取无害化处理、销毁等措施，防止其再次流入市场。但是，对因标签、标志或者说明书不符合食品安全标准而被召回的食品，食品生产者在采取补救措施且能保证食品安全的情况下可以继续销售；销售时应当向消费者明示补救措施。

食品生产经营者应当将食品召回和处理情况向所在地县级人民政府食品药品监督管理部门报告；需要对召回的食品进行无害化处

理、销毁的，应当提前报告时间、地点。食品药品监督管理部门认为必要的，可以实施现场监督。

食品生产经营者未依照本条规定召回或者停止经营的，县级以上人民政府食品药品监督管理部门可以责令其召回或者停止经营。

第六十四条　食用农产品批发市场应当配备检验设备和检验人员或者委托符合本法规定的食品检验机构，对进入该批发市场销售的食用农产品进行抽样检验；发现不符合食品安全标准的，应当要求销售者立即停止销售，并向食品药品监督管理部门报告。

第六十五条　食用农产品销售者应当建立食用农产品进货查验记录制度，如实记录食用农产品的名称、数量、进货日期以及供货者名称、地址、联系方式等内容，并保存相关凭证。记录和凭证保存期限不得少于六个月。

第六十六条　进入市场销售的食用农产品在包装、保鲜、贮存、运输中使用保鲜剂、防腐剂等食品添加剂和包装材料等食品相关产品，应当符合食品安全国家标准。

第三节　标签、说明书和广告

第六十七条　预包装食品的包装上应当有标签。标签应当标明下列事项：

（一）名称、规格、净含量、生产日期；

（二）成分或者配料表；

（三）生产者的名称、地址、联系方式；

（四）保质期；

（五）产品标准代号；

（六）贮存条件；

（七）所使用的食品添加剂在国家标准中的通用名称；

（八）生产许可证编号；

（九）法律、法规或者食品安全标准规定应当标明的其他事项。

专供婴幼儿和其他特定人群的主辅食品，其标签还应当标明主要营养成分及其含量。

食品安全国家标准对标签标注事项另有规定的，从其规定。

第六十八条　食品经营者销售散装食品，应当在散装食品的容器、外包装上标明食品的名称、生产日期或者生产批号、保质期以及生产经营者名称、地址、联系方式等内容。

第六十九条　生产经营转基因食品应当按照规定显著标示。

第七十条　食品添加剂应当有标签、说明书和包装。标签、说明书应当载明本法第六十七条第一款第一项至第六项、第八项、第九项规定的事项，以及食品添加剂的使用范围、用量、使用方法，并在标签上载明“食品添加剂”字样。

第七十一条　食品和食品添加剂的标签、说明书，不得含有虚假内容，不得涉及疾病预防、治疗功能。生产经营者对其提供的标签、说明书的内容负责。

食品和食品添加剂的标签、说明书应当清楚、明显，生产日期、保质期等事项应当显著标注，容易辨识。

食品和食品添加剂与其标签、说明书的内容不符的，不得上市销售。

第七十二条　食品经营者应当按照食品标签标示的警示标志、警示说明或者注意事项的要求销售食品。

第七十三条　食品广告的内容应当真实合法，不得含有虚假内容，不得涉及疾病预防、治疗功能。食品生产经营者对食品广告内容的真实性、合法性负责。

县级以上人民政府食品药品监督管理部门和其他有关部门以及食品检验机构、食品行业协会不得以广告或者其他形式向消费者推荐食品。消费者组织不得以收取费用或者其他牟取利益的方式向消费者推荐食品。

第四节 特殊食品

第七十四条 国家对保健食品、特殊医学用途配方食品和婴幼儿配方食品等特殊食品实行严格监督管理。

第七十五条 保健食品声称保健功能，应当具有科学依据，不得对人体产生急性、亚急性或者慢性危害。

保健食品原料目录和允许保健食品声称的保健功能目录，由国务院食品药品监督管理部门会同国务院卫生行政部门、国家中医药管理部门制定、调整并公布。

保健食品原料目录应当包括原料名称、用量及其对应的功效；列入保健食品原料目录的原料只能用于保健食品生产，不得用于其他食品生产。

第七十六条 使用保健食品原料目录以外原料的保健食品和首次进口的保健食品应当经国务院食品药品监督管理部门注册。但是，首次进口的保健食品中属于补充维生素、矿物质等营养物质的，应当报国务院食品药品监督管理部门备案。其他保健食品应当报省、自治区、直辖市人民政府食品药品监督管理部门备案。

进口的保健食品应当是出口国（地区）主管部门准许上市销售的产品。

第七十七条 依法应当注册的保健食品，注册时应当提交保健食品的研发报告、产品配方、生产工艺、安全性和保健功能评价、标签、说明书等材料及样品，并提供相关证明文件。国务院食品药品监督管理部门经组织技术审评，对符合安全和功能声称要求的，准予注册；对不符合要求的，不予注册并书面说明理由。对使用保健食品原料目录以外原料的保健食品作出准予注册决定的，应当及时将该原料纳入保健食品原料目录。

依法应当备案的保健食品，备案时应当提交产品配方、生产工艺、标签、说明书以及表明产品安全性和保健功能的材料。

第七十八条 保健食品的标签、说明书不得涉及疾病预防、治疗功能，内容应当真实，与注册或者备案的内容相一致，载明适宜人群、不适宜人群、功效成分或者标志性成分及其含量等，并声明“本品不能代替药物”。保健食品的功能和成分应当与标签、说明书相一致。

第七十九条 保健食品广告除应当符合本法第七十三条第一款的规定外，还应当声明“本品不能代替药物”；其内容应当经生产企业所在地省、自治区、直辖市人民政府食品药品监督管理部门审查批准，取得保健食品广告批准文件。省、自治区、直辖市人民政府食品药品监督管理部门应当公布并及时更新已经批准的保健食品广告目录以及批准的广告内容。

第八十条 特殊医学用途配方食品应当经国务院食品药品监督管理部门注册。注册时，应当提交产品配方、生产工艺、标签、说明书以及表明产品安全性、营养充足性和特殊医学用途临床效果的材料。

特殊医学用途配方食品广告适用《中华人民共和国广告法》和其他法律、行政法规关于药品广告管理的规定。

第八十一条 婴幼儿配方食品生产企业应当实施从原料进厂到成品出厂的全过程质量控制，对出厂的婴幼儿配方食品实施逐批检验，保证食品安全。

生产婴幼儿配方食品使用的生鲜乳、辅料等食品原料、食品添加剂等，应当符合法律、行政法规的规定和食品安全国家标准，保证婴幼儿生长发育所需的营养成分。

婴幼儿配方食品生产企业应当将食品原料、食品添加剂、产品配方及标签等事项向省、自治区、直辖市人民政府食品药品监督管理部门备案。

婴幼儿配方乳粉的产品配方应当经国务院食品药品监督管理部门注册。注册时，应当提交配方研发报告和其他表明配方科学性、安全性的材料。

不得以分装方式生产婴幼儿配方乳粉，同一企业不得用同一配方生产不同品牌的婴幼儿配方乳粉。

第八十二条　保健食品、特殊医学用途配方食品、婴幼儿配方乳粉的注册人或者备案人应当对其提交材料的真实性负责。

省级以上人民政府食品药品监督管理部门应当及时公布注册或者备案的保健食品、特殊医学用途配方食品、婴幼儿配方乳粉目录，并对注册或者备案中获知的企业商业秘密予以保密。

保健食品、特殊医学用途配方食品、婴幼儿配方乳粉生产企业应当按照注册或者备案的产品配方、生产工艺等技术要求组织生产。

第八十三条　生产保健食品，特殊医学用途配方食品、婴幼儿配方食品和其他专供特定人群的主辅食品的企业，应当按照良好生产规范的要求建立与所生产食品相适应的生产质量管理体系，定期对该体系的运行情况进行自查，保证其有效运行，并向所在地县级人民政府食品药品监督管理部门提交自查报告。

第五章　食品检验

第八十四条　食品检验机构按照国家有关认证认可的规定取得资质认定后，方可从事食品检验活动。但是，法律另有规定的除外。

食品检验机构的资质认定条件和检验规范，由国务院食品药品监督管理部门规定。

符合本法规定的食品检验机构出具的检验报告具有同等效力。

县级以上人民政府应当整合食品检验资源，实现资源共享。

第八十五条 食品检验由食品检验机构指定的检验人独立进行。

检验人应当依照有关法律、法规的规定，并按照食品安全标准和检验规范对食品进行检验，尊重科学，恪守职业道德，保证出具的检验数据和结论客观、公正，不得出具虚假检验报告。

第八十六条 食品检验实行食品检验机构与检验人负责制。食品检验报告应当加盖食品检验机构公章，并有检验人的签名或者盖章。食品检验机构和检验人对出具的食品检验报告负责。

第八十七条 县级以上人民政府食品药品监督管理部门应当对食品进行定期或者不定期的抽样检验，并依据有关规定公布检验结果，不得免检。进行抽样检验，应当购买抽取的样品，委托符合本法规定的食品检验机构进行检验，并支付相关费用；不得向食品生产经营者收取检验费和其他费用。

第八十八条 对依照本法规定实施的检验结论有异议的，食品生产经营者可以自收到检验结论之日起七个工作日内向实施抽样检验的食品药品监督管理部门或者其上一级食品药品监督管理部门提出复检申请，由受理复检申请的食品药品监督管理部门在公布的复检机构名录中随机确定复检机构进行复检。复检机构出具的复检结论为最终检验结论。复检机构与初检机构不得为同一机构。复检机构名录由国务院认证认可监督管理、食品药品监督管理、卫生行政、农业行政等部门共同公布。

采用国家规定的快速检测方法对食用农产品进行抽查检测，被抽查人对检测结果有异议的，可以自收到检测结果时起四小时内申请复检。复检不得采用快速检测方法。

第八十九条 食品生产企业可以自行对所生产的食品进行检验，

也可以委托符合本法规定的食品检验机构进行检验。

食品行业协会和消费者协会等组织、消费者需要委托食品检验机构对食品进行检验的，应当委托符合本法规定的食品检验机构进行。

第九十条　食品添加剂的检验，适用本法有关食品检验的规定。

第六章　食品进出口

第九十一条　国家出入境检验检疫部门对进出口食品安全实施监督管理。

第九十二条　进口的食品、食品添加剂、食品相关产品应当符合我国食品安全国家标准。

进口的食品、食品添加剂应当经出入境检验检疫机构依照进出口商品检验相关法律、行政法规的规定检验合格。

进口的食品、食品添加剂应当按照国家出入境检验检疫部门的要求随附合格证明材料。

第九十三条　进口尚无食品安全国家标准的食品，由境外出口商、境外生产企业或者其委托的进口商向国务院卫生行政部门提交所执行的相关国家（地区）标准或者国际标准。国务院卫生行政部门对相关标准进行审查，认为符合食品安全要求的，决定暂予适用，并及时制定相应的食品安全国家标准。进口利用新的食品原料生产的食品或者进口食品添加剂新品种、食品相关产品新品种，依照本法第三十七条的规定办理。

出入境检验检疫机构按照国务院卫生行政部门的要求，对前款规定的食品、食品添加剂、食品相关产品进行检验。检验结果应当公开。

第九十四条 境外出口商、境外生产企业应当保证向我国出口的食品、食品添加剂、食品相关产品符合本法以及我国其他有关法律、行政法规的规定和食品安全国家标准的要求，并对标签、说明书的内容负责。

进口商应当建立境外出口商、境外生产企业审核制度，重点审核前款规定的内容；审核不合格的，不得进口。

发现进口食品不符合我国食品安全国家标准或者有证据证明可能危害人体健康的，进口商应当立即停止进口，并依照本法第六十三条的规定召回。

第九十五条 境外发生的食品安全事件可能对我国境内造成影响，或者在进口食品、食品添加剂、食品相关产品中发现严重食品安全问题的，国家出入境检验检疫部门应当及时采取风险预警或者控制措施，并向国务院食品药品监督管理、卫生行政、农业行政部门通报。接到通报的部门应当及时采取相应措施。

县级以上人民政府食品药品监督管理部门对国内市场上销售的进口食品、食品添加剂实施监督管理。发现存在严重食品安全问题的，国务院食品药品监督管理部门应当及时向国家出入境检验检疫部门通报。国家出入境检验检疫部门应当及时采取相应措施。

第九十六条 向我国境内出口食品的境外出口商或者代理商、进口食品的进口商应当向国家出入境检验检疫部门备案。向我国境内出口食品的境外食品生产企业应当经国家出入境检验检疫部门注册。已经注册的境外食品生产企业提供虚假材料，或者因其自身的原因致使进口食品发生重大食品安全事故的，国家出入境检验检疫部门应当撤销注册并公告。

国家出入境检验检疫部门应当定期公布已经备案的境外出口商、代理商、进口商和已经注册的境外食品生产企业名单。

第九十七条 进口的预包装食品、食品添加剂应当有中文标签；

依法应当有说明书的，还应当有中文说明书。标签、说明书应当符合本法以及我国其他有关法律、行政法规的规定和食品安全国家标准的要求，并载明食品的原产地以及境内代理商的名称、地址、联系方式。预包装食品没有中文标签、中文说明书或者标签、说明书不符合本条规定的，不得进口。

第九十八条　进口商应当建立食品、食品添加剂进口和销售记录制度，如实记录食品、食品添加剂的名称、规格、数量、生产日期、生产或者进口批号、保质期、境外出口商和购货者名称、地址及联系方式、交货日期等内容，并保存相关凭证。记录和凭证保存期限应当符合本法第五十条第二款的规定。

第九十九条　出口食品生产企业应当保证其出口食品符合进口国（地区）的标准或者合同要求。

出口食品生产企业和出口食品原料种植、养殖场应当向国家出入境检验检疫部门备案。

第一百条　国家出入境检验检疫部门应当收集、汇总下列进出口食品安全信息，并及时通报相关部门、机构和企业：

（一）出入境检验检疫机构对进出口食品实施检验检疫发现的食品安全信息；

（二）食品行业协会和消费者协会等组织、消费者反映的进口食品安全信息；

（三）国际组织、境外政府机构发布的风险预警信息及其他食品安全信息，以及境外食品行业协会等组织、消费者反映的食品安全信息；

（四）其他食品安全信息。

国家出入境检验检疫部门应当对进出口食品的进口商、出口商和出口食品生产企业实施信用管理，建立信用记录，并依法向社会公布。对有不良记录的进口商、出口商和出口食品生产企业，应当加强对其进出口食品的检验检疫。

第一百零一条　国家出入境检验检疫部门可以对向我国境内出口食品的国家（地区）的食品安全管理体系和食品安全状况进行评估和审查，并根据评估和审查结果，确定相应检验检疫要求。

第七章　食品安全事故处置

第一百零二条　国务院组织制定国家食品安全事故应急预案。

县级以上地方人民政府应当根据有关法律、法规的规定和上级人民政府的食品安全事故应急预案以及本行政区域的实际情况，制定本行政区域的食品安全事故应急预案，并报上一级人民政府备案。

食品安全事故应急预案应当对食品安全事故分级、事故处置组织指挥体系与职责、预防预警机制、处置程序、应急保障措施等作出规定。

食品生产经营企业应当制定食品安全事故处置方案，定期检查本企业各项食品安全防范措施的落实情况，及时消除事故隐患。

第一百零三条　发生食品安全事故的单位应当立即采取措施，防止事故扩大。事故单位和接收病人进行治疗的单位应当及时向事故发生地县级人民政府食品药品监督管理、卫生行政部门报告。

县级以上人民政府质量监督、农业行政等部门在日常监督管理中发现食品安全事故或者接到事故举报，应当立即向同级食品药品监督管理部门通报。

发生食品安全事故，接到报告的县级人民政府食品药品监督管理部门应当按照应急预案的规定向本级人民政府和上级人民政府食品药品监督管理部门报告。县级人民政府和上级人民政府食品药品监督管理部门应当按照应急预案的规定上报。

任何单位和个人不得对食品安全事故隐瞒、谎报、缓报，不得隐匿、伪造、毁灭有关证据。

第一百零四条　医疗机构发现其接收的病人属于食源性疾病病人或者疑似病人的，应当按照规定及时将相关信息向所在地县级人民政府卫生行政部门报告。县级人民政府卫生行政部门认为与食品安全有关的，应当及时通报同级食品药品监督管理部门。

县级以上人民政府卫生行政部门在调查处理传染病或者其他突发公共卫生事件中发现与食品安全相关的信息，应当及时通报同级食品药品监督管理部门。

第一百零五条　县级以上人民政府食品药品监督管理部门接到食品安全事故的报告后，应当立即会同同级卫生行政、质量监督、农业行政等部门进行调查处理，并采取下列措施，防止或者减轻社会危害：

（一）开展应急救援工作，组织救治因食品安全事故导致人身伤害的人员；

（二）封存可能导致食品安全事故的食品及其原料，并立即进行检验；对确认属于被污染的食品及其原料，责令食品生产经营者依照本法第六十三条的规定召回或者停止经营；

（三）封存被污染的食品相关产品，并责令进行清洗消毒；

（四）做好信息发布工作，依法对食品安全事故及其处理情况进行发布，并对可能产生的危害加以解释、说明。

发生食品安全事故需要启动应急预案的，县级以上人民政府应当立即成立事故处置指挥机构，启动应急预案，依照前款和应急预案的规定进行处置。

发生食品安全事故，县级以上疾病预防控制机构应当对事故现场进行卫生处理，并对与事故有关的因素开展流行病学调查，有关部门应当予以协助。县级以上疾病预防控制机构应当向同级食品药品监督管理、卫生行政部门提交流行病学调查报告。

第一百零六条 发生食品安全事故，设区的市级以上人民政府食品药品监督管理部门应当立即会同有关部门进行事故责任调查，督促有关部门履行职责，向本级人民政府和上一级人民政府食品药品监督管理部门提出事故责任调查处理报告。

涉及两个以上省、自治区、直辖市的重大食品安全事故由国务院食品药品监督管理部门依照前款规定组织事故责任调查。

第一百零七条 调查食品安全事故，应当坚持实事求是、尊重科学的原则，及时、准确查清事故性质和原因，认定事故责任，提出整改措施。

调查食品安全事故，除了查明事故单位的责任，还应当查明有关监督管理部门、食品检验机构、认证机构及其工作人员的责任。

第一百零八条 食品安全事故调查部门有权向有关单位和个人了解与事故有关的情况，并要求提供相关资料和样品。有关单位和个人应当予以配合，按照要求提供相关资料和样品，不得拒绝。

任何单位和个人不得阻挠、干涉食品安全事故的调查处理。

第八章 监督管理

第一百零九条 县级以上人民政府食品药品监督管理、质量监督部门根据食品安全风险监测、风险评估结果和食品安全状况等，确定监督管理的重点、方式和频次，实施风险分级管理。

县级以上地方人民政府组织本级食品药品监督管理、质量监督、农业行政等部门制定本行政区域的食品安全年度监督管理计划，向社会公布并组织实施。

食品安全年度监督管理计划应当将下列事项作为监督管理的重点：

（一）专供婴幼儿和其他特定人群的主辅食品；

（二）保健食品生产过程中的添加行为和按照注册或者备案的技术要求组织生产的情况，保健食品标签、说明书以及宣传材料中有关功能宣传的情况；

（三）发生食品安全事故风险较高的食品生产经营者；

（四）食品安全风险监测结果表明可能存在食品安全隐患的事项。

第一百一十条　县级以上人民政府食品药品监督管理、质量监督部门履行各自食品安全监督管理职责，有权采取下列措施，对生产经营者遵守本法的情况进行监督检查：

（一）进入生产经营场所实施现场检查；

（二）对生产经营的食品、食品添加剂、食品相关产品进行抽样检验；

（三）查阅、复制有关合同、票据、账簿以及其他有关资料；

（四）查封、扣押有证据证明不符合食品安全标准或者有证据证明存在安全隐患以及用于违法生产经营的食品、食品添加剂、食品相关产品；

（五）查封违法从事生产经营活动的场所。

第一百一十一条　对食品安全风险评估结果证明食品存在安全隐患，需要制定、修订食品安全标准的，在制定、修订食品安全标准前，国务院卫生行政部门应当及时会同国务院有关部门规定食品中有害物质的临时限量值和临时检验方法，作为生产经营和监督管理的依据。

第一百一十二条　县级以上人民政府食品药品监督管理部门在食品安全监督管理工作中可以采用国家规定的快速检测方法对食品进行抽查检测。

对抽查检测结果表明可能不符合食品安全标准的食品，应当依照本法第八十七条的规定进行检验。抽查检测结果确定有关食品不符合食品安全标准的，可以作为行政处罚的依据。

第一百一十三条　县级以上人民政府食品药品监督管理部门应当建立食品生产经营者食品安全信用档案，记录许可颁发、日常监督检查结果、违法行为查处等情况，依法向社会公布并实时更新；对有不良信用记录的食品生产经营者增加监督检查频次，对违法行为情节严重的食品生产经营者，可以通报投资主管部门、证券监督管理机构和有关的金融机构。

第一百一十四条　食品生产经营过程中存在食品安全隐患，未及时采取措施消除的，县级以上人民政府食品药品监督管理部门可以对食品生产经营者的法定代表人或者主要负责人进行责任约谈。食品生产经营者应当立即采取措施，进行整改，消除隐患。责任约谈情况和整改情况应当纳入食品生产经营者食品安全信用档案。

第一百一十五条　县级以上人民政府食品药品监督管理、质量监督等部门应当公布本部门的电子邮件地址或者电话，接受咨询、投诉、举报。接到咨询、投诉、举报，对属于本部门职责的，应当受理并在法定期限内及时答复、核实、处理；对不属于本部门职责的，应当移交有权处理的部门并书面通知咨询、投诉、举报人。有权处理的部门应当在法定期限内及时处理，不得推诿。对查证属实的举报，给予举报人奖励。

有关部门应当对举报人的信息予以保密，保护举报人的合法权益。举报人举报所在企业的，该企业不得以解除、变更劳动合同或者其他方式对举报人进行打击报复。

第一百一十六条　县级以上人民政府食品药品监督管理、质量监督等部门应当加强对执法人员食品安全法律、法规、标准和专业知识与执法能力等的培训，并组织考核。不具备相应知识和能力的，不得从事食品安全执法工作。

食品生产经营者、食品行业协会、消费者协会等发现食品安全执法人员在执法过程中有违反法律、法规规定的行为以及不规范执法行为的，可以向本级或者上级人民政府食品药品监督管理、质量监督等部门或者监察机关投诉、举报。接到投诉、举报的部门或者机关应当进行核实，并将经核实的情况向食品安全执法人员所在部门通报；涉嫌违法违纪的，按照本法和有关规定处理。

第一百一十七条　县级以上人民政府食品药品监督管理等部门未及时发现食品安全系统性风险，未及时消除监督管理区域内的食品安全隐患的，本级人民政府可以对其主要负责人进行责任约谈。

地方人民政府未履行食品安全职责，未及时消除区域性重大食品安全隐患的，上级人民政府可以对其主要负责人进行责任约谈。

被约谈的食品药品监督管理等部门、地方人民政府应当立即采取措施，对食品安全监督管理工作进行整改。

责任约谈情况和整改情况应当纳入地方人民政府和有关部门食品安全监督管理工作评议、考核记录。

第一百一十八条　国家建立统一的食品安全信息平台，实行食品安全信息统一公布制度。国家食品安全总体情况、食品安全风险警示信息、重大食品安全事故及其调查处理信息和国务院确定需要统一公布的其他信息由国务院食品药品监督管理部门统一公布。食品安全风险警示信息和重大食品安全事故及其调查处理信息的影响限于特定区域的，也可以由有关省、自治区、直辖市人民政府食品药品监督管理部门公布。未经授权不得发布上述信息。

县级以上人民政府食品药品监督管理、质量监督、农业行政部门依据各自职责公布食品安全日常监督管理信息。

公布食品安全信息，应当做到准确、及时，并进行必要的解释说明，避免误导消费者和社会舆论。

第一百一十九条　县级以上地方人民政府食品药品监督管理、卫生行政、质量监督、农业行政部门获知本法规定需要统一公布的信息，应当向上级主管部门报告，由上级主管部门立即报告国务院食品药品监督管理部门；必要时，可以直接向国务院食品药品监督管理部门报告。

县级以上人民政府食品药品监督管理、卫生行政、质量监督、农业行政部门应当相互通报获知的食品安全信息。

第一百二十条　任何单位和个人不得编造、散布虚假食品安全信息。

县级以上人民政府食品药品监督管理部门发现可能误导消费者和社会舆论的食品安全信息，应当立即组织有关部门、专业机构、相关食品生产经营者等进行核实、分析，并及时公布结果。

第一百二十一条　县级以上人民政府食品药品监督管理、质量监督等部门发现涉嫌食品安全犯罪的，应当按照有关规定及时将案件移送公安机关。对移送的案件，公安机关应当及时审查；认为有犯罪事实需要追究刑事责任的，应当立案侦查。

公安机关在食品安全犯罪案件侦查过程中认为没有犯罪事实，或者犯罪事实显著轻微，不需要追究刑事责任，但依法应当追究行政责任的，应当及时将案件移送食品药品监督管理、质量监督等部门和监察机关，有关部门应当依法处理。

公安机关商请食品药品监督管理、质量监督、环境保护等部门提供检验结论、认定意见以及对涉案物品进行无害化处理等协助的，有关部门应当及时提供，予以协助。

第九章　法律责任

第一百二十二条　违反本法规定，未取得食品生产经营许可从事食品生产经营活动，或者未取得食品添加剂生产许可从事食品添加剂生产活动的，由县级以上人民政府食品药品监督管理部门没收违法所得和违法生产经营的食品、食品添加剂以及用于违法生产经营的工具、设备、原料等物品；违法生产经营的食品、食品添加剂货值金额不足一万元的，并处五万元以上十万元以下罚款；货值金额一万元以上的，并处货值金额十倍以上二十倍以下罚款。

明知从事前款规定的违法行为，仍为其提供生产经营场所或者其他条件的，由县级以上人民政府食品药品监督管理部门责令停止违法行为，没收违法所得，并处五万元以上十万元以下罚款；使消费者的合法权益受到损害的，应当与食品、食品添加剂生产经营者承担连带责任。

第一百二十三条　违反本法规定，有下列情形之一，尚不构成犯罪的，由县级以上人民政府食品药品监督管理部门没收违法所得和违法生产经营的食品，并可以没收用于违法生产经营的工具、设备、原料等物品；违法生产经营的食品货值金额不足一万元的，并处十万元以上十五万元以下罚款；货值金额一万元以上的，并处货值金额十五倍以上三十倍以下罚款；情节严重的，吊销许可证，并可以由公安机关对其直接负责的主管人员和其他直接责任人员处五日以上十五日以下拘留：

（一）用非食品原料生产食品、在食品中添加食品添加剂以外的化学物质和其他可能危害人体健康的物质，或者用回收食品作为原料生产食品，或者经营上述食品；

（二）生产经营营养成分不符合食品安全标准的专供婴幼儿和其他特定人群的主辅食品；

（三）经营病死、毒死或者死因不明的禽、畜、兽、水产动物肉类，或者生产经营其制品；

（四）经营未按规定进行检疫或者检疫不合格的肉类，或者生产经营未经检验或者检验不合格的肉类制品；

（五）生产经营国家为防病等特殊需要明令禁止生产经营的食品；

（六）生产经营添加药品的食品。

明知从事前款规定的违法行为，仍为其提供生产经营场所或者其他条件的，由县级以上人民政府食品药品监督管理部门责令停止违法行为，没收违法所得，并处十万元以上二十万元以下罚款；使消费者的合法权益受到损害的，应当与食品生产经营者承担连带责任。

违法使用剧毒、高毒农药的，除依照有关法律、法规规定给予处罚外，可以由公安机关依照第一款规定给予拘留。

第一百二十四条　违反本法规定，有下列情形之一，尚不构成犯罪的，由县级以上人民政府食品药品监督管理部门没收违法所得和违法生产经营的食品、食品添加剂，并可以没收用于违法生产经营的工具、设备、原料等物品；违法生产经营的食品、食品添加剂货值金额不足一万元的，并处五万元以上十万元以下罚款；货值金额一万元以上的，并处货值金额十倍以上二十倍以下罚款；情节严重的，吊销许可证：

（一）生产经营致病性微生物，农药残留、兽药残留、生物毒素、重金属等污染物质以及其他危害人体健康的物质含量超过食品安全标准限量的食品、食品添加剂；

（二）用超过保质期的食品原料、食品添加剂生产食品、食品添加剂，或者经营上述食品、食品添加剂；

（三）生产经营超范围、超限量使用食品添加剂的食品；

（四）生产经营腐败变质、油脂酸败、霉变生虫、污秽不洁、混有异物、掺假掺杂或者感官性状异常的食品、食品添加剂；

（五）生产经营标注虚假生产日期、保质期或者超过保质期的食品、食品添加剂；

（六）生产经营未按规定注册的保健食品、特殊医学用途配方食品、婴幼儿配方乳粉，或者未按注册的产品配方、生产工艺等技术要求组织生产；

（七）以分装方式生产婴幼儿配方乳粉，或者同一企业以同一配方生产不同品牌的婴幼儿配方乳粉；

（八）利用新的食品原料生产食品，或者生产食品添加剂新品种，未通过安全性评估；

（九）食品生产经营者在食品药品监督管理部门责令其召回或者停止经营后，仍拒不召回或者停止经营。

除前款和本法第一百二十三条、第一百二十五条规定的情形外，生产经营不符合法律、法规或者食品安全标准的食品、食品添加剂的，依照前款规定给予处罚。

生产食品相关产品新品种，未通过安全性评估，或者生产不符合食品安全标准的食品相关产品的，由县级以上人民政府质量监督部门依照第一款规定给予处罚。

第一百二十五条　违反本法规定，有下列情形之一的，由县级以上人民政府食品药品监督管理部门没收违法所得和违法生产经营的食品、食品添加剂，并可以没收用于违法生产经营的工具、设备、原料等物品；违法生产经营的食品、食品添加剂货值金额不足一万元的，并处五千元以上五万元以下罚款；货值金额一万元以上的，并处货值金额五倍以上十倍以下罚款；情节严重的，责令停产停业，直至吊销许可证：

（一）生产经营被包装材料、容器、运输工具等污染的食品、食品添加剂；

（二）生产经营无标签的预包装食品、食品添加剂或者标签、说明书不符合本法规定的食品、食品添加剂；

（三）生产经营转基因食品未按规定进行标示；

（四）食品生产经营者采购或者使用不符合食品安全标准的食品原料、食品添加剂、食品相关产品。

生产经营的食品、食品添加剂的标签、说明书存在瑕疵但不影响食品安全且不会对消费者造成误导的，由县级以上人民政府食品药品监督管理部门责令改正；拒不改正的，处二千元以下罚款。

第一百二十六条　违反本法规定，有下列情形之一的，由县级以上人民政府食品药品监督管理部门责令改正，给予警告；拒不改正的，处五千元以上五万元以下罚款；情节严重的，责令停产停业，直至吊销许可证：

（一）食品、食品添加剂生产者未按规定对采购的食品原料和生产的食品、食品添加剂进行检验；

（二）食品生产经营企业未按规定建立食品安全管理制度，或者未按规定配备或者培训、考核食品安全管理人员；

（三）食品、食品添加剂生产经营者进货时未查验许可证和相关证明文件，或者未按规定建立并遵守进货查验记录、出厂检验记录和销售记录制度；

（四）食品生产经营企业未制定食品安全事故处置方案；

（五）餐具、饮具和盛放直接入口食品的容器，使用前未经洗净、消毒或者清洗消毒不合格，或者餐饮服务设施、设备未按规定定期维护、清洗、校验；

（六）食品生产经营者安排未取得健康证明或者患有国务院卫生行政部门规定的有碍食品安全疾病的人员从事接触直接入口食品的工作；

（七）食品经营者未按规定要求销售食品；

（八）保健食品生产企业未按规定向食品药品监督管理部门备案，或者未按备案的产品配方、生产工艺等技术要求组织生产；

（九）婴幼儿配方食品生产企业未将食品原料、食品添加剂、产品配方、标签等向食品药品监督管理部门备案；

（十）特殊食品生产企业未按规定建立生产质量管理体系并有效运行，或者未定期提交自查报告；

（十一）食品生产经营者未定期对食品安全状况进行检查评价，或者生产经营条件发生变化，未按规定处理；

（十二）学校、托幼机构、养老机构、建筑工地等集中用餐单位未按规定履行食品安全管理责任；

（十三）食品生产企业、餐饮服务提供者未按规定制定、实施生产经营过程控制要求。

餐具、饮具集中消毒服务单位违反本法规定用水，使用洗涤剂、消毒剂，或者出厂的餐具、饮具未按规定检验合格并随附消毒合格证明，或者未按规定在独立包装上标注相关内容的，由县级以上人民政府卫生行政部门依照前款规定给予处罚。

食品相关产品生产者未按规定对生产的食品相关产品进行检验的，由县级以上人民政府质量监督部门依照第一款规定给予处罚。

食用农产品销售者违反本法第六十五条规定的，由县级以上人民政府食品药品监督管理部门依照第一款规定给予处罚。

第一百二十七条　对食品生产加工小作坊、食品摊贩等的违法行为的处罚，依照省、自治区、直辖市制定的具体管理办法执行。

第一百二十八条　违反本法规定，事故单位在发生食品安全事故后未进行处置、报告的，由有关主管部门按照各自职责分工责令改正，给予警告；隐匿、伪造、毁灭有关证据的，责令停产停业，没收违法所得，并处十万元以上五十万元以下罚款；造成严重后果的，吊销许可证。

第一百二十九条　违反本法规定，有下列情形之一的，由出入境检验检疫机构依照本法第一百二十四条的规定给予处罚：

（一）提供虚假材料，进口不符合我国食品安全国家标准的食品、食品添加剂、食品相关产品；

（二）进口尚无食品安全国家标准的食品，未提交所执行的标准并经国务院卫生行政部门审查，或者进口利用新的食品原料生产的食品或者进口食品添加剂新品种、食品相关产品新品种，未通过安全性评估；

（三）未遵守本法的规定出口食品；

（四）进口商在有关主管部门责令其依照本法规定召回进口的食品后，仍拒不召回。

违反本法规定，进口商未建立并遵守食品、食品添加剂进口和销售记录制度、境外出口商或者生产企业审核制度的，由出入境检验检疫机构依照本法第一百二十六条的规定给予处罚。

第一百三十条 违反本法规定，集中交易市场的开办者、柜台出租者、展销会的举办者允许未依法取得许可的食品经营者进入市场销售食品，或者未履行检查、报告等义务的，由县级以上人民政府食品药品监督管理部门责令改正，没收违法所得，并处五万元以上二十万元以下罚款；造成严重后果的，责令停业，直至由原发证部门吊销许可证；使消费者的合法权益受到损害的，应当与食品经营者承担连带责任。

食用农产品批发市场违反本法第六十四条规定的，依照前款规定承担责任。

第一百三十一条 违反本法规定，网络食品交易第三方平台提供者未对入网食品经营者进行实名登记、审查许可证，或者未履行报告、停止提供网络交易平台服务等义务的，由县级以上人民政府食品药品监督管理部门责令改正，没收违法所得，并处五万元以上二十万元以下罚款；造成严重后果的，责令停业，直至由原发证部门吊销许可证；使消费者的合法权益受到损害的，应当与食品经营者承担连带责任。

消费者通过网络食品交易第三方平台购买食品，其合法权益受到损害的，可以向入网食品经营者或者食品生产者要求赔偿。网络食品交易第三方平台提供者不能提供入网食品经营者的真实名称、地址和有效联系方式的，由网络食品交易第三方平台提供者赔偿。网络食品交易第三方平台提供者赔偿后，有权向入网食品经营者或者食品生产者追偿。网络食品交易第三方平台提供者作出更有利于消费者承诺的，应当履行其承诺。

第一百三十二条 违反本法规定，未按要求进行食品贮存、运输和装卸的，由县级以上人民政府食品药品监督管理等部门按照各自职责分工责令改正，给予警告；拒不改正的，责令停产停业，并处一万元以上五万元以下罚款；情节严重的，吊销许可证。

第一百三十三条 违反本法规定，拒绝、阻挠、干涉有关部门、机构及其工作人员依法开展食品安全监督检查、事故调查处理、风险监测和风险评估的，由有关主管部门按照各自职责分工责令停产停业，并处二千元以上五万元以下罚款；情节严重的，吊销许可证；构成违反治安管理行为的，由公安机关依法给予治安管理处罚。

违反本法规定，对举报人以解除、变更劳动合同或者其他方式打击报复的，应当依照有关法律的规定承担责任。

第一百三十四条 食品生产经营者在一年内累计三次因违反本法规定受到责令停产停业、吊销许可证以外处罚的，由食品药品监督管理部门责令停产停业，直至吊销许可证。

第一百三十五条 被吊销许可证的食品生产经营者及其法定代表人、直接负责的主管人员和其他直接责任人员自处罚决定作出之日起五年内不得申请食品生产经营许可，或者从事食品生产经营管理工作、担任食品生产经营企业食品安全管理人员。

因食品安全犯罪被判处有期徒刑以上刑罚的，终身不得从事食品生产经营管理工作，也不得担任食品生产经营企业食品安全管理人员。

食品生产经营者聘用人员违反前两款规定的，由县级以上人民政府食品药品监督管理部门吊销许可证。

第一百三十六条　食品经营者履行了本法规定的进货查验等义务，有充分证据证明其不知道所采购的食品不符合食品安全标准，并能如实说明其进货来源的，可以免予处罚，但应当依法没收其不符合食品安全标准的食品；造成人身、财产或者其他损害的，依法承担赔偿责任。

第一百三十七条　违反本法规定，承担食品安全风险监测、风险评估工作的技术机构、技术人员提供虚假监测、评估信息的，依法对技术机构直接负责的主管人员和技术人员给予撤职、开除处分；有执业资格的，由授予其资格的主管部门吊销执业证书。

第一百三十八条　违反本法规定，食品检验机构、食品检验人员出具虚假检验报告的，由授予其资质的主管部门或者机构撤销该食品检验机构的检验资质，没收所收取的检验费用，并处检验费用五倍以上十倍以下罚款，检验费用不足一万元的，并处五万元以上十万元以下罚款；依法对食品检验机构直接负责的主管人员和食品检验人员给予撤职或者开除处分；导致发生重大食品安全事故的，对直接负责的主管人员和食品检验人员给予开除处分。

违反本法规定，受到开除处分的食品检验机构人员，自处分决定作出之日起十年内不得从事食品检验工作；因食品安全违法行为受到刑事处罚或者因出具虚假检验报告导致发生重大食品安全事故受到开除处分的食品检验机构人员，终身不得从事食品检验工作。食品检验机构聘用不得从事食品检验工作的人员的，由授予其资质的主管部门或者机构撤销该食品检验机构的检验资质。

食品检验机构出具虚假检验报告，使消费者的合法权益受到损害的，应当与食品生产经营者承担连带责任。

第一百三十九条 违反本法规定，认证机构出具虚假认证结论，由认证认可监督管理部门没收所收取的认证费用，并处认证费用五倍以上十倍以下罚款，认证费用不足一万元的，并处五万元以上十万元以下罚款；情节严重的，责令停业，直至撤销认证机构批准文件，并向社会公布；对直接负责的主管人员和负有直接责任的认证人员，撤销其执业资格。

认证机构出具虚假认证结论，使消费者的合法权益受到损害的，应当与食品生产经营者承担连带责任。

第一百四十条 违反本法规定，在广告中对食品作虚假宣传，欺骗消费者，或者发布未取得批准文件、广告内容与批准文件不一致的保健食品广告的，依照《中华人民共和国广告法》的规定给予处罚。

广告经营者、发布者设计、制作、发布虚假食品广告，使消费者的合法权益受到损害的，应当与食品生产经营者承担连带责任。

社会团体或者其他组织、个人在虚假广告或者其他虚假宣传中向消费者推荐食品，使消费者的合法权益受到损害的，应当与食品生产经营者承担连带责任。

违反本法规定，食品药品监督管理等部门、食品检验机构、食品行业协会以广告或者其他形式向消费者推荐食品，消费者组织以收取费用或者其他牟取利益的方式向消费者推荐食品的，由有关主管部门没收违法所得，依法对直接负责的主管人员和其他直接责任人员给予记大过、降级或者撤职处分；情节严重的，给予开除处分。

对食品作虚假宣传且情节严重的，由省级以上人民政府食品药品监督管理部门决定暂停销售该食品，并向社会公布；仍然销售该食品的，由县级以上人民政府食品药品监督管理部门没收违法所得和违法销售的食品，并处二万元以上五万元以下罚款。

第一百四十一条 违反本法规定，编造、散布虚假食品安全信息，构成违反治安管理行为的，由公安机关依法给予治安管理处罚。

媒体编造、散布虚假食品安全信息的，由有关主管部门依法给予处罚，并对直接负责的主管人员和其他直接责任人员给予处分；使公民、法人或者其他组织的合法权益受到损害的，依法承担消除影响、恢复名誉、赔偿损失、赔礼道歉等民事责任。

第一百四十二条　违反本法规定，县级以上地方人民政府有下列行为之一的，对直接负责的主管人员和其他直接责任人员给予记大过处分；情节较重的，给予降级或者撤职处分；情节严重的，给予开除处分；造成严重后果的，其主要负责人还应当引咎辞职：

（一）对发生在本行政区域内的食品安全事故，未及时组织协调有关部门开展有效处置，造成不良影响或者损失；

（二）对本行政区域内涉及多环节的区域性食品安全问题，未及时组织整治，造成不良影响或者损失；

（三）隐瞒、谎报、缓报食品安全事故；

（四）本行政区域内发生特别重大食品安全事故，或者连续发生重大食品安全事故。

第一百四十三条　违反本法规定，县级以上地方人民政府有下列行为之一的，对直接负责的主管人员和其他直接责任人员给予警告、记过或者记大过处分；造成严重后果的，给予降级或者撤职处分：

（一）未确定有关部门的食品安全监督管理职责，未建立健全食品安全全程监督管理工作机制和信息共享机制，未落实食品安全监督管理责任制；

（二）未制定本行政区域的食品安全事故应急预案，或者发生食品安全事故后未按规定立即成立事故处置指挥机构、启动应急预案。

第一百四十四条　违反本法规定，县级以上人民政府食品药品监督管理、卫生行政、质量监督、农业行政等部门有下列行为之一的，对直接负责的主管人员和其他直接责任人员给予记大过处分；情节较重的，给予降级或者撤职处分；情节严重的，给予开除处分；造成严重后果的，其主要负责人还应当引咎辞职：

（一）隐瞒、谎报、缓报食品安全事故；

（二）未按规定查处食品安全事故，或者接到食品安全事故报告未及时处理，造成事故扩大或者蔓延；

（三）经食品安全风险评估得出食品、食品添加剂、食品相关产品不安全结论后，未及时采取相应措施，造成食品安全事故或者不良社会影响；

（四）对不符合条件的申请人准予许可，或者超越法定职权准予许可；

（五）不履行食品安全监督管理职责，导致发生食品安全事故。

第一百四十五条　违反本法规定，县级以上人民政府食品药品监督管理、卫生行政、质量监督、农业行政等部门有下列行为之一，造成不良后果的，对直接负责的主管人员和其他直接责任人员给予警告、记过或者记大过处分；情节较重的，给予降级或者撤职处分；情节严重的，给予开除处分：

（一）在获知有关食品安全信息后，未按规定向上级主管部门和本级人民政府报告，或者未按规定相互通报；

（二）未按规定公布食品安全信息；

（三）不履行法定职责，对查处食品安全违法行为不配合，或者滥用职权、玩忽职守、徇私舞弊。

第一百四十六条　食品药品监督管理、质量监督等部门在履行食品安全监督管理职责过程中，违法实施检查、强制等执法措施，给生产经营者造成损失的，应当依法予以赔偿，对直接负责的主管人员和其他直接责任人员依法给予处分。

第一百四十七条　违反本法规定，造成人身、财产或者其他损害的，依法承担赔偿责任。生产经营者财产不足以同时承担民事赔偿责任和缴纳罚款、罚金时，先承担民事赔偿责任。

第一百四十八条　消费者因不符合食品安全标准的食品受到损害的，可以向经营者要求赔偿损失，也可以向生产者要求赔偿损失。接到消费者赔偿要求的生产经营者，应当实行首负责任制，先行赔付，不得推诿；属于生产者责任的，经营者赔偿后有权向生产者追偿；属于经营者责任的，生产者赔偿后有权向经营者追偿。

生产不符合食品安全标准的食品或者经营明知是不符合食品安全标准的食品，消费者除要求赔偿损失外，还可以向生产者或者经营者要求支付价款十倍或者损失三倍的赔偿金；增加赔偿的金额不足一千元的，为一千元。但是，食品的标签、说明书存在不影响食品安全且不会对消费者造成误导的瑕疵的除外。

第一百四十九条　违反本法规定，构成犯罪的，依法追究刑事责任。

第十章　附　　则

第一百五十条　本法下列用语的含义：

食品，指各种供人食用或者饮用的成品和原料以及按照传统既是食品又是中药材的物品，但是不包括以治疗为目的的物品。

食品安全，指食品无毒、无害，符合应当有的营养要求，对人体健康不造成任何急性、亚急性或者慢性危害。

预包装食品，指预先定量包装或者制作在包装材料、容器中的食品。

食品添加剂，指为改善食品品质和色、香、味以及为防腐、保鲜和加工工艺的需要而加入食品中的人工合成或者天然物质，包括营养强化剂。

用于食品的包装材料和容器，指包装、盛放食品或者食品添加剂用的纸、竹、木、金属、搪瓷、陶瓷、塑料、橡胶、天然纤维、化学纤维、玻璃等制品和直接接触食品或者食品添加剂的涂料。

用于食品生产经营的工具、设备，指在食品或者食品添加剂生产、销售、使用过程中直接接触食品或者食品添加剂的机械、管道、传送带、容器、用具、餐具等。

用于食品的洗涤剂、消毒剂，指直接用于洗涤或者消毒食品、餐具、饮具以及直接接触食品的工具、设备或者食品包装材料和容器的物质。

食品保质期，指食品在标明的贮存条件下保持品质的期限。

食源性疾病，指食品中致病因素进入人体引起的感染性、中毒性等疾病，包括食物中毒。

食品安全事故，指食源性疾病、食品污染等源于食品，对人体健康有危害或者可能有危害的事故。

第一百五十一条　转基因食品和食盐的食品安全管理，本法未作规定的，适用其他法律、行政法规的规定。

第一百五十二条　铁路、民航运营中食品安全的管理办法由国务院食品药品监督管理部门会同国务院有关部门依照本法制定。

保健食品的具体管理办法由国务院食品药品监督管理部门依照本法制定。

食品相关产品生产活动的具体管理办法由国务院质量监督部门依照本法制定。

国境口岸食品的监督管理由出入境检验检疫机构依照本法以及有关法律、行政法规的规定实施。

军队专用食品和自供食品的食品安全管理办法由中央军事委员

会依照本法制定。

第一百五十三条　国务院根据实际需要，可以对食品安全监督管理体制作出调整。

第一百五十四条　本法自2015年10月1日起施行。

国务院关于印发盐业体制改革方案的通知

（2016年4月22日　国发〔2016〕25号）

各省、自治区、直辖市人民政府，国务院各部委、各直属机构：

现将《盐业体制改革方案》印发给你们，请认真贯彻落实。

盐业体制改革方案

为落实党中央、国务院决策部署，推进盐业体制改革，实现盐业资源有效配置，进一步释放市场活力，促进行业健康可持续发展，现制定以下方案。

一、总体要求

（一）指导思想。全面贯彻党的十八大、十八届三中、四中、五中全会和中央经济工作会议精神，认真落实创新、协调、绿色、开放、共享发展理念，以确保食盐质量安全和供应安全为核心，在坚持食盐专营制度基础上推进供给侧结构性改革，坚持依法治盐，创新管理方式，健全食盐储备，严格市场监管，建立公平竞争、监管到位的市场环境，培育一批具有核心竞争力的企业，逐步形成符合我国国情的盐业管理体制。

（二）基本原则。

突出食盐安全。完善食盐监管机制，加强企业规范条件和信用体系建设，健全社会食盐储备体系，拓宽碘盐供应渠道，保障食盐质量，实现科学补碘。

释放市场活力。取消食盐产销区域限制，改革食盐定价机制和工业盐管理，鼓励企业自主经营、产销一体，通过兼并重组等方式不断做优做强，为行业健康发展提供动力。

注重统筹兼顾。把确保用盐安全和激发市场活力有机结合，统筹协调各项改革措施，建立沟通协调机制，加强工作指导和效果评估，确保改革稳妥推进。

坚持依法治盐。完善法律法规和政策措施，加快建设标准体系，建立健全监管制度，明确各方管理职责，创新管理方式，实施依法治理。

二、强化食盐专业化监管，完善食盐专营制度

（三）完善食盐定点生产制度。不再核准新增食盐定点生产企业，确保企业数量只减不增。鼓励食盐生产与批发企业产销一体。鼓励社会资本进入食盐生产领域，与现有定点生产企业进行合作。

（四）完善食盐批发环节专营制度。坚持批发专营制度，以现有食盐定点生产企业和食盐批发企业为基数，不再核准新增食盐批发企业，鼓励食盐批发企业与定点生产企业兼并重组，其他各类商品流通企业不得从事食盐批发。鼓励国有食盐批发企业在保持国有控股基础上，通过投资入股、联合投资、企业重组等方式引入社会资本，开展战略合作和资源整合。

（五）完善食盐专业化监管体制。保持现有专业化食盐监管体制不变，由盐业主管机构依法负责食盐管理与监督。工业和信息化部是国务院盐业主管机构，主管全国盐业工作，负责制定盐业发展规划和产业政策，管理全国食盐专营工作，保证盐行业发展稳定。县级以上地方各级人民政府授权的盐业主管机构，负责管理本行政区域内的食盐专营工作。各级盐业主管机构与公安、司法、卫生计生、工商、质检、食品药品监管等部门各司其职、密切协作，依法加强食盐安全监管。结合行政执法体制改革，探索推进食盐安全监管体制改革，研究剥离食盐批发企业承担的行政管理职能，创造条件将食盐质量安全管理与监督职能移交食品药品监管部门或市场监管部门负责。加快建设食盐电子追溯体系，实现食盐来源可追溯、流向可查询、风险可防范、责任可追究。

三、推进盐业管理综合改革，完善食盐储备制度

（六）改革食盐生产批发区域限制。取消食盐定点生产企业只能销售给指定批发企业的规定，允许生产企业进入流通和销售领域，自主确定生产销售数量并建立销售渠道，以自有品牌开展跨区域经营，实现产销一体，或者委托有食盐批发资质的企业代理销售。取消食盐批发企业只能在指定范围销售的规定，允许向食盐定点生产企业购盐并开展跨区域经营，省级食盐批发企业可开展跨省经营，省级以下食盐批发企业可在本省（区、市）范围内开展经营。鼓励盐业企业依托现有营销网络，大力发展电子商务、连锁经营、物流配送等现代流通方式，开展综合性商品流通业务。

（七）改革食盐政府定价机制。放开食盐出厂、批发和零售价格，由企业根据生产经营成本、食盐品质、市场供求状况等因素自主确定。各级价格管理部门要加强对食盐零售价格的市场监测，配合盐业主管机构采取措施，保持价格基本稳定，特殊情况下可依法采取价格干预或其他紧急措施，防止普通食盐价格异常波动。

（八）改革工业盐运销管理。取消各地自行设立的两碱工业盐备案制和准运证制度，取消对小工业盐及盐产品进入市场的各类限制，放开小工业盐及盐产品市场和价格。各省级人民政府要切实执行放开工业盐运销管制的要求，并研究制定落实细则和责任追究等有关管理办法，工业和信息化部要加强督促检查。工业盐生产企业应当建立、保存完整的生产和销售记录，严格防止工业盐流入食盐市场。质检部门要督促生产企业提高产品质量，加强工业盐产品质量监管，依法查处不合格产品，工商部门要依法查处虚假广告和侵权假冒行为。

（九）改革食盐储备体系。建立由政府储备和企业社会责任储备组成的全社会食盐储备体系，确保自然灾害和突发事件发生时食盐和原碘的安全供应。各省（区、市）根据本地食盐供需情况建立政府食盐储备，储备量不得低于本省（区、市）1个月食盐消费量，可以依托现有食盐批发企业仓储能力，也可以选择具备条件的食盐生产企业实施动态储备，本级财政预算应安排资金对食盐储备给予贷款贴息、管理费支出等支持。加大对储备补贴资金的审计力度，接受社会监督。完善企业食盐储备制度，限定食盐生产、批发企业的最低库存和最高库存，防止食盐市场供应短缺和企业囤积居奇，其中最低库存不得低于本企业正常情况下1个月的平均销售量，库存具体标准由行业协会研究提出、工业和信息化部核定，各级盐业主管机构要加强对库存情况的监督检查。鼓励企业在供求关系稳定或产能大于需求时，在最低库存基础上建立成本自担的社会责任储备。原碘供应按照现行方式管理，中央财政对原碘采购及碘添加剂生产、供应给予适当支持。

四、加强食盐管理制度建设，保障食盐供应安全

（十）严格规范食盐生产批发企业资质。工业和信息化部牵头，食品药品监管总局等有关部门积极参与，依照有关法律法规，综合考虑技术水平、卫生保障条件等因素，制定食盐生产、批发企业的规范条件。省级盐业主管机构要依照新的规范条件对现有食盐生产、批发企业资质重新进行严格审核后报工业和信息化部备案，并在指定网站公示，接受社会监督。

（十一）加快信用体系建设。各级盐业主管机构要会同有关部门、行业协会建立食盐生产、批发企业及其负责人和高管人员信用记录，纳入国家统一的社会信用体系。依托全国信用信息共享平台、国家企业信用信息公示系统和地方政府指定网站建立健全信息公示制度，对拟进入食盐生产、批发领域的社会资本要在准入前公示有关信息，并每年定期公示所有企业及其负责人的有关信息。对有违法失信行为的企业和个人，有关部门要加大监管力度，依法实施联合惩戒，对行为后果严重且影响食盐安全的，要依法采取行业禁入等措施。各级盐业协会要发挥好协调沟通和行业自律的作用。

（十二）加强科学补碘工作。充分发挥食盐生产、批发企业的保障供应作用，有效拓宽碘盐供应渠道，确保合格碘盐覆盖率在90%以上，同时满足特定人群非碘盐消费需求。积极做好科学补碘宣传教育，提高孕妇、儿童和碘缺乏地区群众的科学补碘意识。国家卫生计生委负责制定食盐加碘标准，组织开展碘缺乏病监测，公布区域人群碘营养状况；省级卫生计生部门负责划定边远贫困碘缺乏地区，做好动态监控，适时调整帮扶地区范围。各地可根据实际情况，灵活选择政府补贴运销费用或直接补贴贫困人口等方式，保证边远贫困地区和经济欠发达的边疆民族地区人口能够吃得上、吃得起合格碘盐，并建立与社会救助标准、物价挂钩的联动机制，及时调整保障标准。

（十三）加强应急机制建设。工业和信息化部负责全国食盐供应紧急突发事件的协调处置工作，各级盐业主管机构要会同有关部门研究制定食盐供应应急预案，并向同级政府应急管理部门备案。紧急突发情况下，由盐业主管机构按照应急预案规定，采取投放政府储备、调运企业社会责任储备等方式，确保食盐市场稳定。

（十四）推动盐业企业做优做强。按照党中央、国务院深化国有企业改革有关要求，加快国有盐业企业公司制、股份制改革，建立规范的公司法人治理结构，积极发展混合所有制，转换经营机制，盘活企业资产，增强生机和活力。鼓励食盐生产、批发企业兼并重组，允许各类财务投资主体以多种形式参与，向优势企业增加资本投入，支持企业通过资本市场或公开上市等方式融资，形成一批具有核心竞争力的企业集团，引领行业发展。将解决中央盐业企业历史遗留问题纳入中央国有资本经营预算支出范围统筹考虑，各级政府要落实国有盐业企业兼并重组整合涉及的资产评估增值、土地变更登记和国有资产无偿划转等方面税收优惠政策。

五、强化组织领导，落实改革任务

（十五）完善盐业法律法规体系。国务院有关部门、地方政府要依照有关法律法规和本方案精神，抓紧对现行盐业管理法规政策进行清理，按程序提出立改废建议，推动健全法律法规体系，促进盐业健康发展。

（十六）设置过渡期分步实施改革。自本方案印发之日起至2016年12月31日，有关部门要抓紧研究制定食盐生产及批发企业规范条件、食盐储备、市场监管和价格监测、干预等政策措施，修改完善相关制度。从2017年1月1日开始，放开所有盐产品价格，取消食盐准运证，允许现有食盐定点生产企业进入流通销售领域，食盐批发企业可开展跨区域经营。现有食盐定点生产企业许可证和食盐批发企业许可证不再重新核发，有效期延至2018年12月31日。从2018年1月1日开始，现有食盐定点生产企业和批发企业可依照新的规定申请许可，根据许可范围从事相应的经营活动。

（十七）切实落实工作责任。各省级人民政府对本行政区域内盐业体制改革负总责，要加强组织领导，明确各有关部门的监管责任，按照本方案确定的改革方向和主要原则，结合实际制定具体工作方案，安排好政府食盐储备、边远贫困地区及经济欠发达的边疆民族地区碘盐供应财政补贴等工作，全面落实改革各项任务。国务院各有关部门要按照方案要求，抓紧制定配套政策措施，建立协作联动机制，形成监管合力。国家发展改革委、工业和信息化部要加强工作指导和统筹协调，并做好督促检查和效果评估，对改革中出现的新问题及时研究提出解决办法，确保食盐安全和市场稳定，重大问题及时向国务院报告。

国家发展和改革委员会、工业和信息化部关于加强改革过渡期食盐监管有关工作的通知

（2016 年 8 月 19 日　发改电〔2016〕488 号）

各省、自治区、直辖市人民政府：

为贯彻落实《国务院关于印发盐业体制改革方案的通知》（国发〔2016〕25 号，以下简称《方案》）精神，确保改革过渡期间（自《方案》公布之日起至 2018 年 12 月 31 日为改革过渡期）食盐质量安全和供应安全，保障盐业体制改革各项措施顺利实施，现将有关事项通知如下：

一、加强食盐质量安全监管

各省级人民政府要根据《方案》要求，从实际出发，加快制定新的食盐监管体制。有条件的，要将食盐质量安全管理与监管职能移交食品药品监管部门或市场监管部门负责；不具备条件的，现有的专业化监管职能只能加强，不能削弱；新的监管体制没有建成之前，现有的监管责任不能改变；要实现政企分开，盐业主管机构要与盐业公司分开。要支持和加强各级盐业主管机构与公安、司法、农业、卫生计生、工商、质检、食品药品监管等部门密切协作，联合执法，依法加强食盐安全监管。在新的盐业相关国家法规政策生效之前，各地要严格按照《方案》要求，加强盐业监管工作，防止出现监管空档期。

二、抓紧清理地方性法规和政策

各地要按照《方案》关于“取消各地自行设立的两碱工业盐备案制和准运证制度，取消对小工业盐及盐产品进入市场的各类限制，放开小工业盐及盐产品市场和价格”等放开工业盐运销管制的要求，抓紧清理不符合《方案》的地方性法规、规章和政策，2016 年 12 月 31 日前要完成清理工作。

三、有序放开食盐价格

各省级人民政府要按照“先建立食盐储备体系和供应应急管理制度、后放开食盐价格”的原则，组织做好食盐储备相关工作，部署各级盐业主管机构及时编制食盐供应应急预案并向同级政府应急管理部门备案，从 2017 年 1 月 1 日起有序放开食盐价格。

四、加强食盐储备

各省级人民政府食盐年度储备量不得低于上一年度本辖区月均食盐消费量。食盐定点生产企业和食盐批发企业要建立食盐储备制度，按月建档记录食盐储备情况。食盐最低库存量不得低于本企业上一年度月均食盐销售量，最高库存量不得高于本企业上一年度季均食盐销售量。各级盐业主管机构要密切监测食盐市场动态，定期抽查企业食盐储备情况，特殊情况下要会同价格管理部门及时采取投放食盐储备、临时价格干预等措施，保持价格基本稳定。

五、抓紧建立信用管理制度

各级盐业主管机构要会同有关部门建立食盐定点生产、批发企业及其负责人和高管人员信用记录、公示、联合惩戒制度，以及进入食盐生产批发领域的社会资本的信用管理制度，加强与行业协会和第三方征信机构的合作，定期通过“信用中国”网站向社会发布相关信息。有严重违法失信行为的社会资本不得进入食盐生产和批发领域。拟引入社会资本的食盐定点生产企业和食盐批发企业要依法依规履行社会资本进入食盐生产和批发领域前的信用信息公示程序。

六、继续开展制贩假盐专项治理

按照国家发展改革委、工业和信息化部《关于加强食盐安全管理开展制贩假盐专项治理的函》（发改电〔2016〕217号）要求，各省级人民政府要建立打击制贩假盐长效机制，务求专项治理工作取得实效。省级及省级以下盐业主管机构的工作人员玩忽职守、徇私舞弊，构成犯罪的，要依法追究刑事责任；尚不构成犯罪的，要依法给予行政处分。

七、严厉处罚违法违规企业

有下列行为的食盐定点生产企业和食盐批发企业，省级盐业主管机构可以予以书面警告；警告无效的，可以吊销其食盐定点生产企业证书和食盐批发许可证书：一是参与制贩假盐的；二是食盐批发企业从非食盐定点生产企业购进食盐的；三是连续3个月达不到国家限定的食盐最低库存量的；四是涂改、倒卖、出租、出借或者以其他方式非法转让食盐定点生产企业证书、食盐批发许可证书的。

八、指导工业盐生产企业管好工业盐

各省级盐业主管机构要按照“放管服”相结合原则，于2016年12月31日前制定辖区内工业盐管理办法，在放开工业盐运销管制的同时制定有效措施，指导工业盐生产企业建立、保存完整的生产和销售记录，严格防止工业盐流入食盐市场。

九、加强盐产品标识管理

各省级盐业主管机构要确保工业盐等非食用盐产品生产企业（包括畜牧用盐、渔业用盐），在盐产品外包装上用中文明确标注“工业用盐”或“非食用盐”的字样。对销售无标识或标识不清楚的盐产品，各级盐业主管机构要对销售企业书面警告；警告无效的，可依法从重处罚。

十、齐抓共管保障食盐安全

各级盐业主管机构要会同相关部门，加强食盐安全投诉举报体系能力建设，畅通食盐安全投诉举报渠道。要利用广播电视、报纸杂志、门户网站等开通食盐安全专栏，运用微信、微博、手机应用等新媒体手段加大食盐安全公益、科普宣传力度．及时发布食盐安全警示，切实保护消费者权益。要以中小城镇和农村地区以及工矿企业、学校、居民社区为重点，宣传、普及食盐安全知识。要广泛动员社会力量参与食盐安全监督，提高全社会的食盐安全意识，确保社会稳定、民心安定。

工业和信息化部办公厅、国家发展和改革委员会办公厅关于做好改革过渡期间食盐定点生产企业进入食盐流通销售领域和食盐批发企业开展跨区经营有关工作的通知

（2016年9月8日 工信厅联消费函〔2016〕585号）

各省（自治区、直辖市）工业和信息化主管部门、发展改革委、盐业主管机构，中国盐业总公司、中国盐业协会：

为贯彻落实《国务院关于印发盐业体制改革方案的通知》（国发〔2016〕25号）精神，保障盐业体制改革各项措施顺利实施，按照《经济体制改革工作部际联席会议（盐业专题）会议纪要》（发改办经体〔2016〕1632号）关于2016年盐业体制改革工作要点安排，有序放开区域市场和打通产销环节，确保改革过渡期间食盐质量安全和供应安全，做好食盐定点生产企业（含多品种食盐定点生产企业，下同）进入食盐流通销售领域和食盐批发企业开展跨区经

营相关工作。现将有关事项通知如下：

一、关于改革过渡期

自2017年1月1日起至2018年12月31日止为改革过渡期，现有食盐定点生产企业证书和食盐批发企业许可证有效期至2018年12月31日为止。

工业和信息化部、国家发展改革委正会同有关部门制定《食盐定点生产企业和食盐批发企业规范条件》。从2018年1月1日起，现有食盐定点生产企业和食盐批发企业可依照新的规定申请许可，根据许可范围从事相应的经营活动。

二、关于食盐定点生产企业进入食盐流通销售领域

从2017年1月1日开始，食盐定点生产企业可持本省（自治区、直辖市）省级盐业主管机构颁发的食盐批发许可证（有效期至2018年12月31日为止）进入食盐流通销售领域，跨省（自治区、直辖市）自主经营。

2016年10月31日前，各省级盐业主管机构应完成向辖区内食盐定点生产企业颁发食盐批发许可证工作，并将获得食盐批发许可证的企业信息汇总后报送工业和信息化部（消费品工业司）。

三、关于省级食盐批发企业开展跨省经营

现有省级食盐批发企业、中国盐业总公司和取得食盐批发许可证的食盐定点生产企业开展跨省（自治区、直辖市）经营食盐业务，应主动将企业主要信息告知销售地省级盐业主管机构。

（一）应告知的主要信息。主要信息包括：1. 企业名称；2. 企业注册地址；3. 企业生产经营地址；4. 企业法定代表人或负责人及联系方式；5. 企业联系人及联系方式；6. 企业营业执照注册号/统一社会信用代码；7. 食盐批发许可证书编号；8. 企业所销售的食盐品种及其所销售食盐品种依据的标准（国家标准、行业标准等）等信息。

（二）告知主要信息的方式。食盐批发企业主要信息表（附件

3）应通过信函、传真、电子邮件等方式告知销售地省级盐业主管机构，省级盐业主管机构应做好企业信息管理。企业主要信息发生变更，应及时将变更后的信息告知销售地省级盐业主管机构。

从2017年1月1日开始，现有省级食盐批发企业、中国盐业总公司和取得食盐批发许可证的食盐定点生产企业（含多品种食盐定点生产企业）可以开展跨省（自治区、直辖市）自主经营。

四、关于省级以下食盐批发企业开展跨区经营

省级以下食盐批发企业在本省（自治区、直辖市）内开展跨区经营，应主动将食盐批发企业主要信息表（附件3）通过信函、传真、电子邮件等方式告知本省（自治区、直辖市）省级盐业主管机构，省级盐业主管机构应做好企业信息管理。企业主要信息发生变更，应及时将变更后的信息告知本省（自治区、直辖市）省级盐业主管机构。

从2017年1月1日开始，省级以下食盐批发企业可在本省（自治区、直辖市）内跨区自主经营。

五、关于食盐加碘浓度

开展跨省（自治区、直辖市）经营的食盐定点生产企业和食盐批发企业销售的产品应当符合当地的盐碘浓度规定（见附件5），在高水碘地区应供应无碘盐。

附件： 1. 食盐定点生产企业（含多品种食盐定点生产企业）

2. 省级食盐批发企业

3. 食盐批发企业主要信息

4. 省级盐业主管机构及其联系方式

5. 各省（自治区、直辖市）盐碘浓度规定

附件 1

食盐定点生产企业（含多品种食盐定点生产企业）名单

序号	省（区、市）	食盐定点生产企业名称
1	天津	天津长芦汉沽盐场有限责任公司
2		中盐工程技术研究院有限公司
3	河北	河北永大食盐有限公司
4		唐山兴海制盐有限公司
5		唐山达峰盐业有限责任公司
6		唐山市唐丰盐业有限责任公司
7		唐山市丰南区第一盐场
8		唐山市南堡开发区冀盐食盐有限公司
9		沧州盐业集团有限公司
10		沧州盐业集团银山食盐有限公司
11		唐山市银海食盐有限公司
12	内蒙古	内蒙古兰太实业股份有限公司制盐分公司
13		鄂托克前旗兴盛盐化有限责任公司
14		内蒙古雅布赖盐化集团有限公司
15		内蒙古锡林郭勒盟额吉淖尔盐场
16	辽宁	营口盐业有限责任公司
17		大连盐化集团有限公司
18		瓦房店五岛粉洗盐厂
19	江苏	江苏省瑞丰盐业有限公司
20		江苏井神盐化股份有限公司
21		中盐金坛盐化有限责任公司
22		江苏金桥制盐有限公司
23		江苏省银宝盐业有限公司

续　表

序号	省（区、市）	食盐定点生产企业名称
24	浙江	浙江省盐业集团台州市盐业配送有限公司
25		浙江省宁波晶泰盐业发展有限公司
26		浙江绿海制盐有限责任公司
27		浙江杭州湾盐业配送有限公司
28	安徽	中盐东兴盐化股份有限公司
29	福建	中盐福建盐业有限公司
30		福建省泉州晶海轻化有限公司
31		福建省莆田市晶秀轻化有限公司
32		福建省晶浦轻化有限公司
33	江西	江西晶昊盐化有限公司
34		江西富达盐化有限公司
35		中盐新干盐化有限公司
36		江西九二盐业有限责任公司
37	山东	山东肥城精制盐厂
38		山东岱岳制盐有限公司
39		山东省广饶明华盐化有限责任公司
40		山东昌邑盐化精盐厂
41		山东寒亭第一盐场
42		山东无棣精盐厂
43		山东莱央子盐场
44		威海市高岛制盐有限公司
45	河南	中盐皓龙盐化有限责任公司
46		河南省平顶山神鹰盐业有限责任公司
47		中盐舞阳盐化有限公司

续 表

序号	省（区、市）	食盐定点生产企业名称
48	湖北	中盐枣阳盐化有限公司
49		久大（应城）盐矿有限责任公司
50		中盐长江盐化有限公司
51		湖北长舟盐化有限公司
52		湖北广盐蓝天盐化有限公司
53		孝感广盐华源制盐有限公司
54		久大（应城）制盐有限责任公司
55		中盐宏博（集团）有限公司
56		中国石化江汉油田分公司盐化工总厂
57	湖南	湖南省湘澧盐化有限责任公司
58		湖南省湘衡盐化有限责任公司
59	广东	广东省盐业集团江门有限公司
60		广东省盐业集团阳江有限公司
61		广东省盐业集团雷州盐场有限公司
62		广东省盐业集团徐闻盐场有限公司
63		广东省盐业集团广州有限公司
64		广东省盐业集团深圳有限公司
65		广东省盐业集团汕头有限公司
66	广西	中盐广西盐业有限公司防城碘盐厂
67		中盐广西盐业有限公司北海碘盐中心
68	海南	海南晶辉盐业有限公司
69		海南莺歌海盐场有限公司
70		海南省东方盐场
71	重庆	重庆索特盐化股份有限公司
72		重庆合川盐化工业有限公司
73		云阳盐化有限公司

续　表

序号	省（区、市）	食盐定点生产企业名称
74	四川	四川省盐业总公司
75		四川久大制盐有限责任公司
76		四川乐山联峰盐化有限责任公司
77		四川驰宇盐化有限责任公司
78		四川久大蓬莱盐化有限公司
79		四川省天渠盐化有限公司
80		四川省广安盐化工有限责任公司
81		宜宾丰源盐化有限公司
82	云南	云南盐化股份有限公司
83	陕西	延长石油定边盐化有限公司
84		中盐榆林盐化有限公司
85	甘肃	甘肃武阳盐化有限公司
86		中盐甘肃高台盐化有限公司
87	青海	青海省盐业股份有限公司柯柯制盐分公司
88		格尔木盐化（集团）有限责任公司
89		青海省盐业股份有限公司茶卡制盐分公司
90	新疆	和布克赛尔蒙古自治县宏达盐业有限责任公司
91		哈密盐业有限责任公司
92		吐鲁番联达制盐有限公司
93		新疆盐湖制盐有限责任公司
94		精河县精河盐化有限责任公司
95		温宿县银峰盐业有限责任公司
96		新疆盐业阿图什有限责任公司
97		轮台县银海盐业有限责任公司
98		巴州保健盐厂
99	西藏	西藏自治区盐业总公司拉萨食盐加碘厂

序号	省（区、市）	多品种食盐定点生产企业名称
1	北京	中盐北京市盐业公司
2	天津	中盐国本盐业有限公司
3		天津长芦海晶集团有限公司
4	河北	河北绿海康信多品种食盐有限公司
5		黄骅通宝特种盐有限公司
6		河北中盐龙翔盐化有限公司
7	山西	山西晋久品种盐有限责任公司
8	辽宁	中盐沈阳（瓦房店）五岛盐业有限公司
9		大连新春多品种盐有限公司
10		铁岭市盐业专营有限责任公司
11		抚顺市盐业有限责任公司
12		大连东宇盐化有限公司
13		营口蓝天盐业进出口有限公司
14		大连雅特盐业有限公司
15		辽宁益盐堂制盐有限公司
16	吉林	中盐吉林盐业有限公司
17	上海	中盐上海市盐业公司
18		上海中盐莫顿盐业有限公司
19		上海味好美食品有限公司
20	江苏	江苏省苏盐连锁有限公司张虞配送中心
21	浙江	浙江临安三和园竹盐食品有限公司
22		浙江蓝海星盐制品有限公司
23		浙江颂康制盐科技有限公司
24		浙江舟山远东进口海盐制品有限责任公司
25	安徽	中盐安徽润华盐业发展有限公司
26	江西	江西强本科技发展有限公司

续　表

序号	省（区、市）	多品种食盐定点生产企业名称
27	山东	青岛盐海制盐有限公司
28		山东鲁晶制盐科技有限公司
29		莱阳市盐场
30	河南	河南省卫群多品种盐有限公司
31		中盐河南盐业物流配送有限公司
32	湖北	湖北久大品种盐有限责任公司
33	湖南	湖南雪天盐业技术开发有限公司
34	广东	广东省盐业集团多品种盐有限公司
35		广东省盐业集团梅州有限公司
36	广西	广西壮族自治区银鹏多品种盐公司
37	重庆	重庆市盐业（集团）有限公司
38	四川	四川顺城盐品股份有限公司
39		四川久大品种盐有限责任公司
40	陕西	陕西浩海品种盐有限责任公司

附件 2

省级食盐批发企业名单

序号	省（区、市）	省级食盐批发企业名称
1	北京	中盐北京市盐业公司
2	天津	中盐天津市长芦盐业有限公司
3	河北	河北省盐业专营集团公司
4	山西	山西省盐业公司
5	内蒙古	内蒙古自治区盐业公司
6	辽宁	辽宁省盐业集团公司
7	吉林	吉林省盐业集团有限公司
8	黑龙江	中盐黑龙江盐业集团有限公司
9	上海	中盐上海市盐业公司
10	江苏	江苏省盐业集团有限责任公司

续 表

序号	省（区、市）	多品种食盐定点生产企业名称
11	浙江	浙江省盐业集团有限公司
12	安徽	安徽省盐业总公司
13	福建	福建省盐业集团有限责任公司
14	江西	江西省盐业集团有限责任公司
15	山东	山东省盐业集团有限公司
16	河南	河南省盐业总公司
17	湖北	湖北盐业集团有限公司
18	湖南	湖南盐业股份有限公司
19	广东	广东省盐业集团有限公司
20	广西	广西壮族自治区盐业公司
21	海南	海南省盐业总公司
22	重庆	重庆市盐业（集团）有限公司
23	四川	四川省盐业总公司
24	贵州	贵州盐业（集团）有限责任公司
25	云南	云南盐化股份有限公司
26	西藏	西藏自治区盐业总公司
27	陕西	陕西省盐业专营公司
28	甘肃	中盐甘肃省盐业（集团）有限责任公司
29	青海	青海省盐业股份有限公司
30	宁夏	宁夏回族自治区盐业公司
31	新疆	中盐新疆盐业有限公司

附件 3

食盐批发企业主要信息表

时间：　　　年　　月　　日

<table>
<tr><td>企业名称</td><td colspan="8"></td></tr>
<tr><td>企业注册地址</td><td colspan="4"></td><td colspan="3">邮政编码</td><td></td></tr>
<tr><td>企业生产经营地址</td><td colspan="4"></td><td colspan="3">邮政编码</td><td></td></tr>
<tr><td>企业法定代表人或负责人</td><td></td><td>固定电话</td><td></td><td>手机</td><td colspan="2"></td><td rowspan="2">传真</td><td rowspan="2"></td></tr>
<tr><td>企业联系人</td><td></td><td>固定电话</td><td></td><td>手机</td><td colspan="2"></td></tr>
<tr><td>企业邮箱</td><td colspan="3"></td><td>注册资本</td><td colspan="4"></td></tr>
<tr><td>企业成立时间</td><td colspan="3">年　　月　　日</td><td colspan="2">公司性质</td><td colspan="3"></td></tr>
<tr><td>营业执照注册号/统一社会信用代码</td><td colspan="2"></td><td colspan="3">食盐批发许可证书编号</td><td colspan="3"></td></tr>
<tr><td>销售的食盐品种及其所销售食盐品种依据的标准等信息</td><td colspan="8"></td></tr>
<tr><td colspan="9">本企业所提交信息属实，特此告知。

企业法定代表人或负责人（签字）：

企业公章
申请时间：　　　年　　月　　日</td></tr>
<tr><td colspan="9">填表说明：
1. 填表企业应如实填写，不得虚报、瞒报、漏报、错报；
2. 本表格应以邮寄、发送电子邮件和传真等形式提交。</td></tr>
</table>

附件 4

省级盐业主管机构及其联系方式一览表

序号	省（市、区）	省级盐业主管机构	电话	传真	邮箱	地址	邮编
1	北京	市商务委员会	010－87211609	010－65248518	shaobing@ bjcoc. gov. cn	北京市丰台区横道沟西街 2 号院 6 号楼	100164
2	天津	市工信委	022－83605625	022－83606509	23316773@ 163. com	天津市河西区友谊路城市大厦 409 对面	300061
3	河北	省供销社	0311－86046453	0311－86034977	hbywc@ 126. com	河北省石家庄市建设南大街 21 号	050011
4	山西	省盐务局	0351－7323515	0351－7323515	sxsywj7321753@ 163. com	山西省太原市小店区长治路 15 号	030012
5	内蒙古	自治区盐务局	0471－6627010	0471－6627010	1669305030@ qq. com	呼和浩特市金桥开发区陶利西街	010010
6	辽宁	省盐务局	024－24147601	024－24147603	lnyycwlx@ 126. com	沈阳市沈河区东滨河路 134 甲 3	110016
7	吉林	省盐务局	0431－85618163	0431－85618163	526480934@ qq. com	吉林省长春市朝阳区长庆街 1859 号	130021
8	黑龙江	省盐务局	0451－55566756	0451－55566756	hljsywglj@ sohu. com	黑龙江省哈尔滨市道外区阳光路 2 号	150020
9	上海	市经信委	021－23112622	021－63580062	wangxun@ sheitc. gov. cn	上海市浦东新区世博村路 300 号	200125

续 表

序号	省（市、区）	省级盐业主管机构	电话	传真	邮箱	地址	邮编
10	江苏	省盐务局	025 －86216680	025 －86216684	jssalt@ sina. com	南京市江东北路 386 号省盐务管理局	210036
11	浙江	省盐务局	0571 －87832782	0571 －87832782	zjsalthgb@ 126. com	杭州市梅花碑 8 号轻纺大厦 1 号楼	310009
12	安徽	省经信委	0551 －62871190	0551 －62871825	wangjr@ ahjxw. gov. cn	合肥市屯溪路 306 号	230001
13	福建	省经信委	0591 －87513347	0591 －87533046	xueyuchen@ 126. com	福州市鼓楼区省府路 1 号 11 号楼 421	350001
14	江西	省工信委	0791 －88916388	0791 －88916388	gxwqgyc@ 163. com	江西省南昌市红谷滩新区卧龙路 999 号省行政中心西 3 栋 316 室	330036
15	山东	省盐务局	0531 －58691733	0531 －58691778	sdsywj@ 163. com	济南市文化东路 59 号	250013
16	河南	省盐务局	0371 －65907207	0371 －65906346	hny － shf@ 163. com	河南省郑州市纬四路 12 号	450003
17	湖北	省经信委	027 －87236851	027 －87236851	hmhhmhhh@ 163. com	武汉市武昌区水果湖东一路 7 号	430071
18	湖南	省经信委	0731 －88955401	0731 －88955401	hn2222869@ 126. com	长沙市天心区新韶东路 467 号	410004
19	广东	省盐务局	020 －83776088	020 －83843510	Q8868@ 126. com	广州市中山四路 18 号	510055
20	广西	自治区工信委	0771 －8095074	0771 －8095036	gxjwyy301@ 163. com	广西南宁市民族大道 113 号工信大厦 511 室	530022

续 表

序号	省（市、区）	省级盐业主管机构	电话	传真	邮箱	地址	邮编
21	海南	省食药监局	0898 –66703632	0898 –66259059	hns515@163. com	海口市海甸岛三西路15号	570208
22	重庆	市盐务局	023 –61965556	023 –61965557	gaoice11@aliyun. com	重庆市渝北区金石大道458号重盐集团大楼14楼	401120
23	四川	省经信委	028 –86265842	028 –86265840	qfc@scjm. gov. cn	成都市人民东路66号	610015
24	贵州	省经信委	0851 –85611534	0851 –85611534	qnyywh@126. com	贵州省贵阳市观山湖区会展东路C座容和大酒店2406室（贵州盐业集团公司）	550001
25	云南	省工信委	0871 –63518087	0871 –63512174	461282450@qq. com	昆明市永安路37号	650011
26	西藏	自治区商务厅	0891 –6831360	0891 –6831360	13989096030@163. com	拉萨市金珠西路56号商务厅盐务管理局	850000
27	陕西	省盐务局	029 –87293330	029 –87292774	412283850@qq. com	西安市新城区省政府大院	710006
28	甘肃	省工信委	0931 –4609209	0931 –4609209	gssgxwxfpcyc@163. com	甘肃省兰州市城关区中央广场1号，省政府大院后楼	730000
29	青海	省盐务局	0971 –6301340	0971 –6301340	qhsywglj@163. com	青海西宁市虎台二巷16号	810008

续 表

序号	省（市、区）	省级盐业主管机构	电话	传真	邮箱	地址	邮编
30	宁夏	自治区经信委	0951－6038459	0951－6038838	nxspyypc@163. com	银川市兴庆区解放西街361号	750001
31	新疆	自治区盐务局	0991－4673011	0991－4673013	xjsalt@sina. com	乌鲁木齐市西虹东路512号	830063

附件5

各省（自治区、直辖市）盐碘浓度规定

盐碘水平（mg/kg）	省份名称	省数
25	山西、内蒙古、吉林、江苏、安徽、江西、山东、广西、云南、湖北、海南、福建、浙江、陕西	14
30	天津、湖南、重庆、四川、宁夏、上海、甘肃、青海、西藏、河南、贵州、新疆（包括兵团）	12
25（普通人群） 30（孕妇）	北京、黑龙江、河北、辽宁、广东	5

工业和信息化部办公厅、国家发展改革委办公厅关于加强改革过渡期间食盐专营管理有关工作的通知

（2016 年 12 月 21 日　工信厅联消费〔2016〕211 号）

各省、自治区、直辖市盐业主管机构，中国盐业协会，中国盐业总公司：

为贯彻落实《国务院关于印发盐业体制改革方案的通知》（国发〔2016〕25 号）精神，进一步加强食盐管理，确保盐业体制改革顺利实施，现就有关工作通知如下：

一、关于食盐企业销售管理

在 2017 年 1 月 1 日至 2018 年 12 月 31 日的改革过渡期内，食盐批发企业（含取得食盐批发许可证的食盐定点生产企业，下同）开展食盐销售经营活动可以通过以下四种方式进行：

（一）通过自建物流系统或与第三方物流企业签订配送合同委托其将食盐配送到商超、销售网点以及从事食品加工、餐饮服务的单位等食盐终端用户；

（二）通过自建分公司进行食盐销售业务，自建的分公司不得委托没有食盐批发许可资质的单位、个人开展经营活动；

（三）通过自建销售网点直接开展食盐销售业务；

（四）通过现有渠道开展食盐销售业务。

二、关于食盐企业资质管理

任何企业或者个人不得涂改、伪造、变造食盐定点生产企业证

书和食盐批发企业许可证，不得买卖、出租、出借或者以其他形式非法转让食盐定点生产企业证书和食盐批发企业许可证。

取得食盐定点生产证书和食盐批发许可证的企业发生停产歇业、因故退出和破产倒闭等连续3个月不能持续正常生产的，省级盐业主管机构应当将资质证书缴回，注销证书编号，并告知国家发展改革委、工业和信息化部，确保食盐定点生产企业和食盐批发企业数量只减不增。

取得食盐定点生产证书和食盐批发许可证的企业不得利用非食盐定点生产企业资产设备从事食盐生产业务，不得和非食盐定点生产企业合作进行“贴牌”生产。

三、关于食盐企业食盐储备

食盐批发企业开展经营业务，应当在企业注册所在地建立企业食盐储备。

四、关于食盐企业电子商务管理

食盐批发企业可以开展食盐电子商务，并参照《网络食品安全违法行为查处办法》（国家食品药品监督管理总局令第27号）要求，将营业执照及其他资质证书正本扫描件置于电子商务网站首页的醒目位置并标明销售区域范围。

无食盐批发许可资质的企业和个人不得开展食盐电子商务。

网络食品交易第三方平台提供者发现其平台上的食盐销售企业无食盐批发许可资质或超出食盐销售区域范围，应当立即停止为其提供服务。

自本通知印发之日起，食盐定点生产企业可以运输食盐到销售地备货，省级食盐批发企业可以跨省备货，省级以下食盐批发企业可以在本省范围内跨区备货。食盐批发企业和食盐定点生产企业要履行好专营责任，完善企业储备制度、保持合理库存，切实保障食盐供应，确保不断供、不脱销。

国家发展改革委办公厅、工业和信息化部办公厅关于进一步落实盐业体制改革有关工作的通知

（2017 年 4 月 7 日　发改办经体〔2017〕604 号）

各省、自治区、直辖市人民政府办公厅：

按照《国务院关于印发盐业体制改革方案的通知》（国发〔2016〕25 号，以下简称《方案》）精神，自 2017 年 1 月 1 日起，盐业体制改革正式实施。为进一步落实《方案》精神，保证食盐安全，维护市场秩序，促进公平竞争，释放市场活力，现就进一步做好盐业体制改革工作通知如下。

一、全面准确落实盐改精神，抓紧完善地方涉盐法规体系

各省、自治区、直辖市人民政府要增强“四个意识”，从维护党中央决策权威的高度切实担负改革总责，加强对改革落地工作的组织领导，明确各有关部门的责任和任务，加强对省级盐业主管机构的经常性督导，不折不扣落实《方案》部署的各项任务。要加快清理地方性法规和政策中与《方案》精神不符的条款，2017 年 6 月 30 日前要完成清理工作。有关部门在相关涉盐法规完成修订前，不得拒不落实《方案》精神和国家有关规定，对有此类行为的机构及其主要负责人要责令整改和严肃处理，避免造成不良影响。

二、加快推进政企分开，完善食盐专业化监管体制

各省、自治区、直辖市人民政府要坚决取消食盐准运证、食盐零售许可证等不符合《方案》精神的行政审批事项。省、市、县三

级盐业主管机构或食盐质量安全管理与监督机构与盐业公司未分离的，2017年6月30日前要编制完成盐业监管体制改革方案，2017年年底前要实现政企（事企）分离。各省、自治区、直辖市人民政府要完善食盐专业化监管体制，做细做实省级及省级以下盐业监管体制改革方案，统筹解决改革所涉及的编制调整、经费来源、人员安置等问题，进一步加强市场监管。鼓励有条件的地方提前完成政企（事企）分开任务。职能移交过程中要保障执法经费，防止出现监管“真空地带”，确保食盐质量安全。

市、县两级盐业监管体制改革方案的编制和实施是盐业体制改革落地生根的关键一环，要一并纳入省级盐业监管体制改革方案统筹安排，并经上级人民政府审批。各地要建立方案审批责任制度和方案审批督导制度，对市、县两级方案的科学性、系统性、可操作性进行严格把关，从严审批，绝不能出现“二传手、两张皮”的现象，绝不能只讲原则、不易操作。

三、落实盐改跨区经营政策，积极释放市场活力

各省、自治区、直辖市要结合当地实际情况，分自查自纠、整改规范与总结验收三个阶段开展落实盐改跨区经营政策专项行动，并于2017年6月30日前完成。

（一）规范物流配送方式。按照《工业和信息化部办公厅 国家发展改革委办公厅关于加强改革过渡期间食盐专营管理有关工作的通知》（工信厅联消费〔2016〕211号，以下简称“211号文”）规定，食盐批发企业（含取得食盐批发许可证的食盐定点生产企业，下同）可以通过自建物流系统或与第三方物流企业签订配送合同并委托其将食盐配送到百货商店、超级市场、零售商店、专卖店等食盐零售网点，以及从事食品加工、餐饮服务的单位等食盐终端用户。食盐批发企业不得弄虚作假，不得与无道路运输经营许可证和营业执照的物流企业签订物流配送合同。自建物流系统或第三方物流企业应依法设立，营业执照经营范围应涵盖普通货物运输、仓储服务等经营范围；应拥有必要的运输工具和仓库；应履行配送合同做好食盐配送服务，不得转卖转批食盐。食盐批发企业应直接对食盐零售网点或终端用户开具增值税发票或符合规定的销售票据。

（二）有序开展自建渠道销售。按照211号文规定，改革过渡期内食盐批发企业可以通过自建分公司或者自建销售网点开展食盐销售业务。自建分公司应按照《公司法》等相关规定依法设立；自建的分公司不具有法人资格，其违法责任由食盐批发企业承担。自建的分公司或者自建的销售网点应依据《劳动合同法》等法律法规与招用的劳动者签订劳动合同，依法支付工资并缴纳社会保险费等。

（三）严格企业信息告知范围。按照《工业和信息化部办公厅国家发展改革委办公厅关于做好改革过渡期间食盐定点生产企业进入食盐流通销售领域和食盐批发企业开展跨区经营有关工作的通知》（工信厅联消费函〔2016〕585号）规定，为方便有关部门履行监管职责，食盐批发企业在开展跨区经营时应将8项信息主动告知销售地省级盐业主管机构。省级盐业主管机构应于收到告知信息之日起的3个工作日内，在机构门户网站公布企业的8项信息，不得以任何理由拒绝公布。省级及省级以下盐业主管机构不得将食盐跨区经营信息告知作为行政审批事项，不得新增告知事项，不得扩大告知范围，不得增加告知频率。

自建物流系统或委托第三方物流企业的食盐批发企业，应向盐业主管机构提供物流企业资质的相关证照复印件及其负责人姓名和联系方式等信息，第三方物流企业还应提供委托配送食盐合同复印件以及自有运输工具和仓库等的证明材料；自建分公司的应提供分公司营业执照复印件及其负责人姓名和联系方式等信息；自建销售网点的应提供销售网点地址、名称等注册信息及其负责人姓名和联系方式等信息。

（四）明确食盐质量检测要求。有关部门不得以检测食盐质量等为由扣押或者没收合法合规进入市场的食盐产品，不得影响企业正常销售；确有必要检测的，应以抽查形式检测食盐质量，并委托有资质的食盐检测机构依据相关食盐国家标准和行业标准进行检测，也可依据有效的企业标准进行检测；企业标准应严于国家标准和行业标准，并经当地食品安全标准主管部门备案，同时报全国盐业标准化技术委员会，全国盐业标准化技术委员会应在相关网站公布。专业食盐检测机构受有关部门委托抽检时应出具书面通知，抽检结果应书面告知企业。质量不合格的食盐产品应当立即停止销售，并依法依规接受处罚。对抽检结果有异议的，企业可以在收到抽检结果告知书之日起的 7 个工作日内向上一级有关部门提出复检申请，由受理复检申请的有关部门在国务院盐业主管机构等有关部门公布的复检机构名录中随机确认复检机构进行复检。复检机构与初检机构不得相同，复检结果为最终结果，复检结果应书面告知企业。

（五）严格执行食盐加碘标准。各省级盐业主管机构应会同同级卫生计生行政部门及时在本机构门户网站上公布本辖区内各地区盐碘浓度和高水碘地区名单。食盐批发企业在碘缺乏病地区应当销售碘盐为主，在高水碘地区应当销售未加碘食盐。禁止销售不符合销售地盐碘浓度的加碘食盐产品（依法依规销售的未加碘食盐除外），销售地盐业主管机构等有关部门应当书面告知违反有关规定的企业进行整改，整改时限不得超过 7 个工作日，整改不到位的要依法进行处罚。

（六）加快建设食盐电子追溯体系。各省级盐业主管机构、食盐定点生产企业和食盐批发企业应按照国家统一规定和标准建立食盐电子追溯系统。在国家统一规定和标准发布之前，各省级盐业主管机构或食盐质量安全管理与监督机构不得将加入本地食盐电子追溯体系作为允许食盐定点生产企业和食盐批发企业开展跨区经营的前置条件。

（七）规范网上交易服务平台建设。各省、自治区、直辖市自建食盐网上交易服务平台应坚持公平、公正、公开原则，并实现市场化运作。是否加入平台应由企业自主决定，不得将加入平台作为开展跨区经营的前置条件。

四、开展食盐质量安全专项检查，确保人民群众食盐安全

各省、自治区、直辖市人民政府要在辖区内组织开展食盐质量安全专项检查，并于2017年6月30日前完成。专项检查不得少于5个县级行政区；实地检查不得少于20家企业（网点），20家企业（网点）应包括食盐定点生产企业、食盐批发企业、食盐零售网点（含农贸市场）以及食盐终端用户（含食品加工企业）；检查样品应送专业食盐检测机构检测，专业食盐检测机构应出具书面检测报告。

（一）严格食盐生产环节检查。严查食盐生产原料来源和食盐生产环境，严肃查处非食盐定点生产企业生产、加工、销售食盐的违法行为，严格执行食盐生产工艺标准和卫生标准，杜绝以次充好、偷工减料，确保食盐质量；对生产质量不合格食盐的食盐定点生产企业，要责令整改，依法从重处罚。

（二）加强食盐批发环节检查。要充分发挥打击制贩假盐机制的长效作用，严厉打击食盐批发企业的违法经营行为，特别是要严厉打击将工业盐、工业废渣废液盐、饲料添加剂氯化钠以及外包装上无标识的盐产品和不符合食盐国家标准、行业标准的盐产品，充作食盐销售给零售网点、餐饮饭店、单位食堂等的行为。对检查中发现有上述行为的食盐批发企业，要严厉追责，依法从重处罚。

（三）规范食盐储存和运输条件检查。食盐批发企业自建物流系统或委托第三方物流企业的食盐仓储设施的卫生条件必须符合国家食品安全标准，食盐的运输和装卸工具必须符合卫生要求，严禁将食盐与有毒有害物质混放或同载运输。对不符合此项规定的，应依法追究食盐批发企业和第三方物流企业的相关法律责任。

请各省、自治区、直辖市于2017年7月15日前将清理地方性法规和政策、编制盐业监管体制改革方案、落实盐改跨区经营政策、开展食盐质量安全检查等重点工作完成情况书面报告国家发展改革委、工业和信息化部。国家发展改革委、工业和信息化部将会同有关部门开展专项督查，督查情况将报告国务院。

《关于对盐行业生产经营严重失信者开展联合惩戒的合作备忘录》的通知

（2017年6月21日　发改经体〔2017〕1164号）

各省、自治区、直辖市和新疆生产建设兵团有关部门、机构：

为全面贯彻党的十八大和十八届三中、四中、五中全会精神，落实《国务院关于印发盐业体制改革方案的通知》（国发〔2016〕25号）、《国务院关于建立完善守信联合激励和失信联合惩戒制度加快推进社会诚信建设的指导意见》（国发〔2016〕33号）和《国务院关于印发社会信用体系建设规划纲要（2014—2020年）的通知》（国发〔2014〕21号）等有关要求，加快推进盐行业信用体系建设，建立健全失信联合惩戒机制，国家发展改革委、人民银行、工业和信息化部、食品药品监管总局、中央宣传部、中央文明办、中央网信办、最高人民法院、最高人民检察院、科技部、司法部、财政部、国土资源部、商务部、国家卫生计生委、国资委、海关总署、税务总局、工商总局、质检总局、新闻出版广电总局、银监会、证监会、保监会、全国总工会、共青团中央、全国工商联等部门联合签署了

《关于对盐行业生产经营严重失信者开展联合惩戒的合作备忘录》。

现印发给你们，请认真贯彻执行。

附件：关于对盐行业生产经营严重失信者开展联合惩戒的合作备忘录

附件：

关于对盐行业生产经营严重失信者开展联合惩戒的合作备忘录

为贯彻落实《国务院关于印发盐业体制改革方案的通知》（国发〔2016〕25号）、《国务院关于建立完善守信联合激励和失信联合惩戒制度加快推进社会诚信建设的指导意见》（国发〔2016〕33号）和《国务院关于印发社会信用体系建设规划纲要（2014—2020年）的通知》（国发〔2014〕21号）精神，加快推进盐行业信用体系建设，建立健全失信联合惩戒机制，国家发展改革委、人民银行、工业和信息化部、食品药品监管总局、中央宣传部、中央文明办、中央网信办、最高人民法院、最高人民检察院、科技部、司法部、财政部、国土资源部、商务部、卫生计生委、国资委、海关总署、税务总局、工商总局、质检总局、新闻出版广电总局、银监会、证监会、保监会、全国总工会、共青团中央、全国工商联等部门就开展盐行业严重失信者联合惩戒工作达成以下意见。

一、联合惩戒的对象

联合惩戒对象为国务院盐业主管机构公布的存在严重失信行为的食盐和非食用盐产品生产经营者。该生产经营者为企业的，联合惩戒对象为企业及其法定代表人、负有直接责任的有关人员；该生产经营者为其他经济组织的，联合惩戒对象为其他经济组织及其负责人；该生产经营者为自然人的，联合惩戒对象为本人。

二、联合惩戒措施、操作程序及依据

（一）盐业主管机构或食盐质量安全管理与监督机构采取的惩戒措施

依据盐行业生产经营严重失信者失信情节的严重程度，采取以下一项或者多项措施：

1. 列为重点监管对象，加密日常监督检查频次，提升企业风险管理等级；至少每半年对企业进货查验、索证索票、出厂检验、企业自查等管理制度和执行情况进行一次全面、深入的监督检查。

2. 在一定期限内限制从事食盐和非食用盐产品生产经营活动。

3. 责令企业定期开展食盐和非食用盐产品安全自查或者邀请第三方进行检查评价。

4. 对严重失信者违反相关法律法规的，从严从重处罚。

依据：《中华人民共和国食品安全法》、《盐业管理条例》、《食盐专营办法》、《食盐加碘消除碘缺乏危害管理条例》、《国务院关于加强食品等产品安全监督管理的特别规定》等相关法律法规。

（二）跨部门联合惩戒措施

1. 在申请政府性资金支持时，采取从严审核或降低支持力度或不予支持等限制措施。

2. 在申请发行企业债券时，将其列入“从严审核”类；依法限制公开发行公司债券。

3. 在分配食糖进口关税配额时，将企业严重失信信息作为限制配额依据；在申请粮食进口关税配额时，将其列入“信用中国”网站和国家企业信用信息公示系统受惩黑名单的失信信息作为限制配额依据。

4. 在一定期限内依法禁止其参与政府采购活动。

5. 限制取得政府供应土地。

6. 在申请信贷融资或办理信用卡时，金融机构将其失信信息作为审核的重要参考因素。

7. 在股票发行审核及在全国中小企业股份转让系统公开转让审核中，将其失信信息作为重要参考。

8. 在审批证券公司、基金管理公司及期货公司的设立及变更持有5%以上股权的股东、实际控制人时，将其失信信息作为审批的重要参考。

9. 对严重失信的自然人，依法限制其担任上市公司、证券公司、基金管理公司、期货公司的董事、监事和高级管理人员等，对其证券、基金、期货从业资格申请予以从严审核，对已成为证券、基金、期货从业人员的相关主体予以重点关注。

10. 对严重失信的自然人，依法限制其担任盐行业生产经营企业法定代表人、董事、监事和高级管理人员。

11. 在办理通关业务时，可依照相关法律法规的规定，对其进出口货物实施严密监管，加强单证审核、布控查验。

12. 对申请适用海关认证企业管理的，不予通过认证；对已经成为认证企业的，按照规定下调企业海关认证等级。

13. 对严重失信的自然人，限制在认证行业执业。对公布的严重失信法人单位限制取得认证机构资质，限制获得认证证书。

14. 列入税收管理重点监控对象，加强风险管理。

15. 限制新的科技扶持项目，将其严重失信行为计入科研信用记录，并依据有关规定暂停审批其新的科技项目扶持资金申报等。

16. 限制新网站开办，在申请经营性互联网信息服务时，将其失信信息作为审核相关许可的重要参考。对于经国务院盐业主管机构认定违规提供食盐和非食用盐产品互联网信息服务的严重失信者，不得同意其备案或许可。

17. 协调相关互联网新闻信息服务单位向社会公布盐行业生产经营严重失信者名单。

18. 按程序及时撤销相关荣誉称号，取消参加评先评优的资格。

19. 在审批非银行支付机构设立及变更主要出资人，将其失信信息作为审批的重要参考；对严重失信的自然人，依法限制其担任银行支付机构的董事、监事、高级管理人员等。

20. 在审批银行卡清算机构设立及变更主要出资人或持有5%以上股权的股东时，将其失信信息作为审批的重要参考；对严重失信的自然人，依法限制其担任银行卡清算机构的董事、高级管理人员等。

三、联合惩戒的实施方式

（一）国务院盐业主管机构通过全国信用信息共享平台、地方信用信息共享平台等信息技术手段定期向参与失信联合惩戒的部门提供盐行业生产经营严重失信者名单信息。同时，相关名单信息在国务院盐业主管机构门户网站、国家企业信用信息公示系统以及“信用中国”网站进行公示。相关部门收到相关名单后，根据本备忘录约定的内容对其实施惩戒。

（二）建立惩戒效果定期通报机制，相关部门定期将联合惩戒措施的实施情况在全国信用信息共享平台联合惩戒子系统和国家企业信用信息公示系统推送。

（三）涉及地方事权的，由县级以上地方各级人民政府授权的盐业主管机构推送相关严重失信者信息至其他部门，由其他部门按照备忘录采取惩戒措施。

四、信用惩戒动态管理

国务院盐业主管机构对盐行业生产经营严重失信者名单进行动态管理，及时更新相关信息，并及时推送至参与失信联合惩戒的相关部门。对于从盐行业生产经营严重失信者名单中撤销的盐行业生产经营者，相关部门应及时停止实施惩戒措施。

五、其他事宜

各部门应积极落实本备忘录，具体合作细节由各部门另行协商。

附　录

惩戒措施	法律法规依据	实施单位
1. 在申请政府性资金支持时，采取从严审核或降低支持力度或不予支持等限制措施。	**《国务院关于印发社会信用体系建设规划纲要（2014—2020 年）的通知》（国发〔2014〕21 号）** 发挥政府诚信建设示范作用。各级人民政府首先要加强自身诚信建设，以政府的诚信施政，带动全社会诚信意识的树立和诚信水平的提高。在行政许可、政府采购、招标投标、劳动就业、社会保障、科研管理、干部选拔任用和管理监督、申请政府资金支持等领域，率先使用信用信息和信用产品，培育信用服务市场发展。 加强对失信主体的约束和惩戒。强化行政监管性约束和惩戒。在现有行政处罚措施的基础上，健全失信惩戒制度，建立各行业黑名单制度和市场退出机制。推动各级人民政府在市场监管和公共服务的市场准入、资质认定、行政审批、政策扶持等方面实施信用分类监管，结合监管对象的失信类别和程度，使失信者受到惩戒。	各级人民政府、财政部、国家发展改革委
2. 在申请发行企业债券时，将其列入“从严审核”类，并在发行额度方面予以限制；依法限制公开发行公司债券。	**《国家发展改革委 人民银行 中央编办关于在行政管理事项中使用信用记录和信用报告的若干意见》（发改财金〔2013〕920 号）** 对食品药品安全、环境保护、产品质量、医疗卫生、工程建设、教育科研、电子商务、股权投资、融资担保等关系到人民群众切身利益、经济健康发展和社会和谐稳定的重点领域，各级政府、各相关部门应率先推进在行政管理事项中使用相关市场主体的信用记录和信用报告。 **《国家发展改革委办公厅关于进一步改进企业债券发行审核工作的通知》（发改办财金〔2013〕957 号）** 二、从严审核类 对于以下两类发债申请，要从严审核，有效防范市场风险。 （二）企业信用等级较低，负债率高，债券余额较大或运作不规范、资产不实、偿债措施较弱的发债申请	国家发展改革委、证监会

续　表

惩戒措施	法律法规依据	实施单位
	2. 企业及所在地地方政府或为其提供承销服务的券商有不尽职或不诚信记录。 **《国家发展改革委关于推进企业债券市场发展、简化发行核准程序有关事项的通知》（发改财金〔2008〕7号）** 二、企业公开发行企业债券应符合下列条件： （七）最近三年没有重大违法违规行为。 **《公司债券发行与交易管理办法》（证监会令〔第113号〕）** 第十七条　存在下列情形之一的，不得公开发行公司债券： （一）最近三十六个月内公司财务会计文件存在虚假记载，或公司存在其他重大违法行为； （四）严重损害投资者合法权益和社会公共利益的其他情形。	
3. 在一定期限内依法禁止其参与政府采购活动。	**《中国人民共和国政府采购法》** 第二十二条　供应商参加政府采购活动应当具备下列条件： （一）具有独立承担民事责任的能力； （二）具有良好的商业信誉和健全的财务会计制度； （三）具有履行合同所必需的设备和专业技术能力； （四）有依法缴纳税收和社会保障资金的良好记录； （五）参加政府采购活动前三年内，在经营活动中没有重大违法记录； （六）法律、行政法规规定的其他条件。 **《国务院关于印发社会信用体系建设规划纲要（2014—2020年）的通知》（国发〔2014〕21号）** 政府采购领域信用建设。加强政府采购信用管理，强化联动惩戒，保护政府采购当事人的合法权益。制定供应商、评审专家、政府采购代理机构以及相关从业人员的信用记录标准。依	财政部

续 表

惩戒措施	法律法规依据	实施单位
	法建立政府采购供应商不良行为记录名单，对列入不良行为记录名单的供应商，在一定期限内禁止参加政府采购活动。完善政府采购市场的准入和退出机制，充分利用工商、税务、金融、检察等其他部门提供的信用信息，加强对政府采购当事人和相关人员的信用管理。加快建设全国统一的政府采购管理交易系统，提高政府采购活动透明度，实现信用信息的统一发布和共享。	
4. 在分配粮食和食糖进口关税配额时，将企业严重失信信息作为限制配额依据。	**《2017 年粮食进口关税配额申领条件和分配原则》** 二、申领条件 2017 年粮食进口关税配额申请者基本条件为：2016 年 10 月 1 日前在工商管理部门登记注册；具有良好的财务状况、纳税记录和诚信情况；2015 年以来在海关、工商、税务、外汇、检验检疫、粮食流通、环保等方面无违规记录；未列入“信用中国”网站受惩黑名单；履行了与业务相关的社会责任；没有违反《农产品进口关税配额管理暂行办法》的行为。 **《2017 年食糖进口关税配额数量、申请条件和分配细则》（商务部 2016 年 53 号公告）** 申请者基本条件 （二）2014 年至 2016 年在商务、海关、外汇、工商、税务、质检、食药监、社会保障、环保、行业自律等方面无违法、违规、失信记录。	国家发展改革委、商务部
5. 限制取得政府供应土地。	**《国务院关于促进市场公平竞争维护市场正常秩序的若干意见》（国发〔2014〕20 号）** （十五）建立健全守信激励和失信惩戒机制。将市场主体的信用信息作为实施行政管理的重要参考。根据市场主体信用状况实行分类分级、动态监管，建立健全经营异常名录制度，对违背市场竞争原则和侵犯消费者、劳动者合法权益的市场主体建立“黑名单”制度。（工商总局牵头负责）对守信主体予以支持和激励，对失信主体在经营、投融资、取得政府供应土地、进出口、出入境、注册新公司、工程招投标、政府采购、获得荣誉、安全许可、生产许可、从	国土资源部

续　表

惩戒措施	法律法规依据	实施单位
	业任职资格、资质审核等方面依法予以限制或禁止，对严重违法失信主体实行市场禁入制度。（各相关市场监管部门按职责分工分别负责） **《企业信息公开暂行条例》（国务院令〔第654号〕）** 第十八条　县级以上地方人民政府及其有关部门应当建立健全信用约束机制，在政府采购、工程招投标、国有土地出让、授予荣誉称号等工作中，将企业信息作为重要考量因素，对被列入经营异常名录或者严重违法企业名单的企业依法予以限制或者禁入。	
6. 在申请信贷融资或办理信用卡时，金融机构将其失信信息作为审核的重要参考因素。	**《国务院关于促进市场公平竞争维护市场正常秩序的若干意见》（国发〔2014〕20号）** （十五）建立健全守信激励和失信惩戒机制。将市场主体的信用信息作为实施行政管理的重要参考。根据市场主体信用状况实行分类分级、动态监管，建立健全经营异常名录制度，对违背市场竞争原则和侵犯消费者、劳动者合法权益的市场主体建立“黑名单”制度。（工商总局牵头负责）对守信主体予以支持和激励，对失信主体在经营、投融资、取得政府供应土地、进出口、出入境、注册新公司、工程招投标、政府采购、获得荣誉、安全许可、生产许可、从业任职资格、资质审核等方面依法予以限制或禁止，对严重违法失信主体实行市场禁入制度。（各相关市场监管部门按职责分工分别负责）	人民银行、银监会
7. 在股票发行审核及在全国中小企业股份转让系统公开转让审核中，将其失信信息作为重要参考。	**《中华人民共和国证券法》** 第十三条　公司公开发行新股，应当符合下列条件： （三）最近三年财务会计文件无虚假记载，无其他重大违法行为； **《首次公开发行股票并上市管理办法》（证监会令〔第122号〕）** 第十八条　发行人不得有下列情形： （二）最近36个月内违反工商、税收、土地、环保、海关以及其他法律、行政法规，受到行政处罚，且情节严重；	证监会

续 表

惩戒措施	法律法规依据	实施单位
	《首次公开发行股票并在创业板上市管理办法》（证监会令〔第99号〕） 第二十一条　发行人及其控股股东、实际控制人最近三年内不存在损害投资者合法权益和社会公共利益的重大违法行为。 **《上市公司证券发行管理办法》（证监会令〔第30号〕）** 第九条　上市公司最近三十六个月内财务会计文件无虚假记载，且不存在下列重大违法行为： （二）违反工商、税收、土地、环保、海关法律、行政法规或规章，受到行政处罚且情节严重，或者受到刑事处罚； **《创业板上市公司证券发行管理暂行办法》（证监会令〔第100号〕）** 第十条　上市公司存在下列情形之一的，不得发行证券： （三）最近三十六个月内因违反法律、行政法规、规章受到行政处罚且情节严重，或者受到刑事处罚 **《非上市公众公司监督管理办法》（证监会令〔第96号〕）** 第三条　公众公司应当按照法律、行政法规、本办法和公司章程的规定，做到股权明晰，合法规范经营，公司治理机制健全，履行信息披露义务。	

续 表

惩戒措施	法律法规依据	实施单位
8. 在审批证券公司、基金管理公司及期货公司的设立及变更持有5%以上股权的股东、实际控制人时，将其失信信息作为审批的重要参考。	**《中华人民共和国证券法》** 第一百二十四条　设立证券公司，应当具备下列条件： （二）主要股东具有持续盈利能力，信誉良好，最近三年无重大违法违规记录，净资产不低于人民币二亿元； **《中华人民共和国证券投资基金法》** 第十三条　设立管理公开募集基金的基金管理公司，应当具备下列条件，并经国务院证券监督管理机构批准： （三）主要股东应当具有经营金融业务或者管理金融机构的良好业绩、良好的财务状况和社会信誉，资产规模达到国务院规定的标准，最近三年没有违法记录； **《期货交易管理条例》（国务院令〔第627号〕）** 第十六条　申请设立期货公司，应当符合《中华人民共和国公司法》的规定，并具备下列条件： （四）主要股东以及实际控制人具有持续盈利能力，信誉良好，最近3年无重大违法违规记录； **《证券公司监督管理条例》（国务院令〔第522号〕）** 第十条　有下列情形之一的单位或者个人，不得成为持有证券公司5%以上股权的股东、实际控制人： （一）因故意犯罪被判处刑罚，刑罚执行完毕未逾3年； （四）国务院证券监督管理机构认定的其他情形。 **《证券投资基金管理公司管理办法》（证监会令〔第84号〕）** 第七条　申请设立基金管理公司，出资或者持有股份占基金管理公司注册资本的比例（以下简称持股比例）在5%以上的股东，应当具备下列条件：	证监会

续 表

惩戒措施	法律法规依据	实施单位
	（三）最近3年没有因违法违规行为受到行政处罚或者刑事处罚； （六）具有良好的社会信誉，最近3年在金融监管、税务、工商等行政机关，以及自律管理、商业银行等机构无不良记录。 **《期货公司监督管理办法》（证监会令〔第110号〕）** 第七条　持有5%以上股权的股东为法人或者其他组织的，应当具备下列条件： （四）近3年未因重大违法违规行为受到行政处罚或者刑事处罚；	
9. 对严重失信的自然人，依法限制其担任上市公司、证券公司、基金管理公司、期货公司的董事、监事和高级管理人员等，对其证券、基金、期货从业资格申请予以从严审核，对已成为证券、基金、期货从业人员的相关主体予以重点关注。	**《中华人民共和国公司法》** 第一百四十六条　有下列情形之一的，不得担任公司的董事、监事、高级管理人员： （四）担任因违法被吊销营业执照、责令关闭的公司、企业的法定代表人，并负有个人责任的，自该公司、企业被吊销营业执照之日起未逾三年； **《证券公司董事、监事和高级管理人员任职资格监管办法》（证监会令〔第88号〕）** 第八条　取得证券公司董事、监事、高管人员和分支机构负责人任职资格，应当具备以下基本条件： （一）正直诚实，品行良好； **《中华人民共和国证券投资基金法》** 第十五条　有下列情形之一的，不得担任公开募集基金的基金管理人的董事、监事、高级管理人员和其他从业人员： （二）对所任职的公司、企业因经营不善破产清算或者因违法被吊销营业执照负有个人责任的董事、监事、厂长、高级管理人员，自该公司、企业破产清算终结或者被吊销营业执照之日起未逾五年的；	证监会

续 表

惩戒措施	法律法规依据	实施单位
	《证券投资基金行业高级管理人员任职管理办法》（证监会令〔第 23 号〕） 第四条　高级管理人员应当遵守法律、行政法规和中国证监会的规定，遵守公司章程和行业规范，恪守诚信，审慎勤勉，忠实尽责，维护基金份额持有人的合法权益。 **《期货公司董事、监事和高级管理人员任职资格管理办法》（证监会令〔第 47 号〕）** 第六条　申请期货公司董事、监事和高级管理人员的任职资格，应当具有诚实守信的品质、良好的职业道德和履行职责所必需的经营管理能力。 **《证券业从业人员资格管理办法》（证监会令〔第 14 号〕）** 第十条　取得从业资格的人员，符合下列条件的，可以通过机构申请执业证书： （五）品行端正，具有良好的职业道德； **《期货从业人员管理办法》（证监会令〔第 48 号〕）** 第十条　机构任用具有从业资格考试合格证明且符合下列条件的人员从事期货业务的，应当为其办理从业资格申请： （一）品行端正，具有良好的职业道德； **《私募投资基金监督管理暂行办法》（证监会令〔第 105 号〕）** 第四条　私募基金管理人和从事私募基金托管业务的机构（以下简称私募基金托管人）管理、运用私募基金财产，从事私募基金销售业务的机构（以下简称私募基金销售机构）及其他私募服务机构从事私募基金服务活动，应当恪尽职守，履行诚实信用、谨慎勤勉的义务。 私募基金从业人员应当遵守法律、行政法规，恪守职业道德和行为规范。	

续 表

惩戒措施	法律法规依据	实施单位
10. 对严重失信的自然人，依法限制其担任食品药品生产经营企业法定代表人、董事、监事和高级管理人员。	**《中华人民共和国食品安全法》** 第一百三十五条　被吊销许可证的食品生产经营者及其法定代表人、直接负责的主管人员和其他直接责任人员自处罚决定作出之日起五年内不得申请食品生产经营许可，或者从事食品生产经营管理工作、担任食品生产经营企业食品安全管理人员。 因食品安全犯罪被判处有期徒刑以上刑罚的，终身不得从事食品生产经营管理工作，也不得担任食品生产经营企业食品安全管理人员。 **《中华人民共和国公司法》** 第一百四十六条　有下列情形之一的，不得担任公司的董事、监事、高级管理人： （一）无民事行为能力或者限制民事行为能力； （二）因贪污、贿赂、侵占财产、挪用财产或者破坏社会主义市场经济秩序，被判处刑罚，执行期满未逾五年； （三）担任破产清算的公司、企业的董事或者厂长、经理，对该公司、企业的破产负有个人责任的，自该公司、企业破产清算完结之日起未逾三年； （四）担任因违法被吊销营业执照、责令关闭的公司、企业的法定代表人，并负有个人责任的，自该公司、企业北被吊销营业执照之日起未逾三年； （五）个人所负数额较大的债务到期未清偿。 **《企业法人法定代表人登记管理规定》（国家工商行政管理局令〔第90号〕）** 第四条　有下列情形之一的，不得担任法定代表人，企业登记机关不予核准登记： （一）无民事行为能力或者限制民事行为能力的； （二）正在被执行刑罚或者正在被执行刑事强制措施的； （三）正在被公安机关或者国家安全机关通缉的；	工商总局

续 表

惩戒措施	法律法规依据	实施单位
	（四）因犯有贪污贿赂罪、侵犯财产罪或者破坏社会主义市场经济秩序罪，被判处刑罚，执行期满未逾五年的；因犯有其他罪，被判处刑罚，执行期满未逾三年的；或者因犯罪被判处剥夺政治权利，执行期满未逾五年的； （五）担任因经营不善破产清算的企业的法定代表人或者董事、经理，并对该企业的破产负有个人责任，自该企业破产清算完结之日起未逾三年的； （六）担任因违法被吊销营业执照的企业的法定代表人，并对该企业违法行为负有个人责任，自该企业被吊销营业执照之日起未逾三年的； （七）个人负债数额较大，到期未清偿的； （八）有法律和国务院规定不得担任法定代表人的其他情形的。	
11. 在申请办理通关业务时，对其进出口货物加大监管力度，加强单证审核和布控查验。	**《国务院关于促进市场公平竞争维护市场正常秩序的若干意见》（国发〔2014〕20号）** （十五）建立健全守信激励和失信惩戒机制。将市场主体的信用信息作为实施行政管理的重要参考。根据市场主体信用状况实行分类分级、动态监管，建立健全经营异常名录制度，对违背市场竞争原则和侵犯消费者、劳动者合法权益的市场主体建立“黑名单”制度。（工商总局牵头负责）对守信主体予以支持和激励，对失信主体在经营、投融资、取得政府供应土地、进出口、出入境、注册新公司、工程招投标、政府采购、获得荣誉、安全许可、生产许可、从业任职资格、资质审核等方面依法予以限制或禁止，对严重违法失信主体实行市场禁入制度。（各相关市场监管部门按职责分工分别负责）	海关总署、质检总局

续 表

惩戒措施	法律法规依据	实施单位
12. 对申请适用海关认证企业管理的，不予通过认证；对已经成为认证企业的，按照规定下调企业信用等级。	**《海关认证企业标准》（海关总署2014年第82公告）** （九）未有不良外部信用 企业或者其企业法定代表人（负责人）、负责关务的高级管理人员、财务负责人连续1年在工商、商务、税务、银行、外汇、检验检疫、公安、检察院、法院等部门未被列入经营异常名录、失信企业或者人员名单、黑名单企业、人员。	海关总署
13. 对严重失信的自然人，限制在认证行业执业。对公布的严重失信法人单位限制取得认证机构资质，限制获得认证证书。	**《国务院关于建立完善守信联合激励和失信联合惩戒制度加快推进社会信用诚信建设的指导意见》（国发〔2016〕33号）** （十）依法依规加强对失信行为的行政性约束和惩戒。对严重失信主体，各地区、各有关部门应将其列为重点监管对象，依法依规采取行政性约束和惩戒措施。 **《国务院关于促进市场公平竞争维护市场正常秩序的若干意见》（国发〔2014〕20号）** （十五）建立健全守信激励和失信惩戒机制。将市场主体的信用信息作为实施行政管理的重要参考。根据市场主体信用状况实行分类分级、动态监管，建立健全经营异常名录制度，对违背市场竞争原则和侵犯消费者、劳动者合法权益的市场主体建立“黑名单”制度。（工商总局牵头负责）对守信主体予以支持和激励，对失信主体在经营、投融资、取得政府供应土地、进出口、出入境、注册新公司、工程招投标、政府采购、获得荣誉、安全许可、生产许可、从业任职资格、资质审核等方面依法予以限制或禁止，对严重违法失信主体实行市场禁入制度。（各相关市场监管部门按职责分工分别负责）	质检总局

续 表

惩戒措施	法律法规依据	实施单位
	《国务院关于印发社会信用体系建设规划纲要（2014 关于印发社年）的通知》（国发〔2014〕21 号） 二、推进重点领域诚信建设。 （一）加快推进政务诚信建设。发挥政府诚信建设示范作用。各级人民政府首先要加强诚信建设，以政府的诚信施政，带动全社会诚信意识的树立和诚信水平的提高。在行政许可、政府采购、招标投标、劳动就业、社会保障、科研管理、干部选拔任用和管理监督、申请政府资金支持等领域，率先使用信用信息和信用产品，培育信用服务市场发展。 （二）深入推进商务诚信建设。中介服务业信用建设。建立完善中介服务机构及其从业人员的信用记录和披露制度，并作为市场行政执法部门实施信用分类管理的重要依据。重点加强公证仲裁类、律师类、会计类、担保类、鉴证类、检验检测类、评估类、认证类、代理类、经纪类、职业介绍类、咨询类、交易类等机构信用分类管理，探索建立科学合理的评估指标体系、评估制度和工作机制。 **《认证机构管理办法》（质检总局〔第 141 号〕）** 第二十一条　认证机构应当通过网站或者以其他形式公布其认证范围、认证规则、收费标准及其设立的子公司、分公司和办事机构的名称、业务范围、地址等信息内容，并保证信息内容真实、有效。	
14. 列入税收管理重点监控对象，加强风险管理。	**《国务院关于印发社会信用体系建设规划纲要（2014—2020 年）的通知》（国发〔2014〕21 号）** 加强对失信主体的约束和惩戒。强化行政监管性约束和惩戒。在现有行政处罚措施的基础上，健全失信惩戒制度，建立各行业黑名单制度和市场退出机制。推动各级人民政府在市场监管和公共服务的市场准入、资质认定、行政审批、政策扶持等方面实施信用分类监管，结合监管对象的失信类别和程度，使失信者受到惩戒。	税务总局

续 表

惩戒措施	法律法规依据	实施单位
	《国务院关于建立完善守信联合激励和失信联合惩戒制度加快推进社会诚信建设的指导意见》（国发〔2016〕33 号） （十）依法依规加强对失信行为的行政性约束和惩戒。对严重失信主体，各地区、各有关部门应将其列为重点监管对象，依法依规采取行政性约束和惩戒措施。	
15. 限制新的科技扶持项目，将其严重失信行为计入科研信用记录，并依据有关规定暂停审批其新的科技项目扶持资金申报等。	**《国家科技计划项目管理暂行办法》（科学技术部令〔第 5 号〕）** 第八条　申请项目的申请者（包括单位或个人）应当符合以下基本条件： （一）符合该计划对申请者的主体资格（包括法人性质、经济性质、国籍）等方面要求； （二）在相关研究领域和专业应具有一定的学术地位和技术优势； （三）具有为完成项目必备的人才条件和技术装备； （四）具有与项目相关的研究经历和研究积累； （五）具有完成项目所需的组织管理和协调能力； （六）具有完成项目的良好信誉度。 **《国务院关于改进加强中央财政科研项目和资金管理的若干意见》（国发〔2014〕11 号）** （二十二）完善科研信用管理。建立覆盖指南编制、项目申请、评估评审、立项、执行、验收全过程的科研信用记录制度，由项目主管部门委托专业机构对项目承担单位和科研人员、评估评审专家、中介机构等参与主体进行信用评级，并按信用评级实行分类管理。各项目主管部门应共享信用评价信息。建立“黑名单”制度，将严重不良信用记录者记入“黑名单”，阶段性或永久取消其申请中央财政资助项目或参与项目管理的资格。	科技部

续 表

惩戒措施	法律法规依据	实施单位
16. 限制新网站开办，在申请经营性互联网信息服务时，将其失信信息作为审核相关许可的重要参考。对于经国务院盐业主管机构认定违规提供食盐和非食用盐产品互联网信息服务的严重失信者，不得同意其备案或许可。	**《互联网信息服务管理办法》（国务院令〔第292号〕）** 第五条　从事新闻、出版、教育、医疗保健、药品和医疗器械等互联网信息服务，依照法律、行政法规以及国家有关规定须经有关主管部门审核同意的，在申请经营许可或者履行备案手续前，应当依法经有关主管部门审核同意。 第十八条　国务院信息产业主管部门和省、自治区、直辖市电信管理机构，依法对互联网信息服务实施监督管理。 新闻、出版、教育、卫生、药品监督管理、工商行政管理和公安、国家安全等有关主管部门，在各自职责范围内依法对互联网信息内容实施监督管理。 第二十条　制作、复制、发布、传播本办法第十五条所列内容之一的信息，构成犯罪的，依法追究刑事责任；尚不构成犯罪的，由公安机关、国家安全机关依照《中华人民共和国治安管理处罚法》、《计算机信息网络国际联网安全保护管理办法》等有关法律、行政法规的规定予以处罚；对经营性互联网信息服务提供者，并由发证机关责令停业整顿直至吊销经营许可证，通知企业登记机关；对非经营性互联网信息服务提供者，并由备案机关责令暂时关闭网站直至关闭网站。 **《关于建立境内违法互联网站黑名单管理制度的通知》（工信部联电管〔2009〕371号）** 二十、对于列入违法互联网站黑名单的境内互联网站，涉及获准从事新闻、出版、教育、医疗保健、药品和医疗器械、文化、视听节目服务等互联网信息服务的，互联网相关管理部门应取消相应批准。有经营许可的，互联网相关管理部门应将依法取消批准的意见，抄送工商行政管理部门依法办理相应经营范围交更或注销登记。 二十一、对于新申办的网站，互联网行业主管部门应认真审核。如发现其属于已列入违法互联网站黑名单的网站（即网站名称、网站域名、网站主办者身份信息与违法互联网站黑名	工业和信息化部

续 表

惩戒措施	法律法规依据	实施单位
	单记录的信息均相同的)，互联网行业主管部门不得再同意其备案或许可，各互联网相关管理部门不得再批准其提供新闻、出版、教育、医疗保健、药品和医疗器械、文化、视听节目服务等互联网信息服务，公益性互联单位和各相关电信企业不得再为其提供相关接入服务，域名注册单位不得再为其提供域名解析服务。	
17. 协调相关互联网新闻信息服务单位向社会公布盐行业生产经营严重失信者名单。	**《中华人民共和国政府信息公开条例》** 第九条　行政机关对符合下列基本要求之一的政府信息应当主动公开： （一）涉及公民、法人或者其他组织切身利益的； （二）需要社会公众广泛知晓或者参与的； （三）反映本行政机关机构设置、职能、办事程序等情况的； （四）其他依照法律、法规和国家有关规定应当主动公开的。 **《互联网新闻信息服务管理规定》（国务院新闻办公室、信息产业部令〔第 37 号〕）** 第三条　互联网新闻信息服务单位从事互联网新闻信息服务，应当遵守宪法、法律和法规，坚持为人民服务、为社会主义服务的方向，坚持正确的舆论导向，维护国家利益和公共利益。 国家鼓励互联网新闻信息服务单位传播有益于提高民族素质、推动经济发展、促进社会进步的健康、文明的新闻信息。	中央网信办
18. 按程序及时撤销相关荣誉称号，取消参加评先评优的资格。	**《国务院关于促进市场公平竞争维护市场正常秩序的若干意见》（国发〔2014〕20 号）** （十五）建立健全守信激励和失信惩戒机制。将市场主体的信用信息作为实施行政管理的重要参考。根据市场主体信用状况实行分类分级、动态监管，建立健全经营异常名录制度，对违背市场竞争原则和侵犯消费者、劳动者合法权益的市场主体建立“黑名单”制度。（工商总局牵头负责）对守信主体予以支持和激励，对失信主体在经营、投融资、取得政府供应土地、	中央文明办

续　表

惩戒措施	法律法规依据	实施单位
	进出口、出入境、注册新公司、工程招投标、政府采购、获得荣誉、安全许可、生产许可、从业任职资格、资质审核等方面依法予以限制或禁止，对严重违法失信主体实行市场禁入制度。（各相关市场监管部门按职责分工分别负责）	
19. 在审批非银行支付机构设立及变更主要出资人，将其失信信息作为审批的重要参考；对严重失信的自然人，依法限制其担任银行支付机构的董事、监事、高级管理人员等。	**《非金融机构支付服务管理办法》（中国人民银行令〔2010〕第2号）** 第八条　《支付业务许可证》的申请人应当具备下列条件： （一）在中华人民共和国境内依法设立的有限责任公司或股份有限公司，且为非金融机构法人； （二）有符合本办法规定的注册资本最低限额； （三）有符合本办法规定的出资人； （四）有5名以上熟悉支付业务的高级管理人员； （五）有符合要求的反洗钱措施； （六）有符合要求的支付业务设施； （七）有健全的组织机构、内部控制制度和风险管理措施； （八）有符合要求的营业场所和安全保障措施； （九）申请人及其高级管理人员最近3年内未因利用支付业务实施违法犯罪活动或为违法犯罪活动办理支付业务等受过处罚。 第十条　申请人的主要出资人应当符合以下条件： （一）为依法设立的有限责任公司或股份有限公司； （二）截至申请日，连续为金融机构提供信息处理支持服务2年以上，或连续为电子商务活动提供信息处理支持服务2年以上； （三）截至申请日，连续盈利2年以上；	人民银行

续 表

惩戒措施	法律法规依据	实施单位
	（四）最近3年内未因利用支付业务实施违法犯罪活动或为违法犯罪活动办理支付业务等受过处罚。 本办法所称主要出资人，包括拥有申请人实际控制权的出资人和持有申请人10%以上股权的出资人。	
20. 在审批银行卡清算机构设立及变更主要出资人或持有5%以上股权的股东时，将其失信信息作为审批的重要参考；对严重失信的自然人，依法限制其担任银行卡清算机构的董事、高级管理人员等。	**《国务院关于实施银行卡清算机构准入管理的决定》（国发〔2015〕22号）** 二、申请成为银行卡清算机构应当符合的条件和程序 （一）申请成为银行卡清算机构的，应当为依据《中华人民共和国公司法》设立的企业法人，并符合以下条件： 1. 具有不低于10亿元人民币的注册资本。 2. 至少具有符合规定条件的持股20%以上的单一主要出资人，或者符合规定条件的合计持股25%以上的多个主要出资人，前述主要出资人申请前一年总资产不低于20亿元人民币或者净资产不低于5亿元人民币，且提出申请前应当连续从事银行、支付或者清算等业务5年以上，连续盈利3年以上，最近3年无重大违法违规记录；其他单一持股比例超过10%的出资人净资产不低于2亿元人民币，具有持续盈利能力、信誉良好，最近3年无重大违法违规记录。 **《银行卡清算机构管理办法》（中国人民银行 中国银行业监督管理文员会令〔2016〕第2号）** 第十二条　银行卡清算机构50%以上的董事（含董事长、副董事长）和全部高级管理人员应当具备相应的任职专业知识，5年以上银行、支付或者清算的从业经验和良好的品行、声誉，以及担任职务所需的独立性。 除《中华人民共和国公司法》规定的情形外，有以下情形之一的，不得担任银行卡清算机构的董事、高级管理人员：	

续　表

惩戒措施	法律法规依据	实施单位
	（一）有重大过失或犯罪记录的。 （二）因违法行为或者违纪行为被金融监管机构取消任职资格的董事、监事、高级管理人员，自被取消任职资格之日起未逾 5 年的。 （三）曾经担任被金融监管机构行政处罚单位的董事、监事或者高级管理人员，并对被行政处罚负有个人责任或者直接领导责任，自执行期满未逾 2 年的。 第十三条　申请人向中国人民银行提出银行卡清算机构筹备申请的，应当提交下列申请材料： （一）筹备申请书，载明公司的名称、住所、注册资本等。 （二）企业法人营业执照复印件和公司章程，申请人为外商投资企业的，还应当提交外商投资企业批准证书复印件。 （三）证明其资本实力符合要求的材料及相关证明。 （四）真实、完整、公允的最近一年财务会计报告，设立时间不足一年的除外。 （五）出资人出资决议，出资金额、方式及资金来源，以及出资人之间关联关系的说明。 （六）主要出资人和其他单一持股比例超过 10% 的出资人的资质证明材料，包括但不限于营业执照、最近三年财务会计报告、无重大违法违规记录证明和从业经历证明等。 出资人为境内银行业金融机构的，应当提供金融业务许可证复印件和中国银行业监督管理委员会允许其投资银行卡清算机构的批准文件。 第十七条　申请人应当在筹备期届满前向中国人民银行提出开业申请，提交下列申请材料： （一）开业申请书，载明公司的名称、住所、注册资本及营运资金等。 （二）银行卡清算业务标准体系和业务规则的具体内容及详细说明。 （三）银行卡清算业务基础设施架构报告、建设报告、业务连续性计划及应急预案。	

续 表

惩戒措施	法律法规依据	实施单位
	（四）银行卡清算业务基础设施标准符合和技术安全证明材料。 （五）拟任董事和高级管理人员的任职资格申请材料，包括但不限于履历说明及学历、技术职称、具备担任职务所需的独立性说明，无犯罪记录和未受处罚等相关证明材料。 第二十五条　银行卡清算机构有下列变更事项之一的，应当按规定向中国人民银行提交变更申请材料： （一）设立分支机构。 （二）分立或者合并。 （三）变更公司名称或者公司章程。 （四）变更注册资本。 （五）变更主要出资人或其他单一持股比例超过10%的出资人。 （六）变更银行卡清算品牌。 （七）更换董事和高级管理人员。 中国人民银行收到上述申请材料的，应当参照本办法第十四条和第十五条的规定，作出批准或不批准的决定，并书面通知申请人。 银行卡清算机构变更单一持股比例超过5%以上的出资人，且不属于上述第五项所规定情形的，应当提前向中国人民银行和中国银行业监督管理委员会提交变更情况书面报告。	

中华人民共和国工业和信息化部公告 2018 年第 19 号

（2018 年 4 月 12 日 工业和信息化部公告 2018 年第 19 号）

为贯彻落实《国务院关于印发盐业体制改革方案的通知》（国发〔2016〕25 号），规范食盐定点生产企业、多品种食盐定点生产企业和食盐定点批发企业生产经营行为，工业和信息化部依据《中华人民共和国行政许可法》、《食盐专营办法》和相关国家标准，制定了《食盐定点生产企业和食盐定点批发企业规范条件》（附件 1）和《食盐定点生产企业和食盐定点批发企业规范条件管理办法》（附件 2），现予公告。

附件 1. 食盐定点生产企业和食盐定点批发企业规范条件

附件 2. 食盐定点生产企业和食盐定点批发企业规范条件管理办法

工业和信息化部

2018 年 4 月 12 日

附件 1

食盐定点生产企业和食盐定点批发企业规范条件

为规范食盐定点生产企业（含多品种食盐定点生产企业）、食盐定点批发企业（以下统称定点企业）经营行为，依据《国务院关于印发盐业体制改革方案的通知》（国发〔2016〕25号）、《中华人民共和国行政许可法》、《食盐专营办法》、《食盐加碘消除碘缺乏危害管理条例》等相关规定，制定本规范条件。在中华人民共和国境内，食盐定点生产企业证书和食盐批发许可证的审核及监督检查，适用本规范条件。

一、食盐定点生产企业生产经营能力

（一）在中华人民共和国境内具有法人资格。

（二）在本规范条件实施前持有食盐定点生产企业证书。

（三）拥有自主的食盐注册商标。

（四）能够持续开展正常的生产经营活动，建立真实完整的生产销售记录并保存相关凭证。

（五）食盐定点生产企业生产食盐的原料盐应有稳定的来源：海盐食盐定点生产企业拥有相应的盐田资源，且盐田资源有10年以上的滩涂或海域使用权，湖盐和井矿盐食盐定点生产企业应当有10年以上采矿权；或者原料盐采购自其所属集团公司或集团公司控股的下属企业，且其所属集团公司或集团公司控股的下属企业拥有相应的盐田资源，该盐田资源有10年以上的滩涂或海域使用权，或采矿权；或者原料盐采购自其他食盐定点生产企业。

（六）食盐定点生产企业食盐生产能力应不低于10万吨/年，西部少数民族自治区和南方海盐区食盐定点生产企业食盐生产能力应不低于3万吨/年；多品种食盐定点生产企业能够持续生产符合相关标准的品种食盐，且上一年品种食盐产量占其食盐总产量的60%以上。

（七）多品种食盐定点生产企业生产食盐的原料盐应从食盐定点生产企业购进。

二、食盐定点批发企业批发经营能力

（一）在中华人民共和国境内具有法人资格。

（二）在本规范条件实施前持有食盐批发许可证。

（三）能够持续开展正常的批发经营活动，建立真实完整的批发销售记录并保存相关凭证。

（四）省级食盐定点批发企业除在本省（自治区、直辖市）开展食盐批发销售业务外，可在其他省（自治区、直辖市）开展食盐批发销售业务；省级以下食盐定点批发企业除在本市（县）开展食盐批发销售业务外，可在本省（自治区、直辖市）其他市（县）开展食盐批发销售业务。

（五）食盐定点批发企业配送食盐应通过符合食品安全要求的自有运输工具或自建物流公司，或委托其他食盐定点批发企业或有物流配送资质的第三方物流企业。

（六）批发经营的食盐应为本企业生产，或从其他食盐定点批发企业、食盐定点生产企业（含多品种食盐定点生产企业）购进。

三、技术和设备设施条件

（一）海盐和湖盐食盐定点生产企业应当有较高的自动化、机械化水平，采、收、运原料盐的机械化水平达到90%以上（日晒盐工艺除外）；井矿盐食盐定点生产企业应当完全采用多效真空蒸发或机械式蒸汽再压缩生产工艺。

（二）食盐定点生产企业（含多品种食盐定点生产企业）从事食盐生产应有固定的自有厂房和设备设施；食盐定点批发企业及其自建的物流公司或委托的有资质的第三方物流企业应具备自有或租赁的场所和食盐仓储设施。

（三）食盐定点生产企业（含多品种食盐定点生产企业）食盐包装设备应当采用全自动的包装和箱（袋）装设备，西部少数民族自治区的食盐定点生产企业（含多品种食盐定点生产企业）可采用半自动的包装和箱（袋）装设备。

（四）食盐定点生产企业（含多品种食盐定点生产企业）生产

加碘食盐应采用自动控制加碘设备。

四、质量管理

（一）食盐定点生产企业（含多品种食盐定点生产企业）应通过 GB/T19001 或 ISO22000 或 HACCP 体系等管理体系认证。

（二）食盐定点生产企业（含多品种食盐定点生产企业）应符合《食盐定点生产企业质量管理技术规范》（GB/T19828）和《食品安全国家标准食品生产通用卫生规范》（GB14881）的相关要求；食盐定点批发企业应符合《食盐批发企业管理质量等级划分及技术要求》（GB/T18770）的相关要求。

（三）食盐应符合《食品安全国家标准食用盐》（GB2721）和《食用盐》（GB/T5461）等相关标准。

（四）食盐定点生产企业（含多品种食盐定点生产企业）所生产的食盐应当有国家级盐业专业检测机构每年一次的产品质量检测报告。

（五）定点企业应当建立食盐电子追溯系统并有效运行。

五、信用和储备管理

（一）定点企业应当建立信用信息记录、信用信息公示以及社会资本（含企业和个人）进入食盐生产、批发领域准入前信用信息公示制度等。

（二）定点企业未被列入食盐生产经营者“重点关注名单”和“黑名单”，未因有严重失信行为而被相关部门联合惩戒。

（三）定点企业应当配合有关部门建立企业及其负责人和高管人员相关信用信息，并纳入全国信用信息共享平台，通过盐行业信用管理与公共服务平台、“信用中国”网站或国家企业信用信息公示系统向社会公示。

（四）定点企业应当建立食盐社会责任储备、轮储、贮存、出库管理制度，轮储和出入库食盐有相关凭证；食盐储备量应有详细的食盐社会责任储备库存记录。

六、监督管理

（一）定点企业隐瞒真实情况或者提供虚假材料申请证书审核的，省级盐业主管部门不予颁发证书，并给予警告，企业在一年内不得再次申请。定点企业以欺骗、贿赂等不正当手段取得证书的，省级盐业主管部门应当依法给予行政处罚，企业在三年内不得再次申请，构成犯罪的，依法追究刑事责任。

（二）盐业主管部门及其工作人员应当自觉接受定点企业和社会监督，接到有关证书审核管理过程中的举报，应当及时进行核实，情况属实的应立即纠正，直至依法追究法律责任。

（三）定点企业涂改、倒卖、出租、出借或者以其他形式非法转让证书的，省级盐业主管部门应当依法吊销企业证书。

（四）食盐定点生产企业（含多品种食盐定点生产企业）有下列行为的，省级盐业主管部门应责令其限期整改，对拒不整改或整改不合格者，应依法处理。

1. 委托非食盐定点生产企业生产加工食盐的；

2. 为非食盐定点生产企业承包生产加工食盐的；

3. 在食盐定点生产企业（含多品种食盐定点生产企业）证书载明生产地址之外的地点租赁其他企业厂房和设备设施生产加工食盐的。

（五）盐业主管部门应当对定点企业有关失信行为建立信用记录，并纳入全国信用信息共享平台，对严重失信主体建立“黑名单”，并依据有关规定实施联合惩戒。

（六）盐业主管部门应将有涉嫌食盐质量安全违法行为的定点企业移交食盐质量安全监督管理部门查处。

（七）盐业协会应组织定点企业加强行业自律，协助盐业主管部门做好本规范条件的实施和跟踪监督工作。

七、附则

（一）本规范条件由工业和信息化部负责解释。

（二）本规范条件自发布之日起实施。

附件 2

食盐定点生产企业和食盐定点批发企业规范条件管理办法

第一章　总　　则

第一条　为顺利实施《食盐定点生产企业和食盐定点批发企业规范条件》（以下简称《规范条件》），规范现有食盐定点生产企业证书和食盐批发许可证的审核及监督检查，制定本办法。

第二条　省级盐业主管部门应当依据《规范条件》和本办法，负责接受现有食盐定点生产企业（含多品种食盐定点生产企业）和食盐定点批发企业（以下统称定点企业）提出的审核申请，组织对企业进行审核，并将审核结果和企业名单报工业和信息化部备案。

第二章　申　　请

第三条　定点企业可依据《规范条件》组织自查自改，符合《规范条件》所有要求后向所在地省级盐业主管部门申请审核，申请审核时应提交申请材料。食盐定点生产企业（含多品种食盐定点生产企业）申请审核需提交《食盐定点生产企业审核申请书》（见附1）和相关材料（见附3），食盐定点批发企业申请审核需提交《食盐定点批发企业审核申请书》（见附2）和相关材料（见附4）。

第四条 书面申请材料应一式五份，电子版文件应刻录光盘。

第三章 审 核

第五条 省级盐业主管部门应当对定点企业申请审核的材料组织审查，申请材料齐全、符合规定形式的，应当在5个工作日内予以受理，并告知申请企业；申请材料不齐全或不符合规定形式的，应当当场或在5个工作日内，一次性告知申请企业需要补充的全部材料内容。

第六条 省级盐业主管部门受理申请后，应组织相关专家组成审核专家组，并委托审核专家组对予以受理的企业开展审核。审核专家组人员不得参加与其存在利益关系的企业的审核。审核专家组人员中不应包括盐业主管部门的工作人员。

第七条 审核包括对申请企业的材料审核和现场审核。材料审核，应当审核申请材料的完整性、规范性，是否符合《规范条件》要求；现场审核，应当审核企业的实际状况是否符合《规范条件》要求，是否与申请材料一致。审核工作结束时，审核专家组组长应当召集审核专家组人员研究形成审核意见，在《食盐定点生产企业审核申请书》或《食盐定点批发企业审核申请书》中填写审核专家组意见。

第八条 省级盐业主管部门根据审核专家组意见，应在受理之日起20个工作日内作出准予或不准予颁发新证书的决定；20个工作日内不能作出决定的，经省级盐业主管部门负责人批准，可以延长10个工作日，并应当将延长期限的理由书面告知申请企业。

第九条 对未通过审核的企业，省级盐业主管部门应当书面告知申请企业整改。经整改符合《规范条件》所有要求的企业，应按程序重新向所在地省级盐业主管部门申请审核。

第四章 证书管理

第十条 省级盐业主管部门根据本办法颁发的食盐定点生产企业证书或食盐定点批发企业证书（以下统称证书）有效期为五年。

第十一条 证书分为正本、副本。正本、副本载明内容一致，并具有同等效力。工业和信息化部负责统一印制证书正本、副本。省级盐业主管部门负责本行政区域内定点企业证书的管理及颁发工作。

第十二条 定点企业证书信息的变更以及证书的延续、补办与注销，由定点企业向颁证的省级盐业主管部门提出申请，省级盐业主管部门应按相关规定办理。

第五章 监督检查

第十三条 省级盐业主管部门对于审核期间滥用职权、玩忽职守、徇私舞弊的盐业主管部门工作人员和审核专家组人员，构成犯罪的，应依法追究责任；尚不构成犯罪的，应依法给予处分。

第十四条 省级盐业主管部门应根据《规范条件》对定点企业实行动态监督检查。对有下列情况之一的企业，省级盐业主管部门应责令其限期整改，对拒不整改或整改不合格者，应依法处理。

（一）拒绝接受监督检查。

（二）不再符合《规范条件》要求。

（三）违反国家食盐专营管理政策法规、造成严重社会影响。

第六章 附 则

第十五条 本办法由工业和信息化部负责解释。

第十六条 本办法自发布之日起实施。

附：1.《食盐定点生产企业审核申请书》

2.《食盐定点批发企业审核申请书》

3. 食盐定点生产企业（含多品种食盐定点生产企业）申请审核应提交的材料清单

4. 食盐定点批发企业申请审核应提交的材料清单

附 1

食盐定点生产企业审核申请书

企业名称：________________________________

（加盖公章）

注册地址：________________________________

联 系 人：________________________________

联系电话：______________传真：______________

电子邮件：________________________________

申请日期：______年____月____日

注 意 事 项

1. 所有食盐定点生产企业（含多品种食盐定点生产企业）在申请审核时，均需要填写本申请书。

2. 申请企业应确保所填资料真实、准确、详细，如伪造、编造虚假内容或隐瞒真实情况，所产生的一切后果均由申请企业承担。

3. 申请企业应用钢笔或黑色签字笔填写或打印本申请书，字迹应当清晰、工整，不得涂改。

4. 申请企业及其公章的名称应与市场监督管理部门预先核准或登记注册的企业名称一致，公章复印无效。

5. 申请企业须严格按照申请书要求，在所选项目对应的“□”内打“√”，并认真填写相应内容。在填写时应注意正确的计量单位。

6. 现场审核时，申请企业须提供相关报告和说明材料的原件供审核专家组核对。

7. 现场审核时，企业不得借故停产，所有食盐生产的设备开工率不得低于70%；现场审核的区域包括企业注册地和食盐生产、储备所有涉及的场所、设备和设施。

8. 现场审核时，申请企业须准备20分钟的规范条件符合性自查汇报材料。

9. 现场审核时，审核专家组可视情况对申请企业生产的食盐品种进行现场抽样、封样，由省级盐业主管部门委托国家级盐业专业检测机构检测。

10. 书面申请材料一式5份，电子版文件应刻录光盘。本申请书须由企业的法定代表人或负责人签名，并加盖企业公章。

一、企业基本情况

<table>
<tr><td>企业名称</td><td colspan="3"></td></tr>
<tr><td>食盐定点生产企业证书编号</td><td></td><td>营业执照编号或社会信用代码</td><td></td></tr>
<tr><td>注册地址</td><td colspan="3"></td></tr>
<tr><td>食盐生产厂址</td><td colspan="3"></td></tr>
<tr><td>法定代表人或负责人</td><td>（签字栏）</td><td>是否上市</td><td>是□　　否□</td></tr>
<tr><td>经济类型</td><td colspan="3">国有□　集体□　民营□　外商独资□　中外合资□</td></tr>
<tr><td>企业形式</td><td colspan="3">有限责任□　股份有限□　股份合作制□　个人独资□</td></tr>
<tr><td>企业注册日期</td><td></td><td>注册资本</td><td></td></tr>
<tr><td colspan="4">上年度主要经济指标</td></tr>
<tr><td>食盐生产能力（万吨）</td><td></td><td>食盐产量（万吨）</td><td></td></tr>
<tr><td>食盐销量（万吨）</td><td></td><td>主营业务收入（万元）</td><td></td></tr>
<tr><td>利润（万元）</td><td></td><td>从业人员人数（人）</td><td></td></tr>
<tr><td>生产的食盐商标与品种明细（可附页）</td><td colspan="3"></td></tr>
</table>

注：企业基本情况需按照企业营业执照上的内容填写；经济指标按上年度实际情况填写。

二、企业食盐生产场所有关情况

序号	企业办公场所详细地址	食盐生产场所详细地址	食盐生产场所权属（房产证、土地证和所在地政府开具的厂房使用权证明等）

注：本表需附企业食盐生产场所平面布局图示。

三、企业主要生产设备、设施清单

序号	设备设施名称	规格型号	数量	使用场所	生产厂及国家（地区）	生产日期、购置日期	完好状态	购置资产证明

注：**设备设施名称**：该设备设施产品使用说明书中的名称；

规格型号：指设备铭牌、说明书中标明的尺寸、规格、等级等；

数量：按企业实际所配备的生产设备、设施的数量填写；

使用场所：指设备设施实际使用的场所，如××车间或仓库等；

生产厂及国家（地区）：填写该设备设施生产企业的全称及企业所在国家（地区）名称；对自行设计、制造的设备、专用机械、工装应填写“自制”；

生产日期、购置日期：1. 按设备设施铭牌、合格证或说明书中主要的生产日期填写；2. 按设备设施台帐中设备设施购进日期填写；自制设备设施按设备设施档案中竣工日期填写；

完好状态：指设备设施的完好程度，如好、较好、报废等；

购置资产证明：包括购买发票或收据及生产企业出具的证明材料，购买时企业登记在册的财务证明（如无上述证明，企业需提供说明材料，并由企业法定代表人或负责人签字）。

四、《规范条件》符合性审核

	相关材料是否齐全	现场核查情况是否与申请材料一致	是否符合《规范条件》要求	备注
一、生产经营能力				
在中华人民共和国境内具有法人资格。	是□ 否□	是□ 否□	是□ 否□	
在本规范条件实施前持有食盐定点生产企业证书。	是□ 否□	是□ 否□	是□ 否□	
拥有自主的食盐注册商标。	是□ 否□	是□ 否□	是□ 否□	
能够持续开展正常的生产经营活动，建立真实完整的生产销售记录并保存相关凭证。	是□ 否□	是□ 否□	是□ 否□	
食盐定点生产企业生产食盐的原料盐应有稳定的来源：海盐食盐定点生产企业拥有相应的盐田资源，且盐田资源有10年以上的滩涂或海域使用权，湖盐和井矿盐食盐定点生产企业应当有采矿权；或者原料盐采购自其所属集团公司或集团公司控股的下属企业，且其所属集团公司或集团公司控股的下属企业拥有相应的盐田资源，该盐田资源有10年以上的滩涂或海域使用权，或采矿权；或者原料盐采购自其他食盐定点生产企业。	是□ 否□	是□ 否□	是□ 否□	
食盐定点生产企业食盐生产能力应不低于10万吨/年，西部少数民族自治区和南方海盐区食盐定点生产企业食盐生产能力应不低于3万吨/年；多品种食盐定点生产企业能够持续生产符合相关标准的品种食盐，且上一年品种食盐产量占其食盐总产量的60%以上。	是□ 否□	是□ 否□	是□ 否□	
多品种食盐定点生产企业生产食盐的原料盐应从食盐定点生产企业购进。	是□ 否□	是□ 否□	是□ 否□	

续 表

	相关材料是否齐全	现场核查情况是否与申请材料一致	是否符合《规范条件》要求	备注
二、技术和设备设施条件				
海盐和湖盐食盐定点生产企业应当有较高的自动化、机械化水平，采、收、运原料盐的机械化水平达到90%以上（日晒盐工艺除外）；井矿盐食盐定点生产企业应当完全采用多效真空蒸发或机械式蒸汽再压缩生产工艺。	是□ 否□	是□ 否□	是□ 否□	
从事食盐生产应有固定的自有厂房和设备设施。	是□ 否□	是□ 否□	是□ 否□	
食盐包装设备应当采用全自动的包装和箱（袋）装设备，西部少数民族自治区的食盐定点生产企业和多品种食盐定点生产企业可采用半自动的包装和箱（袋）装设备。	是□ 否□	是□ 否□	是□ 否□	
生产加碘食盐应采用自动控制加碘设备。	是□ 否□	是□ 否□	是□ 否□	
三、质量管理				
应通过 GB/T19001 或 ISO22000 或 HACCP 体系等管理体系认证。	是□ 否□	是□ 否□	是□ 否□	
应符合 GB/T19828 和 GB14881 的相关要求。	是□ 否□	是□ 否□	是□ 否□	
生产的食盐应符合 GB2721 和 GB/T5461 等相关标准。	是□ 否□	是□ 否□	是□ 否□	
所生产的食盐应有国家级盐业专业检测机构每年一次的产品质量检测报告。	是□ 否□	是□ 否□	是□ 否□	
应建立食盐电子追溯系统并有效运行。	是□ 否□	是□ 否□	是□ 否□	
四、信用和储备管理				
应建立信用信息记录、信用信息公示以及社会资本（含企业和个人）进入食盐生产、批发领域准入前信用信息公示制度等。	是□ 否□	是□ 否□	是□ 否□	

续 表

	相关材料是否齐全	现场核查情况是否与申请材料一致	是否符合《规范条件》要求	备注
未被列入食盐生产经营者“重点关注名单”和“黑名单”，未因有严重失信行为而被相关部门联合惩戒。	是□ 否□	是□ 否□	是□ 否□	
应建立企业及其负责人和高管人员相关信用信息，并纳入全国信用信息共享平台，通过盐行业信用管理与公共服务平台、“信用中国”网站或国家企业信用信息公示系统向社会公示。	是□ 否□	是□ 否□	是□ 否□	
应建立食盐社会责任储备、轮储、贮存、出库管理制度，轮储和出入库食盐有相关凭证；食盐储备量应有详细的食盐社会责任储备库存记录。	是□ 否□	是□ 否□	是□ 否□	

五、审核结论

<table>
<tr><td colspan="2">省级盐业主管部门初审意见</td></tr>
<tr><td>经对企业申请材料的初审，是否受理企业申请。</td><td>是□ 否□</td></tr>
<tr><td colspan="2">初审意见：

盖章（公章）
负责人签字：

____年___月___日</td></tr>
<tr><td colspan="2">审核专家组意见</td></tr>
<tr><td>经材料审核和现场审核，企业是否符合《规范条件》所有要求。</td><td>是□ 否□</td></tr>
<tr><td colspan="2">审核专家组意见：

审核专家组人员签名（含姓名和单位）：

____年___月___日</td></tr>
</table>

续　表

省级盐业主管部门审核结论
审核结论： 盖章（公章） 负责人签字： ____年____月____日

注：审核结论包括XX（企业）符合《规范条件》所有条件，同意颁发XX证书；或XX（企业）不符合《规范条件》相关条件，不同意颁发XX证书。

附2

食盐定点批发企业审核申请书

企业名称：________________________

（加盖公章）

注册地址：________________________

联 系 人：________________________

联系电话：____________传真：____________

电子邮件：________________________

申请日期：______年____月____日

注 意 事 项

1. 所有食盐定点批发企业在申请审核时，均需要填写本申请书。

2. 申请企业应确保所填资料真实、准确、详细，如伪造、编造虚假内容或隐瞒真实情况，所产生的一切后果均由申请企业承担。

3. 申请企业应用钢笔或黑色签字笔填写或打印本申请书，字迹应当清晰、工整，不得涂改。

4. 申请企业及其公章的名称应与市场监督管理部门预先核准或登记注册的企业名称一致，公章复印无效。

5. 申请企业须严格按照申请书要求，在所选项目对应的“□”内打“√”，并认真填写相应内容。在填写时应注意正确的计量单位。

6. 现场审核时，申请企业须提供相关报告和证明材料的原件供审核专家组核对。

7. 现场审核时，申请企业须准备20分钟的规范条件符合性自查汇报材料。

8. 现场审核时，审核专家组可视情况对申请企业批发销售的食盐品种进行现场抽样、封样，由省级盐业主管部门委托国家级盐业专业检测机构进行检测。

9. 书面申请材料一式5份，电子版文件应刻录光盘。本申请书须由企业的法定代表人或负责人签名，并加盖企业公章。

一、企业基本情况

企业名称			
食盐批发许可证编号		营业执照编号或社会信用代码	
注册地址			
法定代表人或负责人	（签字栏）	是否上市	是□ 否□
经济类型	国有□ 集体□ 民营□ 外商独资□ 中外合资□		
企业形式	有限责任□ 股份有限□ 股份合作制□ 个人独资□		
企业注册日期		注册资本	
上年度主要经济指标			
销售食盐总量（万吨）		主营业务收入（万元）	
利润（万元）		从业人员人数（人）	
批发销售的食盐商标与品种明细（可附页）			

注：企业基本情况需按照企业营业执照上的内容填写；经济指标按上年度实际情况填写。

二、企业批发场所有关情况

序号	企业办公场所详细地址	企业批发场所详细地址（含分公司名称和详细地址）	企业批发场所权属（房产证、土地证或租赁合同等）

注：本表需附企业批发场所平面布局图示。

三、《规范条件》符合性审核

	相关材料是否齐全	现场核查情况是否和申请材料一致	是否符合《规范条件》要求	备注
一、批发经营能力				
在中华人民共和国境内具有法人资格。	是□ 否□	是□ 否□	是□ 否□	
在本规范条件实施前持有食盐批发许可证。	是□ 否□	是□ 否□	是□ 否□	
能够持续正常开展批发经营活动，建立真实完整的批发销售记录并保存相关凭证。	是□ 否□	是□ 否□	是□ 否□	
省级食盐定点批发企业除在本省（自治区、直辖市）开展食盐批发销售业务外，可在其他省（自治区、直辖市）开展食盐批发销售业务；省级以下食盐定点批发企业除在本市（县）开展食盐批发销售业务外，可在本省（自治区、直辖市）其他市（县）开展食盐批发销售业务。	是□ 否□	是□ 否□	是□ 否□	
配送食盐应通过符合食品安全要求的自有运输工具或自建物流公司，或委托其他食盐定点批发企业或有物流配送资质的第三方物流企业。	是□ 否□	是□ 否□	是□ 否□	
批发经营的食盐应为本企业生产，或从其他食盐定点批发企业、食盐定点生产企业（含多品种食盐定点生产企业）购进。	是□ 否□	是□ 否□	是□ 否□	
二、设备设施条件				
企业及其自建的物流公司或委托的有资质的第三方物流企业应具备自有或租赁的场所和食盐仓储设施。	是□ 否□	是□ 否□	是□ 否□	
三、质量管理				
应符合 GB/T18770 的相关要求。	是□ 否□	是□ 否□	是□ 否□	

续　表

	相关材料是否齐全	现场核查情况是否和申请材料一致	是否符合《规范条件》要求	备注
批发的食盐应符合 GB2721 和 GB/T5461 等相关标准。	是□ 否□	是□ 否□	是□ 否□	
应建立食盐电子追溯系统并有效运行。	是□ 否□	是□ 否□	是□ 否□	
四、信用和储备管理				
应建立信用信息记录、信用信息公示以及社会资本（含企业和个人）进入食盐生产、批发领域准入前信用信息公示制度等。	是□ 否□	是□ 否□	是□ 否□	
未被列入食盐生产经营者“重点关注名单”和“黑名单”，未因有严重失信行为而被相关部门联合惩戒。	是□ 否□	是□ 否□	是□ 否□	
应建立企业及其负责人和高管人员相关信用信息，并纳入全国信用信息共享平台，通过盐行业信用管理与公共服务平台、“信用中国”网站或国家企业信用信息公示系统向社会公示。	是□ 否□	是□ 否□	是□ 否□	
应建立社会责任储备、轮储、贮存、出库管理制度，轮储和出入库食盐有相关凭证；食盐储备量应有详细的食盐社会责任储备库存记录。	是□ 否□	是□ 否□	是□ 否□	

四、审核结论

<table>
<tr><td colspan="2">省级盐业主管部门初审意见</td></tr>
<tr><td>经对企业申请材料的初审，是否受理企业申请。</td><td>是□ 否□</td></tr>
<tr><td colspan="2">初审意见：

盖章（公章）
负责人签字：

______年____月____日</td></tr>
<tr><td colspan="2">审核专家组意见</td></tr>
<tr><td>经材料审核和现场审核，企业是否符合《规范条件》所有要求。</td><td>是□ 否□</td></tr>
<tr><td colspan="2">审核专家组意见：

审核专家组人员签名（含姓名和单位）：

______年____月____日</td></tr>
</table>

续　表

省级盐业主管部门审核结论
审核结论： 盖章（公章） 负责人签字： ___年___月___日

注：审核结论包括 XX（企业）符合《规范条件》所有条件，同意颁发 XX 证书；或 XX（企业）不符合《规范条件》相关条件，不同意颁发 XX 证书。

附 3

食盐定点生产企业（含多品种食盐定点生产企业）申请审核应提交的材料清单

1.《食盐定点生产企业审核申请书》、营业执照复印件、在本规范条件实施前持有食盐定点生产企业证书复印件。

2. 由国家相关部门颁发的食盐商标注册证书复印件或相关说明材料；如食盐商标为所属集团公司授权使用，则需提供集团公司的由国家相关部门颁发的食盐商标注册证书复印件和集团公司授权使用说明材料；企业申请审核之日起的前两年会计师事务所出具的年度审计报告复印件。

3. 说明食盐定点生产企业生产食盐的原料盐有稳定的来源需提供以下材料：（1）企业自己拥有原料盐的，海盐食盐定点生产企业应提供企业自己拥有的 10 年以上的滩涂或海域使用权证书复印件，湖盐和井矿盐食盐定点生产企业应提供自己拥有的 10 年以上采矿权证书复印件；（2）原料盐采购自企业所属集团公司或集团公司控股的下属企业的，企业应提供企业所属集团公司或集团公司控股下属企业盐田资源有10年以上的相关滩涂或海域使用权或采矿权证书复印件，以及原料盐从企业所属集团公司或集团公司控股下属企业购进的合同复印件和相关凭证复印件；（3）原料盐采购自其他食盐定点生产企业的，企业应提供原料盐从其他食盐定点企业购进的合同复印件及相关凭证复印件。

4. 多品种食盐定点生产企业应提供原料盐从食盐定点生产企业购进的采购合同复印件及相关凭证复印件。

5. 食盐定点生产企业应提供其食盐生产能力不低于10万吨/年的说明材料，西部少数民族自治区和南方海盐区食盐定点生产企业应提供食盐生产能力不低于3万吨/年的说明材料。说明材料应包括食盐生产工艺流程图、主要食盐生产设备设施设计制造合同等。

6. 多品种食盐定点生产企业应提供生产的品种食盐明细及其对应的相关标准（含国标、行标和依法依规在相关机构和部门备案企业标准），申请审核前的上一年月度和年度品种食盐生产报表，报表应详细记录生产食盐的品种类型和数量，说明企业上一年品种食盐产量占其食盐总产量的60%以上。

7. 自产原料盐的海盐和湖盐食盐定点生产企业应提供食盐及其原料盐生产设备的详细清单（含设备布局图示）、工艺流程图及相关说明材料，说明企业有较高的自动化、机械化水平，说明企业采、收、运原料盐的机械化水平达到90%以上；井矿盐食盐定点生产企业应提供完全采用多效真空蒸发或机械式蒸汽再压缩生产工艺的说明材料（包括工艺流程图）。

8. 食盐定点生产企业（含多品种食盐定点生产企业）应提供企业从事食盐生产的固定的自有厂房和设备设施的说明材料，说明材料应包括企业食盐生产厂房平面布局图示、设施布局图示、设备设施采购凭证，食盐生产厂房用地的相关产权证书复印件（租赁政府规划建设的工业园区厂房的，需提供园区厂房租赁合同或相关园区政府部门出具的工业园区厂房使用证书复印件或说明材料）。

9. 食盐定点生产企业（含多品种食盐定点生产企业）应提供企业食盐包装设备采用全自动的包装和箱（袋）装设备的说明材料，说明材料应包括企业全自动食盐包装设备、箱（袋）装设备清单、设备清晰照片、设备的采购凭证复印件等；新疆、西藏、内蒙古、广西等西部少数民族自治区的食盐定点生产企业（含多品种食盐定点生产企业）如采用半自动的包装和箱（袋）装设备，应提供相关说明材料，说明材料应包括企业半自动食盐包装设备、箱（袋）装设备清单、设备清晰照片、设备的采购凭证复印件等；生产加碘食盐应提供采用自动控制加碘设备的说明材料，说明材料包括企业生产加碘食盐采用的自动控制加碘设备清单、设备的清晰照片、设备的采购凭证复印件等。

10. 食盐定点生产企业（含多品种食盐定点生产企业）应提供通过 GB/T19001 或 ISO22000 或 HACCP 管理体系认证相关证书复印件；符合 GB/T19828 和 GB14881 相关要求的说明材料；企业生产的食盐符合《食品安全国家标准食用盐》（GB2721）和《食用盐》（GB/T5461）等相关标准的说明材料，以及国家级盐业专业检测机构出具的两年内的企业食盐质量检测报告复印件。

11. 食盐定点生产企业（含多品种食盐定点生产企业）应提供企业食盐电子追溯体系建设合同复印件、项目验收报告复印件以及食盐电子追溯防伪平台系统生成的《食盐定点生产企业追溯情况报告》复印件。

12. 食盐定点生产企业（含多品种食盐定点生产企业）建立的信用信息记录、信用信息公示以及社会资本（含企业和个人）与本企业重组前信用信息公示制度复印件；企业未被列入食盐生产经营者“重点关注名单”和“黑名单”，未因有严重失信行为而被相关部门联合惩戒的说明或自我声明材料；企业配合第三方征信机构建立企业及其负责人和高管人员相关信用信息的详细情况，以及纳入全国信用信息共享平台并在盐行业信用管理与公共服务平台、“信用中国”网站或国家企业信用信息公示系统向社会公示企业及其负责人和高管人员相关信用信息的说明材料，或提供第三方信用机构盐业信用等级评价证书复印件。

13. 企业食盐社会责任储备、轮储、贮存、出库管理制度复印件，轮储和出入库食盐的相关凭证复印件；食盐社会责任储备库存详细记录材料。

附 4

食盐定点批发企业申请审核应提交的材料清单

1. 《食盐定点批发企业审核申请书》；营业执照复印件；在本规范条件实施前持有的食盐批发许可证复印件。

2. 申请证书审核之日起的前一年会计师事务所出具的年度审计报告复印件。

3. 企业开展跨区经营时向异地盐业主管部门告知规定信息内容的情况及说明材料。

4. 企业通过自有运输工具配送食盐的，应提供食品运输资质以及运输工具的详细信息，如运输工具的采购凭证复印件、行驶证复印件、资产权属证书复印件；企业自建物流公司配送食盐的，应提供自建物流公司的食品运输资质以及物流公司的营业执照复印件和配送食盐的详细记录、相关凭证复印件；企业委托其他食盐定点批发企业配送食盐的，应提供被委托企业的食品运输资质、食盐批发许可证复印件、营业执照复印件、委托合同复印件和配送食盐的详细记录、相关凭证复印件；企业委托有物流配送资质的第三方物流企业配送食盐的，应提供被委托的第三方物流企业的食品运输资质、营业执照复印件、委托合同复印件、配送食盐的详细记录和相关凭证以及《道路运输许可证》、《汽车运输许可证》等相关资质证明复印件。

5. 企业批发经营的食盐为本企业生产的食盐，应提供本企业的食盐定点生产企业证书复印件；企业批发经营的食盐为从其他食盐定点批发企业、食盐定点生产企业或多品种食盐定点生产企业购进的，应提供购进食盐的购进合同和相关凭证复印件。

6. 企业及其自建的物流公司或委托的有物流资质的第三方物流企业具备自有或租赁的场所和食盐仓储设施，应提供经营场所、食盐仓储设施的相关权属证书复印件或租赁合同复印件或相关使用权证复印件等材料。

7. 食盐定点批发企业应提供符合《食盐批发企业管理质量等级划分及技术要求》（GB/T18770）相关要求的说明材料；企业批发的食盐符合《食品安全国家标准食用盐》（GB2721）和《食用盐》（GB/T5461）等相关标准的说明材料。

8. 食盐定点批发企业应提供食盐电子追溯防伪平台系统生成的《食盐定点批发企业追溯情况报告》复印件。

9. 企业建立的信用信息记录、信用信息公示以及社会资本（含企业和个人）与本企业重组前信用信息公示制度复印件；企业未被列入食盐生产经营者"重点关注名单"和"黑名单"，未因有严重失信行为而被相关部门联合惩戒的说明或自我声明材料；企业配合第三方征信机构建立企业及其负责人和高管人员相关信用信息的详细情况，以及纳入全国信用信息共享平台并在盐行业信用管理与公共服务平台、"信用中国"网站或国家企业信用信息公示系统向社会公示企业及其负责人和高管人员相关信用信息的说明材料，或提供第三方信用机构盐业信用等级评价证书复印件。

10. 企业食盐社会责任储备、轮储、贮存、出库管理制度复印件，轮储和出入库食盐的相关凭证复印件；食盐社会责任储备库存详细记录材料。

中华人民共和国国家标准

GB/T 5461—2016

代替 GB5461—2000

食　用　盐

Edible salt

2016 - 06 - 14 发布　　　　2017 - 01 - 01 实施

中华人民共和国国家质量监督检验检疫总局
中　国　国　家　标　准　化　管　理　委　员　会　发布

前　言

本标准按照 GB/T 1. 1—2009 给出的规则起草。

本标准代替 GB 5461—2000《食用盐》及第 1 号、第 2 号修改单。与 GB 5461—2000 相比，除编辑性修改外主要技术变化如下：

——对适用范围进行了修改；

——增加了术语和定义部分；

——取消了按产品类型设定粒度的要求，增加了均匀度要求；

——取消了水溶性杂质指标，对硫酸根进行了限制；

——氯化钠、水分、水不溶物等理化指标都有一定程度的提高；

——增加了食用盐碘含量均匀度要求；

——污染物限量中增加了镉和总汞；

——增加了型式检验的要求；

——结果判定取消了白度、粒度，水溶性杂质两项不合格才判不合格的形式。

本标准由中国轻工业联合会提出。

本标准由全国盐业标准化技术委员会（SAC/TC 295）归口。

本标准起草单位：国家盐产品质量监督检验中心、江苏省盐业质量监督检测站、广东省盐业集团有限公司、山东省盐业集团有限公司、福建省盐业有限责任公司、重庆市盐业（集团）有限公司。

本标准主要起草人：赵毅、陈明、余宵英、邹建山、李丽琴。

本标准所代替标准的历次版本发布情况为：

——GB 5461—1985、GB 5461—1992、GB 5461—2000。

食　用　盐

1　范围

本标准规定丁食用盐的术语和定义、要求、试验方法、检验规则，判定规则、包装、标识、运输和贮存。

本标准适用于以海水、地下卤水、盐湖卤水、海盐、岩盐或湖盐为原料制成的食用盐。本标准不适用于低钠盐产品。本标准不适用于其他原料生产的盐产品，特别是化工、轻工等副产品盐。

2　规范性引用文件

下列文件对于本文件的应用是必不可少的。凡是注日期的引用文件，凡是注日期的引用文件，仅注日期的版本适用于本文件。凡是不注日期的引用文件，其最新版本（包括所有的修改单）适用于本文件。

GB 2760　食用盐卫生标准

GB 2760　食品安全国家标准　食品添加剂使用标准

GB 2762　食品安全国家标准　食品中污染物限量

GB/T 5009.11　食品中总砷及无机砷的测定

GB 5009.12　食品安全国家标准　食品巾铅的测定

GB/T 5009.15　食品中镉的测定

GB/T 5009.17　食品中总汞及有机汞的测定

GB/T5009.42—2003　食盐卫生标准的分析方法

GB 7718　食品安全国家标准　预包装食品标签通则

GB/T 8618—2001　制盐工业主要产品取样方法

GB/T 13025.1　制盐工业通用试验方法　粒度的测定

GB/T 130252　制盐工业通用试验方法　白度的测定

GB/T 130253—2012　制盐工业通用试验方法　水分的测定

GB/T 13025.4　制盐工业通用试验方法　水不溶物的测定

GB/T 13025.5　制盐工业通用试验方法　氯离子的测定

GB/T 13025.6　制盐工业通用试验方法　钙和镁的测定

GB/T 13025.7　制盐工业通用试验方法　碘的测定

GB/T 13025.8　制盐工业通用试验方法　硫酸根的测定

GB/T 13025.9　制盐工业通用试验方法　铅的测定

GB/T 13025.10　制盐工业通用试验方法　亚铁氰根的测定

GB/T 13025.12　制盐工业通用试验方法　钡的测定

GB/T 13025.13　制盐工业通用试验方法　砷的测定

GB 26878　食品安全国家标准　食用盐碘含量

GB 28050　食品安全国家标准　预包装食品营养标签通则

定量包装商品计量监督管理办法（国家质量监督检验检疫总局[2005]第75号令）

3　术语和定义

下列述语和定义适用于本文件。

3.1

精制盐　refined salt

以卤水或盐为原料，用真空蒸发制盐工艺、机械热压缩蒸发制盐工艺或粉碎、洗涤、干燥工艺制得的食用盐。

3.2

粉碎洗涤盐　crushed and washed salt

以海盐、湖盐或岩盐为原料，用粉碎、洗涤工艺制得的食用盐。

3.3

日晒盐　solar salt

以日晒卤水浓缩结晶工艺制得的食用盐。

4　要求

4.1　感官要求

色白，味咸，无异味，无明显与盐无关的外来异物。

4.2　理化指标

食用盐碱地理化指标见表1。

表1　理化指标

项　目		指标						
		精制盐			粉碎洗涤盐		日晒盐	
		优级	一级	二级	一级	二级	一级	二级
粒度		在下列某一范围内应不少于75g/100g。 ——大粒：2 mm ~4 mm ——中粒：0.3 mm ~2.8 mm ——小粒：0.15 mm ~0.85 mm						
白度/度	≥	80	75	67	55	55	55	45
氯化钠（以湿煤矿计）（g/100g）	≥	99.1	98.5	97.2	97.2	96.0	93.5	91.2
硫酸根（g/100g）	≤	0.40	0.60	1.00	0.60	1.00	0.80	1.10
水分（g/100g）	≤	0.30	0.50	0.80	2.00	3.20	4.80	6.40
水不溶物（g/100g）	≤	0.03	0.07	0.10	0.10	0.20	0.10	0.20

4.3 食品添加剂和营养强化剂

食品添加剂和营养强化剂的质量应符合相应的标准和有关规定。

食品添加剂和营养强化剂的品种和使用量应符合表2的规定

表2 食品添加剂和营养强化剂的品种和使用量

项目	指标
碘强化学剂[a]（以I计）（mg/kg）	按GB 26878规定执行
亚铁氰化押（以 $[Fe(CN)_6]^{4-}$ 计）/（mg/kg）	按GB 2760规定执行
[a] 未加碘食用盐碘含量应小于5 mg/kg，应在包装显著位置标注"未加碘"字样。	

4.4 污染物限量

食用盐污染限量应按GB 2762和GB 2721的规定执行。

5 试验方法

5.1 感官

取适量试样于白色洁净浅盘中，在自然光线下，观察其色泽和组织状态，并嗅其气味。用温开水漱口，品尝滋味。

5.2. 理化指标

5.2.1 粒度

按GB/T 13025.1的规定执行。

5.2.2 白度

按GB/T 13025.2的规定执行。

5.2.3 氯离子

按GB/T 13025.5的规定执行。

5.2.4 钙、镁离子

按GB/T 13025.6的规定执行。

5.2.5 硫酸根

按 GB/T 13025.8 的规定执行。

5.2.6　氯化钠

按 5.2.3、5.2.4、5.2.5 给出的各离子的含量，依据表 3 中给出的离子结合顺序，依次计算硫酸钙、硫酸镁、氯化钙、氯化镁和氯化钠含量。若以顺序号计算时，某种化合物因阴离子不存在而不能形成，即依次以下一顺序号递补进行计算，计算结果至小数点后第二位，取至第一位。

表 3　离子结合顺序

阴离子	阳离子		
	钙离子	镁离子	钠离子
硫酸根	（1）硫酸钙	（2）硫酸镁	（3）硫酸钠
氯离子	（4）氯化钙	（5）氯化镁	（6）氯化钠

5.2.7　水分

5.2.7.1　干燥失重法

按 GB/T 13025.3—2012 第 2 章的规定于 140℃ 干燥恒重后，试样的水分含量（质量分数）为干燥失重和残留结晶水之和，按式（1）计算：

$$\omega = \omega_1 + \omega_2 \times 0.0662 + \omega_2 \times 0.1497 + \omega_4 \times 0.3246 + \omega_5 \times 0.3784 \quad (1)$$

式中：

ω——试样中水分的质量分数，单位为克每百克（g/100 g）；

ω_1——试样经 140℃ 的干燥失重，单位为克每百克（g/100 g）；

ω_2——试样中硫酸钙的质量分数，单位为克每百克（g/100 g）；

ω_3——试样中硫酸镁的质量分数，单位为克每百克（g/100 g）；

ω_4——试样中氯化钙的质量分数，单位为克每百克（g/100 g）；

ω_5——试样中氯化镁的质量分数，单位为克每百克（g/100 g）；

5.2.7.2　灼烧法

按 GB/T 13025. 3—2012 第 3 章的规定用灼烧法直接测定水分含量。当水分含量大于 4. 0g/100 g 时，应用灼烧法进行测定。

5. 2. 8　水不溶物

按 GB/T 13025. 4 的规定执行。

5. 2. 9　数据检验

氯化钠、硫酸钙、硫酸镁、硫酸钠、氯化钙、氯化镁、水分、水不溶物之和在 99. 5 g/100g ~ 100. 4g/100g 之间时检验数据成立。

5. 3　食品添加剂的营养强化剂

5. 3. 1　碘强化剂

按 GB/T 13025. 7 规定执行。

5. 3. 2　亚铁氰化钾

按 GB/T 13025. 10 规定执行。

5. 4　污染物限量

5. 4. 1　铅

按 GB 5009. 12 或 GB/T 13025. 9 规定执行，以 GB 5009. 12 规定的方法为仲裁法。

5. 4. 2　总砷

按 GB/T 5009. 11 或 GB/T 13025. 13 规定执行，以 GB/T 5009. 11 规定的方法为仲裁法。

5. 4. 3　镉

按 GB/T 5009. 15 规定执行。

5. 4. 4　总汞

按 GB/T 5009. 17 规定执行。

5. 4. 5　钡

按 GB/T 13025. 12 规定执行或按 GB/T 5009. 42—2003 中 4. 6 规定并将 4. 6. 3 中称样量由 50. 00g 改为 66. 67g 后执行。

6 检测规定

产品出厂检验应符合《食品安全法》的规定，并按照以下要求执行。

6.1 组批

由同一批原料、同一生产线，按相同的加工方法生产的同一等级的、一次交付的产品构成一批。

6.2 抽样

对于构不成批量（<100kg）的食用盐产品，随机抽取800 g以上样品，混匀后平均分为两份，一份用于检测，一份作为备用样。

对于批量（≥100kg）食用盐的产品，碘强化剂项目的抽样按均匀分布，随机抽取9个份样，每个份样应不少于50 g。其他项目按GB/T 8618—2001第一篇规定执行。

6.3 出厂检验

每批产品应由生产企业质检部门检验，检验项目包括感官要求、理化指标、食品添加剂和营养强化剂。检验项目全部合格并附合格证明后方可出厂。

6.4 型式检验

产品形式检验包括本标准要求的全部项目。正常生产时，每半年应不少于一次，有下列情形之一时也应进行型式检验。

a）原料、生产工艺、生产设备、生产环境发生较大可能影响产品质量时；

b）长时间停产后恢复生产时；

c）出厂检验结果与上次型式检验有较大差异时；

d）国家食品安全监督部门提出要求时。

7　判定规则

碘强化剂项目对于批量食用盐产品，当9个份样的平均值（$\bar{\chi}$）符合GB 26878的要求，且其相对标准偏差（RSD）不大于20%时，判定为合格。平均值（$\bar{\chi}$）的计算见式（2），相对标准偏差（RSD）的计算见式（3）。

$$\bar{x} = \frac{1}{n}\sum_{i=1}^{n} x_i \quad \cdots\cdots (2)$$

$$\mathrm{RSD} = \frac{1}{\bar{x}} = \sqrt{\frac{1}{n-1}\sum_{i=1}^{n}(x_1 - \bar{x})^2} \times 100\% \quad \cdots\cdots (3)$$

式中：

n——份样数；

x_i——第i个份样碘含量值，单位为毫克每千克（mg/kg）；

$\bar{x}$——碘含量的平均值，单位为毫克每千克（mg/kg）；

RSD——均匀度，相对标准偏差。

对于构不成批量的食用盐产品，碘强化剂项目符合GB 26878要求时，则判该项目合格。否则应使用备用样进行复检，以复检结果为准。

其他项目中如有一项或一项以上指标不符合本标准规定，应使用备用样对不符合项进行复检，以复检结果为准。

检验结果全部符合本标准的规定时则判该批产品合格。否则为不合格。

8　标签、包装、运输、贮存

8.1　标签

产品标签应符合GB 7718和GB 28050的规定，小包装加碘食用盐应贴有碘盐标志。

8.2 **包装**

8.2.1 包装材料

与产品直接接触的包装材料应符合相应的食品安全国家标准和相关卫生标准的规定。

8.2.2 包装计量

包装计量应符合《定量包装商品计量监督管理办法》的规定。

8.3 **运输**

运输工具应清洁、干燥、无污染，运输途中应防雨、防潮、防暴晒，不应与能导致产品污染的货物混装。

8.4 **贮存**

存放仓库应清洁、干燥，不应与可能对产品造成污染的物品混存。防止雨淋、受潮，产品存放应隔墙离地。

附录 A

（资料性附录）

GB 2762—2002 和 GB2721—2003 对食用盐中污染物限量要求

表 A.1 GB 2762—2012 对食用盐中污染物限量要求

项 目		指 标
铅（以 Pb 计）/（mg/kg）	≤	2.0
总砷（以 As 计）/（mg/kg）	≤	0.5
镉（以 Cd 计）/（mg/kg）	≤	0.5
总汞（以 Hg 计）/（mg/kg）	≤	0.1

表 A.2 GB 2721—2003 对食用盐中污染物限量要求

项 目		指 标
钡（Ba）/（mg/kg）	≤	15

中华人民共和国国家标准

GB/T 19828—2018

食盐定点生产企业质量管理技术规范

Technology specification of quality management for edible salt authorized enterprises

2018 - 06 - 11 发布　　2019 - 01 - 01 实施

中华人民共和国国家质量监督检验检疫总局
中 国 国 家 标 准 化 管 理 委 员 会
发布

食盐定点生产企业质量管理技术规范

1 范围

本标准规定了食盐定点生产企业质量管理的术语和定义、企业基本条件、产品技术条件、管理技术条件、文件要求和评定。

本标准适用于直接从事食盐（含多品种食盐）定点生产的企业，评定食盐（含多品种食盐）定点生产企业可参照使用。

2 规范性引用文件

下列文件对于本文件的应用是必不可少的。凡是注日期的引用文件，仅所注日期的版本适用于本文件。凡是不注日期的引用文件，其最新版本（包括所有的修改单）适用于本文件。

GB/T 601 化学试剂 标准滴定溶液的制备

GB 2721 食品安全国家标准 食用盐

GB/T 5461 食用盐

GB/T 19000 质量管理体系 基础和术语

GB/T 19420 制盐工业术语

3 术语和定义

GB/T 19420 和 GB/T 19000 界定的以及下列术语和定义适用于

本文件，为了便于使用，以下重复列出了 GB/T 19420 和 GB/T 19000 中的一些术语和定义。

3.1

食［用］盐　edible salt

直接食用或用于食品加工的盐。

［改写 GB/T 19420－2003，定义 3.1.1］

3.2

食盐定点生产企业　edible salt authorized enterprises

经盐业主管机构认定的生产食盐的企业。

3.3

质量　quality

客体的一组固有特性满足要求的程度。

［GB/T 19000－2016，定义 3.6.2］

3.4

管理　management

指挥和控制组织的协调活动。

［GB/T 19000－2016，定义 3.3.3］

3.5

管理体系　management system

组织建立方针和目标以及实现这些目标的过程的相互关联或相互作用的一组要素。

［GB/T 19000－2016，定义 3.5.3］

3.6

质量管理体系　qualitymanagement system

管理体系中关于质量的部分。

［GB/T 19000－2016，定义 3.5.4］

3.7

质量方针 quality policy

关于质量的方针。

[GB/T 19000－2016，定义3.5.9]

3.8

质量目标 quality objective

关于质量的目标。

[GB/T 19000－2016，定义3.7.2]

3.9

最高管理者 top management

在最高层指挥和控制组织的一个人或一组人。

[GB/T 19000－2016，定义3.1.1]

3.10

食盐安全 salt safety

食盐在按照预期用途进行制备和（或）食用时不会对消费者造成伤害的概念。

4 企业基本条件

4.1 应符合食盐定点生产企业准入相关基本要求。

4.2 遵守国家有关食品质量安全、盐业法律法规。

4.3 建立健全食盐质量管理体系。

4.4 建立HACCP体系或食品安全管理体系。

4.5 建立完善食盐质量安全信息追溯体系并有效运行。

5 产品技术条件

食盐产品应符合 GB 2721、GB/T 5461 或其他产品标准要求。

6 管理技术条件

6.1 企业运行环境监控

企业应确定与其目标和战略方向相关的、影响实现质量安全管理预期结果的能力的各种内、外部因素，并对相关信息进行监视和评审。

企业应确定、实施应对风险和机遇的措施，并评价措施的有效性。

企业应通过创造环境氛围，增强员工自身对本企业产品的责任感。

6.2 质量方针和质量目标

最高管理者应组织制定、实施和保持质量方针，并有承诺文件。

有年度质量目标，分解到相关职能、层次，并可测量。

各级人员能够理解质量方针。

6.3 组织机构

由最高管理者组织质量管理机构开展工作，且独立于生产部门。

质量管理机构的质量管理、食盐安全管理、食盐安全专业技术人员配备满足质量工作的需要。

分厂或车间配备满足工作需要的质量管理人员。

6.4 职责与权限

最高管理者应明确相关部门、人员的质量职责和权限。

最高管理者负责组织、协调各项质量管理活动，并明确质量职责。

企业质量管理机构应：

a）提出企业质量管理工作计划；

b）按工作计划收集、整理、分析各种质量、食盐安全数据资料，并提出改进措施；

c）组织协调各车间、科、室的质量、食盐安全的管理活动；

d）有序开展改进质量和食盐安全活动，确保质量管理体系有效运行。

6.5　质量检验

检验机构及检验人员

有独立行使职权的检验机构，职责权限明确，履行检验、判定、统计和报告职能。

检验人员数量和业务水平应满足生产需要，检验人员应经培训取得上岗证，持证率大于或等于80%。生产线及出入厂检验应设检验员。

检验机构有供操作的标准（产品标准、内控标准、包装物标准、原辅料标准 、检验方法标准）及规程，明示的企业标准、团体标准应符合国家标准、行业标准的要求，并经当地食品安全标准主管部门备案或在主管部门规定的平台公开申明。

检验手段及检验工作制度

应配备产品检验所需的仪器设备，数量满足要求，精度符合规定，属于计量仪器设备有周期检定或校准计划和记录，有检定或校准状态标识且有效。

试剂、实验室用水应满足检验方法标准规定，供货单位具有相应资质和证明。

有产品采样程序及防止采样污染产品的措施。

有检验室管理制度，内容应包括样品管理、检验程序、仪器设备管理、环境、安全、卫生及资料等。

有制度执行记录。

检验记录和档案

检验中所用标准溶液配制、标定记录应符合 GB/T 601 中的要求。

各类生产原辅材料、半成品及成品应按规定检验并有记录。

有 2 年以上检验原始记录，并出具符合规定的检验报告，按标准进行判定，结论表述正确。

有 2 年以上仪器设备使用记录。

有 2 年以上主要生产原辅材料、半成品和成品的质量报表和统计资料。

检验记录和档案材料应规范、整洁，便于存取。

检验环境条件

检验室应与生产车间分隔，布局合理，具备用电、供水、通风、采光条件，墙面、地面清洁卫生，不受周围环境影响。

废气、废水排放和废渣处置应符合要求。

6.6　生产设备

制盐主要设备及其他与盐接触的设备、设施、计量包装机应采用耐腐蚀、防污染、无毒、无害的材质制成。

有设备管理相应机构、有人员落实。

有设备管理、维修和保养制度，有设备完好标准，有设备、工具、容器操作规范，并进行适当标识和定期维护、保养，保持清洁卫生。压力容器和专用设备的使用和维护应落实到人，操作人员有相应培训合格证书。

在清洁区内使用的设备润滑剂应为食品级。有设备润滑油的使用方法，有防止泄漏、避免产品污染的相应管理措施并实施。

应有主要生产设备状况卡，记录清晰、完整。

设备完好率应大于或等于95%。

应合理存放停用设备，保养良好，并记录在册。

用于监测、控制、记录的设备，如压力表、温度计、记录仪、测量软件等，应定期检定、校准、维护。企业实施内部校准的人员，应经过相关计量知识、校准技能等必要的培训、考核并持证或经授权。

设备改造、设备变更应有相应程序并实施，保留相应的记录。

6.7　环境及卫生管理

有文明生产卫生管理制度，实行岗位责任制，有执行记录。

厂区周边无污染源，厂区布局合理、整体环境美化，标识明显，整洁、卫生，无杂草杂物，有适当的绿化。工厂生产区道路硬化，道路畅通，车辆出入方便，生产区内不得饲养家禽、家畜。厂区空地应采取硬化和绿化等方式，正常天气下无扬尘与积水。道路和运输不应造成食盐污染。

厂房和车间的设计应根据生产工艺合理布局，预防和降低食盐受污染的风险。厂房和车间的内部设计和布局应满足食品卫生操作要求，避免食盐生产中发生交叉污染。

厂房和车间应合理划分清洁区（成品包装、封装车间等）、准清洁区（配料、混料、缓冲区、内包材存放区等）和一般作业区，各区域应有效分隔，并有不同的控制要求。

清洁区应满足下列要求：

a）墙面、隔断应使用无毒、无味的防渗透材料建造，在操作高度范围内的墙壁应光滑、不易积累污垢且易于清洁；若使用涂料，应无毒无味、防霉、不易脱落、易于清洁；

b）墙壁、隔断和地面交界处应结构合理、易于清洁，能有效避免污垢积存；

c）地面应使用无毒无味、不渗透、耐腐蚀材料建造。地面结构有利于排污和清洁；

d）地面应平坦防滑、无裂缝、无积水；

e）与外界相通的门窗等开口部位应栓锁，有管理规定；

f）地板、墙、天花板等构造物、空调应保持良好状态，防止对产品生产造成污染。

应建立并实施作业区人员卫生管理制度，进入作业区员工不应配戴饰物、手表，不应化妆、染指甲、喷香水；不得携带或存放与食盐卫生无关的个人物品。

生产现场无与生产无关物品，除清洁消毒必需和工艺需要，不应在生产场所使用和存放可能污染食盐的化学制剂。生产车间或生产场地应当清洁卫生，现场无跑、冒、滴、漏现象，无粉尘、烟尘污染。

生产过程中产生的各种废弃物应合理置放，按照有关规定及时处置。

作业现场的工作人员应统一着装，有工作服饰统一清洗、消毒和穿戴程序规定。所用器具、护具卫生、洁净。

清洁、消毒药剂的信息、使用记录和保管的管理状况良好，有药剂的 MSDS（化学品安全技术说明书），按规定进行管理，防止非预期使用。

包装机不应破损、污损和生锈，定期清扫，有防止异物混入的措施；压缩空气装置设置过滤器除去污染物质。

应按照规定的频率对各个区域、设备进行清扫、清洁；对清扫工具进行管理与保管，以防止对产品、生产设备造成污染，应保持 5S① 的良好环境。

---

① 5S：即“清扫（seiso）、清洁（seikeetsu）、整理（seiri）、整顿（seiton）、素养（shitsuke）”。

应具有与食盐生产相适应的消毒、更衣、盥洗、采光、照明、通风、防腐、防尘、防蝇、防鼠、防虫、洗涤卫生设备或设施：

a）消毒设施。食盐包装车间入口处应设置独立洗手、消毒设施，每10～15人设置一套，水龙头采用非手动开关，配备供洗手用清洁消毒液；

b）更衣设施。企业在食盐生产清洁区处应设置更衣间，入口处应设置风淋；

c）生产厂区内的卫生间应设置为水冲式，不得与食盐成品生产加工或贮存等区域直接相通，以防止交叉污染；

d）采光照明设施。厂房内应有充足的自然采光或人工照明，所有照明不应改变食盐真实颜色；暴露在食盐和原料上方的照明设施应有防护设施；

e）通风设施。成品盐生产加工、包装车间和库房内有通风设施；

f）防腐。清洁区设施应采用耐腐蚀材料，其他区域的设施应进行防腐处理；

g）防尘设施。成品盐包装加工车间和库房应安装除尘、除湿装置，保持室内干净、干燥；

h）防蝇设施。在成品盐生产加工、盐品输送、包装清洁区应有防蝇的设施；

i）防虫、防鼠设施。在清洁区、库房入口处应安装风幕等防飞虫吹淋装置。车间下水道出口处及地漏处应安装防虫、鼠的栅、网，清洁区不设地漏；

j）清洗设施。生产车间应配备相适应的清洗设施，避免二次污染食盐。

6.8　生产过程质量安全控制

有生产过程的工艺纪律、检查规定，按规定执行，并有记录。

生产现场各工序人员应按工艺规程操作控制。应通过危害分析方法明确生产过程中的食品安全关键点，并设立食品安全关键点的控制措施。在关键点所在区域，应配备相关的文件以落实控制措施，如配料（投料）表、岗位操作规程等。

关键工序有质量安全保证措施，运行记录应及时、真实、规范。

食盐生产中使用的食品添加剂应符合相关国家法律法规和标准规定。不得将任何非食用物质添加到食盐中。

食品添加剂应经验收合格后方可投入生产。应如实记录食品添加剂的名称、规格、数量、生产日期或者生产批号、保质期、进货日期，以及供货者名称、地址、联系方式等内容，并保存相关凭证。

食品添加剂的添加应有专人管理，并保持受控，有记录。

生产过程中使用的原辅材料应是合格品。生产用水应无毒害、无污染，定期检测，保留检测结果。不得使用工业废水生产食盐。

进入成品盐生产、加工车间的原辅材料外包装应净化，净化程序应包括外包装清洁、拆包、传送。再次使用的吨袋应保持清洁，妥善保管，整理有序，并规定检查标准。

当用电梯传送物料、物件时，电梯应设在非清洁区，输送人员、物料的电梯应分开设置。当电梯设在清洁区时电梯前应设置缓冲室。

进出清洁区的物流与人流应使用不同的通道和出入口，并应单向输送，不得交叉。

追溯系统应完善有效，以确保能够识别产品批次及其与原料批次、生产和交付记录的关系。

影响食盐安全的关键环节有防止异物进入食盐和人为破坏食盐安全的控制措施并有效运行，保存检查记录。

6.9　**物料采购管理**

主要采购物料列有明细表、采购计划和质量安全要求。

有合格供货单位质量安全保证能力的评价及证明资料。

有采购物料的管理制度，应确保所使用的食盐原辅材料、食品添加剂和食盐相关产品符合国家有关标准要求，应当查验供货者提供的生产许可证和产品合格证明文件。

经验收不合格的物料应有标识并隔离、处理，保存处理记录。

用于生产食盐的原料海水水质应符合国家有关标准要求。

原料盐基地应满足以下要求：

a）有供生产食盐的原料盐基地并以文件规定，有区位图、用铭牌标识。多品种盐企业应有稳定、合法的原料盐供货渠道；

b）有原料盐质量安全控制指标；

c）每批原料盐应有检验报告，符合要求方可使用。

6.10 产品包装、贮存和运输

产品包装及标识

食盐包装应能在正常的贮存、运输、销售条件下保护食盐的安全性和食盐品质，标识清楚，计量符合规定。使用包装材料时应核对标识，避免误用；应如实记录包装材料的使用情况。

预包装食盐产品的标识应符合相关标准规定。

包装材料应在不被污染的状态下保管。

现场应有产品检验状态标识。

食盐产品包装应有追溯标识，便于质量问题追溯。

贮存和运输

包材仓库（包括集装袋仓库）和食盐成品库房应保持5S环境，遮蔽性良好，不用时上锁；有适宜的防虫、防鸟、防鼠措施。

应建立食盐输送、贮存、出入库制度，保持各环节的5 S环境，防止食盐污染。入库食盐产品应有入库凭单，贮于干燥、通风处，隔墙离地，分区贮存，库内应保持干燥、清洁。

应建立食盐、食品添加剂及原辅材料的贮存和出入库管理制度，保管人员职责明确，检验状态标识清楚。列入危险化学品名录的食品添加剂应实行“双人双锁”管理。

食盐数量应定期核查，确保帐、卡、物信息相符；保存破损、污损产品的确认记录。

食盐运输工具应清洁卫生，确保运输中不受污染。不得将食盐与有毒、有害、有异味物品一同贮存、运输。

6.11 **销售服务**

食盐销售有专职机构，销售部门有销售服务职责、制度和销售计划。

销售部门应建立用户档案，及时处理用户意见。

6.12 **不合格品控制**

不合格品有明显标识，隔离措施有效。

不合格品的返工、处理有制度、有程序、有记录。

对不合格品应进行统计分析，有防止再发生的措施。

6.13 **召回**

应制定召回程序，明确召回的机构、人员和处置规定。

当食盐产品在本企业控制之外且被确定为不安全产品时，企业应通知相关方并采取召回措施。

应如实记录召回的产品名称、批次、规格、数量、来源、召回的原因、召回情况、召回范围、处置结果、后续整改措施、风险和危害的控制等，保存相关记录。

6.14 **人员**

从事影响食盐质量工作的人员应有相应的任职要求。

直接接触食盐生产的工作人员应持健康证上岗。

特殊工种人员应持证上岗。

企业有中、近期质量教育、培训计划。

对从事质量工作人员，应定期开展质量教育、食盐安全卫生培训，并有记录。

新（或转岗）工作人员应进行岗前质量安全卫生培训。

企业负责人应了解生产者的产品质量责任和义务，食品安全法规、标准，以及产品知识和行业政策，了解质量管理体系、食盐安全管理体系运行情况。

管理人员应了解质量管理体系运行情况，具有一定的质量管理知识、食盐安全知识及相关的食盐生产知识。

技术人员应掌握食盐生产专业技术知识和食盐质量安全知识，专业技术人员应占职工总数的10%以上。

质量、计量管理人员应正确使用仪器，正确领会有关业务范围内标准、工艺要领。

岗位作业人员应正确使用工具、设备，熟悉本岗位工艺文件，熟悉食盐质量关键控制点要求。

6.15　安全与环保

有安全生产、环境保护管理机构和管理人员，有各岗位职责。

有安全生产管理制度、安全生产操作规程和安全生产事故应急预案，有执行记录。

应对生产现场进行风险识别并有安全生产防护措施。

有“三废”排放合格证明材料。

7　文件要求

7.1　文件

食盐质量安全管理文件、技术文件满足生产需要。

应建立文件管理制度，有文件编制、更改、审批、发放、回收规定，保证在使用处有适用文件的有效版本。

有相关的法律、法规、标准并控制其分发。

7.2　**记录**

建立并保留所需的记录，应规定记录的标识、维护、保存期限和处置要求。

8　评定

应按照管理技术规范合格评定标准对食盐（含多品种食盐）定点生产企业进行评定，具体见附录A。

附 录 A
（规范性附录）
管理技术规范合格评定标准

A.1　**评定依据**

第6章和第7章共107条款的要求作为评定依据。

A.2　**评定级别**

A.2.1　管理技术规范评定标准分为符合、基本符合、不符合三个级别。

A.2.2　6.5.1.1，6.5.1.2，6.5.2.1，6.6.1，6.6.8，6.8.4，6.8.6，6.9.6a)，6.12.2，6.13.2，6.15.3为必备要素，其中有一条要素出现不符合，视为评定不合格。

A.2.3　按技术规范评定，符合率大于或等于80%判定评定合格。

A.2.4　计算符合率时2个基本符合条折算为1个不符合条。

A.3　**符合率计算**

符合率按公式A.1计算：

$$C = \frac{T - I}{T} \times 100\% \quad \cdots\cdots \quad (A.1)$$

式中：

C——符合率；

T——总条数；

I——不符合条数。

A.4　评定

应按表 A.1 进行。

表 A.1　管理技术规范合格评定标准

条款项	评定级别		
	符合	基本符合	不符合
6 管理技术条件			
6.1 企业运行环境监控			
6.1.1	准确识别并确定了内外部因素，进行有效的监视评审	识别并确定了内外部因素，监视评审基本有效	未识别或未评审

表 A.1（续）

条款项	评定级别		
	符合	基本符合	不符合
6.1.2	充分识别并确定风险与机遇，且措施有效	确定风险与机遇，措施基本有效	未识别或措施无效
6.1.3	氛围良好，有完善的激励机制，员工有较强的责任感	氛围较好，有激励机制，员工有一定的责任感	无激励机制，员工缺乏责任感
6.2 质量方针和质量目标			
6.2.1	有质量方针及承诺文件	有质量方针，无承诺文件	无质量方针
6.2.2	有质量目标，已分解，有考核	有质量目标，未分解或未考核	无质量目标

续　表

条款项	评定级别		
	符合	基本符合	不符合
6.2.3	现场抽查考核，回答满意	抽查回答基本满意	不清楚质量方针
6.3 组织机构			
6.3.1	有独立机构，有效开展工作	有独立机构，能开展工作	无独立机构或未开展工作
6.3.2	人员落实，满足需要	基本满足需要	不满足需要
6.3.3	人员落实，满足需要	人员落实，基本满足需要	不满足需要
6.4 职责与权限			
6.4.1	职责、权限明确	职责、权限基本明确	职责、权限不明确
6.4.2	人员明确，正常开展工作	人员明确，未正常开展工作	人员未明确，未开展工作
6.4.3	满足4项要求	满足3项要求	不足3项
6.5 质量检验			
6.5.1 检验机构及检验人员			
6.5.1.1	有检验机构，职责、权限明确	—	有机构，职责、权限不明确
6.5.1.2	人员明确，持证率大于等于80%	—	持证率小于80%或持证上岗不足2人
6.5.1.3	各类标准、规程齐全	标准、规程基本齐全	缺主要产品及检测方法标准
6.5.2 检验手段及检验工作制度			
6.5.2.1	配备率、完好率、周检率100%		三率未达标，缺主要仪器设备
6.5.2.2	满足要求		试剂或供货单位不符合相关要求
6.5.2.3	有完善的程序和措施，且有效	有程序，措施基本有效	无程序或措施无效
6.5.2.4	有管理制度，内容齐全，工作人员熟悉	有制度，内容齐全，人员基本熟悉	制度不全，人员不熟悉

续 表

条款项	评定级别		
	符合	基本符合	不符合
6.5.2.5	执行记录完整、规范	记录基本完整	记录不完整
6.5.3 检验记录和档案			

表 A.1（续）

条款项	评定级别		
	符合	基本符合	不符合
6.5.3.1	记录完整、规范	记录基本完整	记录不完整
6.5.3.2	按规定检验，记录完整、规范	按规定检验，记录基本齐全	未按规定检验或记录不全
6.5.3.3	记录齐全、规范，报告符合要求	记录齐全，内容欠规范	记录不全
6.5.3.4	记录齐全、规范	记录齐全，内容欠规范	记录不全
6.5.3.5	报表、资料齐全	报表、资料不齐全	报表少于50%
6.5.3.6	记录和档案管理规范	记录和档案不规范	关键记录和档案不全
6.5.4 检验环境条件			
6.5.4.1	独立设置，布局合理，检验环境符合要求	独立设置，布局不够合理，检验环境符合要求	不适应检验工作
6.5.4.2	符合要求		不符合要求
6.6 生产设备			
6.6.1	符合规定要求		设备材质不符合要求
6.6.2	有机构，有人员，职责明确	有机构，有人员，职责不够明确	机构、人员未落实
6.6.3	符合规定要求	基本符合要求	设备管理状况差或无证书
6.6.4	有方法，措施有效	有方法，措施欠佳	无方法、无措施
6.6.5	有状况卡，清晰完整	有状况卡	无状况卡
6.6.6	完好率大于或等于95%		完好率小于95%

续　表

条款项	评定级别		
	符合	基本符合	不符合
6.6.7	存放、保养良好，有记录	存放、保养欠缺	未保养管理
6.6.8	有周检校准计划并实施，有证书		实施不完善，无证书
6.6.9	有程序，实施有效，记录完整	有程序并实施，记录不完整	无程序，无记录
6.7 环境及卫生管理			
6.7.1	有制度，有记录	有制度，记录不完整	无制度或无记录
6.7.2	厂区环境符合要求	环境基本符合要求	未达到要求
6.7.3	布局合理，满足要求，无发生污染的风险	布局基本合理，满足要求，无发生污染的风险	布局不合理，有污染的风险或发生污染
6.7.4	三区分离，并有效管控	三区分离	未分离
6.7.5	符合全部要求	a)、b)、c) 项符合要求； d)、e)、f) 中有一项不符合	a)、b)、c) 有一项不符合，或 d)、e)、f) 中有 2 项不符合
6.7.6	制度完善，符合要求		制度不完善或实施不符合要求
6.7.7	现场整洁，没有与生产无关物品	现场较整洁	现场不整洁，或有与生产无关物品

表 A.1（续）

条款项	评定级别		
	符合	基本符合	不符合
6.7.8	放置合理，处置符合规定	放置基本合理	处置不符合规定
6.7.9	有规定，符合要求	有规定，落实不到位	无规定或未落实
6.7.10	管理状况良好，有 MSDS	管理状况较好	管理状况差或无 MSDS

续 表

条款项	评定级别		
	符合	基本符合	不符合
6.7.11	包装装置保养、维护良好，措施有效	包装装置保养、维护较好，措施有效	未保养或措施不到位
6.7.12	三区按5S管理，保持洁净	仅清洁区管理较好	三区未实施5S管理或有污染产品的隐患
6.7.13	10项配置完善、措施有效	配置齐全，措施基本有效	配备齐全，有3项（含）以上措施失效
6.8 生产过程质量安全控制			
6.8.1	有工艺纪律、检查规定，有执行记录	有工艺纪律，执行不严格	有工艺纪律，未执行
6.8.2	操作、记录符合规定；充分识别关键环节，措施有效	操作符合规定；充分识别关键环节，措施有效，记录不完整	操作不符合规定，或关键环节识别不全
6.8.3	措施有效，记录完整规范	措施有效，记录不完整	无措施或措施无效
6.8.4	添加物符合规定		添加物不符合规定
6.8.5	证明材料齐全，验收记录详细完整	证明材料不全，验收记录不完整	无证明材料或未验收投用
6.8.6	专人管理，有记录		无专人或无记录
6.8.7	有合格检验报告，用水符合规定	原材料合格，检验报告不全	原材料不合格，或用水不符合规定
6.8.8	有程序，按程序操作，保持清洁	有程序，能够保持清洁	无程序，或不清洁
6.8.9	设施符合要求		设施不符合要求
6.8.10	符合规定		不符合规定
6.8.11	有完善的追溯性系统	追溯信息不完整	无法追溯
6.8.12	有措施，措施有效，记录完整	措施有效，记录不完整	无措施或措施无效
6.9 物料采购管理			
6.9.1	符合要求	明细表和计划不齐全	无计划和明细表

续　表

条款项	评定级别		
	符合	基本符合	不符合
6.9.2	评价资料完整	评价资料不全	无评价证明资料
6.9.3	有制度，并实施有效	制度不健全	无制度
6.9.4	有标识，有隔离，有处理	标识或隔离不清	无标识或无隔离

表 A.1（续）

条款项	评定级别		
	符合	基本符合	不符合
6.9.5	符合规定		不符合规定
6.9.6a)	有基地、区位图、标识或稳定合法供货渠道	有基地，区位图、标识欠缺	无基地或无稳定合法的供货渠道
6.9.6b)	有控制指标		无控制指标
6.9.6c)	原料盐质量合格		原料盐质量不合格
6.10 产品包装、储存和运输			
6.10.1 产品包装及标识			
6.10.1.1	包装牢固，标识清楚，计量合格；记录完整	标识不清晰，记录不规范	计量不合格或无标识或无记录
6.10.1.2	符合规定		不符合规定
6.10.1.3	保管有效		有污染
6.10.1.4	检验状态标识规范、准确	标识不够规范	无检验状态标识，或标识不准确
6.10.1.5	有标识，可追溯		无法追溯
6.10.2 贮存和运输			
6.10.2.1	管理状态良好，防护措施有效	管理存在差距	不符合要求
6.10.2.2	有制度，入库手续齐备，存放符合要求	有制度，入库手续或存放条件欠缺	无制度或存放不符合要求
6.10.2.3	有制度，职责明确，实施有效	有制度，职责明确，记录不规范	无制度或无记录

续　表

条款项	评定级别		
	符合	基本符合	不符合
6.10.2.4	定期核查，记录完整	未按规定核查，记录不完整	没有核查或无记录
6.10.2.5	运输工具清洁、卫生，无混放		运输工具不清洁或混放
6.11 销售服务			
6.11.1	有机构、有职责、有计划	有机构、有计划、职责不明	有机构、无职责、无计划
6.11.2	有用户档案，信息完整，及时处理用户意见，无重大客户投诉	有用户档案，信息不完整，及时处理意见	用户档案不规范或未处理用户意见，或有重大客户投诉
6.12 不合格品控制			
6.12.1	标志明显，隔离有效	标志、隔离基本可行	无标志，未隔离
6.12.2	有制度，有程序，有记录		无制度，无程序，无记录
6.12.3	有统计分析，有措施	有统计分析	未统计分析，无措施
6.13 召回			
6.13.1	有程序，规定完善	有程序，规定不完善	无程序

表 A.1（续）

条款项	评定级别		
	符合	基本符合	不符合
6.13.2	按规定召回		未及时召回
6.13.3	记录、凭证完整，整改措施有效	记录不完整	无记录或整改措施无效
6.14 人员			
6.14.1	任职要求明确	任职要求不够明确	无任职要求
6.14.2	持证上岗		无健康证
6.14.3	持证上岗		无培训证书

续　表

条款项	评定级别		
	符合	基本符合	不符合
6.14.4	有中、近期培训计划并落实	计划未完全落实	计划未落实
6.14.5	按计划开展培训教育，并有记录	开展培训教育，但不系统	未开展培训教育
6.14.6	进行岗前培训		未进行岗前培训
6.14.7	了解情况	基本明白	不清楚
6.14.8	了解情况	基本明白	不清楚
6.14.9	熟悉业务，技术人员比例达标	熟悉业务，比例不达标	不了解业务
6.14.10	达到要求	基本达到要求	掌握较差
6.14.11	达到要求	基本达到要求	掌握较差
6.15 安全与环保			
6.15.1	机构、人员落实，职责明确	有机构、人员，但职责不明确	无机构、人员或无职责
6.15.2	制度、规程、预案合理，执行严格	建立制度、规程、预案，执行或记录不规范	无制度、无规程、无预案或无执行记录
6.15.3	风险识别充分，防护措施有效		无防护措施
6.15.4	有证明材料		无证明材料
7 文件要求			
7.1 文件			
7.1.1	文件完整、清晰正确、统一、规范	文件基本完整、正确、统一	文件欠缺，不统一
7.1.2	制度规定合理，实行有效，有记录	制度规定合理，基本落实	制度不健全，措施不落实
7.1.3	相关法律、法规齐全，管理规范	文件基本齐全，管理欠规范	文件不齐全，管理零乱
7.2 记录			
7.2	记录齐全，管理符合规定	记录管理基本达到要求	记录不全，规定不细

中华人民共和国国家标准

GB 26878—2011

食品安全国家标准
食用盐碘含量

2011－09－15 发布　　　　2012－03－15 实施

中华人民共和国卫生部　发布

食品安全国家标准
食用盐碘含量

1　范围

本标准适用于强化碘的食用盐。

2　术语和定义

下列术语和定义适用于本标准。

2.1　**食用盐**

用于食用的晶体氯化钠。

2.2　**食用盐中碘强化剂**

在食用盐中加入的食品营养强化剂，包括碘酸钾、碘化钾和海藻碘。根据《食盐加碘消除碘缺乏危害管理条例》（中华人民共和国国务院令第 163 号）第二章第八条的规定，应主要使用碘酸钾。

3　食用盐中的碘含量

3.1　在食用盐中加入碘强化剂后，食用盐产品（碘盐）中碘含量的平均水平（以碘元素计）为 20 mg/kg ～30mg/kg。

3.2 食用盐碘含量的允许波动范围为3.1中规定的食用盐碘含量平均水平±30%。

3.3 各省、自治区、直辖市人民政府卫生行政部门在3.1规定的范围内，根据当地人群实际碘营养水平，按照表1选择适合本地情况的食用盐碘含量平均水平。

表1 食用盐碘含量

序号	所选择的加碘水平 mg/kg	允许碘含量的波动范围 mg/kg
1	20	14~26
2	25	18~33
3	30	21~39

中华人民共和国国家标准

GB 14881—2013

食品安全国家标准
食品生产通用卫生规范

2013-05-24 发布　　2014-06-01 实施

中华人民共和国　发布

国家卫生和计划生育委员会

前　言

本标准代替 GB 14881－1994《食品企业通用卫生规范》。

本标准与 GB 14881－1994 相比，主要变化如下：

——修改了标准名称；

——修改了标准结构；

——增加了术语和定义；

——强调了对原料、加工、产品贮存和运输等食品生产全过程的食品安全控制要求，并制定了控制生物、化学、物理污染的主要措施；

——修改了生产设备有关内容，从防止生物、化学、物理污染的角度对生产设备布局、材质和设计提出了要求；

——增加了原料采购、验收、运输和贮存的相关要求；

——增加了产品追溯与召回的具体要求；

——增加了记录和文件的管理要求。

——增加了附录 A“食品加工环境微生物监控程序指南”。

食品安全国家标准
食品生产通用卫生规范

1　范围

本标准规定了食品生产过程中原料采购、加工、包装、贮存和运输等环节的场所、设施、人员的基本要求和管理准则。

本标准适用于各类食品的生产，如确有必要制定某类食品生产的专项卫生规范，应当以本标准作为基础。

2　术语和定义

2.1　污染

在食品生产过程中发生的生物、化学、物理污染因素传入的过程。

2.2　虫害

由昆虫、鸟类、啮齿类动物等生物（包括苍蝇、蟑螂、麻雀、老鼠等）造成的不良影响。

2.3　食品加工人员

直接接触包装或未包装的食品、食品设备和器具、食品接触面的操作人员。

2.4　接触表面

设备、工器具、人体等可被接触到的表面。

2.5 分离

通过在物品、设施、区域之间留有一定空间，而非通过设置物理阻断的方式进行隔离。

2.6 分隔

通过设置物理阻断如墙壁、卫生屏障、遮罩或独立房间等进行隔离。

2.7 食品加工场所

用于食品加工处理的建筑物和场地，以及按照相同方式管理的其他建筑物、场地和周围环境等。

2.8 监控

按照预设的方式和参数进行观察或测定，以评估控制环节是否处于受控状态。

2.9 工作服

根据不同生产区域的要求，为降低食品加工人员对食品的污染风险而配备的专用服装。

3 选址及厂区环境

3.1 选址

3.1.1 厂区不应选择对食品有显著污染的区域。如某地对食品安全和食品宜食用性存在明显的不利影响，且无法通过采取措施加以改善，应避免在该地址建厂。

3.1.2 厂区不应选择有害废弃物以及粉尘、有害气体、放射性物质和其他扩散性污染源不能有效清除的地址。

3.1.3 厂区不宜择易发生洪涝灾害的地区，难以避开时应设计必要的防范措施。

3.1.4 厂区周围不宜有虫害大量孳生的潜在场所，难以避开时应设计必要的防范措施。

3.2 **厂区环境**

3.2.1 应考虑环境给食品生产带来的潜在污染风险，并采取适当的措施将其降至最低水平。

3.2.2 厂区应合理布局，各功能区域划分明显，并有适当的分离或分隔措施，防止交叉污染。

3.2.3 厂区内的道路应铺设混凝土、沥青、或者其他硬质材料；空地应采取必要措施，如铺设水泥、地砖或铺设草坪等方式，保持环境清洁，防止正常天气下扬尘和积水等现象的发生。

3.2.4 厂区绿化应与生产车间保持适当距离，植被应定期维护，以防止虫害的孳生。

3.2.5 厂区应有适当的排水系统。

3.2.6 宿舍、食堂、职工娱乐设施等生活区应与生产区保持适当距离或分隔。

4 厂房和车间

4.1 **设计和布局**

4.1.1 厂房和车间的内部设计和布局应满足食品卫生操作要求，避免食品生产中发生交叉污染。

4.1.2 厂房和车间的设计应根据生产工艺合理布局，预防和降低产品受污染的风险。

4.1.3 厂房和车间应根据产品特点、生产工艺、生产特性以及生产过程对清洁程度的要求合理划分作业区，并采取有效分离或分隔。如：通常可划分为清洁作业区、准清洁作业区和一般作业区；

或清洁作业区和一般作业区等。一般作业区应与其他作业区域分隔。

4.1.4 厂房内设置的检验室应与生产区域分隔。

4.1.5 厂房的面积和空间应与生产能力相适应，便于设备安置、清洁消毒、物料存储及人员操作。

4.2 **建筑内部结构与材料**

4.2.1 内部结构

建筑内部结构应易于维护、清洁或消毒。应采用适当的耐用材料建造。

4.2.2 顶棚

4.2.2.1 顶棚应使用无毒、无味、与生产需求相适应、易于观察清洁状况的材料建造；若直接在屋顶内层喷涂涂料作为顶棚，应使用无毒、无味、防霉、不易脱落、易于清洁的涂料。

4.2.2.2 顶棚应易于清洁、消毒，在结构上不利于冷凝水垂直滴下，防止虫害和霉菌孳生。

4.2.2.3 蒸汽、水、电等配件管路应避免设置于暴露食品的上方；如确需设置，应有能防止灰尘散落及水滴掉落的装置或措施。

4.2.3 墙壁

4.2.3.1 墙面、隔断应使用无毒、无味的防渗透材料建造，在操作高度范围内的墙面应光滑、不易积累污垢且易于清洁；若使用涂料，应无毒、无味、防霉、不易脱落、易于清洁。

4.2.3.2 墙壁、隔断和地面交界处应结构合理、易于清洁，能有效避免污垢积存。例如设置漫弯形交界面等。

4.2.4 门窗

4.2.4.1 门窗应闭合严密。门的表面应平滑、防吸附、不渗透，并易于清洁、消毒。应使用不透水、坚固、不变形的材料制成。

4.2.4.2 清洁作业区和准清洁作业区与其他区域之间的门应能及时关闭。

4.2.4.3 窗户玻璃应使用不易碎材料。若使用普通玻璃，应采取必要的措施防止玻璃破碎后对原料、包装材料及食品造成污染。

4.2.4.4 窗户如设置窗台，其结构应能避免灰尘积存且易于清洁。可开启的窗户应装有易于清洁的防虫害窗纱。

4.2.5 地面

4.2.5.1 地面应使用无毒、无味、不渗透、耐腐蚀的材料建造。地面的结构应有利于排污和清洗的需要。

4.2.5.2 地面应平坦防滑、无裂缝、并易于清洁、消毒，并有适当的措施防止积水。

5　设施与设备

5.1　设施

5.1.1 供水设施

5.1.1.1 应能保证水质、水压、水量及其他要求符合生产需要。

5.1.1.2 食品加工用水的水质应符合 GB 5749 的规定，对加工用水水质有特殊要求的食品应符合相应规定。间接冷却水、锅炉用水等食品生产用水的水质应符合生产需要。

5.1.1.3 食品加工用水与其他不与食品接触的用水（如间接冷却水、污水或废水等）应以完全分离的管路输送，避免交叉污染。各管路系统应明确标识以便区分。

5.1.1.4 自备水源及供水设施应符合有关规定。供水设施中使用的涉及饮用水卫生安全产品还应符合国家相关规定。

5.1.2 排水设施

5.1.2.1 排水系统的设计和建造应保证排水畅通、便于清洁维护；应适应食品生产的需要，保证食品及生产、清洁用水不受污染。

5.1.2.2 排水系统入口应安装带水封的地漏等装置，以防止固体废弃物进入及浊气逸出。

5.1.2.3 排水系统出口应有适当措施以降低虫害风险。

5.1.2.4 室内排水的流向应由清洁程度要求高的区域流向清洁程度要求低的区域，且应有防止逆流的设计。

5.1.2.5 污水在排放前应经适当方式处理，以符合国家污水排放的相关规定。

5.1.3 清洁消毒设施

应配备足够的食品、工器具和设备的专用清洁设施，必要时应配备适宜的消毒设施。应采取措施避免清洁、消毒工器具带来的交叉污染。

5.1.4 废弃物存放设施

应配备设计合理、防止渗漏、易于清洁的存放废弃物的专用设施；车间内存放废弃物的设施和容器应标识清晰。必要时应在适当地点设置废弃物临时存放设施，并依废弃物特性分类存放。

5.1.5 个人卫生设施

5.1.5.1 生产场所或生产车间入口处应设置更衣室；必要时特定的作业区入口处可按需要设置更衣室。更衣室应保证工作服与个人服装及其他物品分开放置。

5.1.5.2 生产车间入口及车间内必要处，应按需设置换鞋（穿戴鞋套）设施或工作鞋靴消毒设施。如设置工作鞋靴消毒设施，其规格尺寸应能满足消毒需要。

5.1.5.3 应根据需要设置卫生间，卫生间的结构、设施与内部材质应易于保持清洁；卫生间内的适当位置应设置洗手设施。卫生间不得与食品生产、包装或贮存等区域直接连通。

5.1.5.4 应在清洁作业区入口设置洗手、干手和消毒设施；如有需要，应在作业区内适当位置加设洗手和（或）消毒设施；与消毒设施配套的水龙头其开关应为非手动式。

5.1.5.5 洗手设施的水龙头数量应与同班次食品加工人员数量相匹配，必要时应设置冷热水混合器。洗手池应采用光滑、不透水、易清洁的材质制成，其设计及构造应易于清洁消毒。应在临近洗手设施的显著位置标示简明易懂的洗手方法。

5.1.5.6 根据对食品加工人员清洁程度的要求，必要时应可设置风淋室、淋浴室等设施。

5.1.6 通风设施

5.1.6.1 应具有适宜的自然通风或人工通风措施；必要时应通过自然通风或机械设施有效控制生产环境的温度和湿度。通风设施应避免空气从清洁度要求低的作业区域流向清洁度要求高的作业区域。

5.1.6.2 应合理设置进气口位置，进气口与排气口和户外垃圾存放装置等污染源保持适宜的距离和角度。进、排气口应装有防止虫害侵入的网罩等设施。通风排气设施应易于清洁、维修或更换。

5.1.6.3 若生产过程需要对空气进行过滤净化处理，应加装空气过滤装置并定期清洁。

5.1.6.4 根据生产需要，必要时应安装除尘设施。

5.1.7 照明设施

5.1.7.1 厂房内应有充足的自然采光或人工照明，光泽和亮度应能满足生产和操作需要；光源应使食品呈现真实的颜色。

5.1.7.2 如需在暴露食品和原料的正上方安装照明设施，应使用安全型照明设施或采取防护措施。

5.1.8 仓储设施

5.1.8.1 应具有与所生产产品的数量、贮存要求相适应的仓储设施。

5.1.8.2 仓库应以无毒、坚固的材料建成；仓库地面应平整，便于通风换气。仓库的设计应能易于维护和清洁，防止虫害藏匿，并应有防止虫害侵入的装置。

5.1.8.3 原料、半成品、成品、包装材料等应依据性质的不同分设贮存场所、或分区域码放，并有明确标识，防止交叉污染。必要时仓库应设有温、湿度控制设施。

5.1.8.4 贮存物品应与墙壁、地面保持适当距离，以利于空气流通及物品搬运。

5.1.8.5 清洁剂、消毒剂、杀虫剂、润滑剂、燃料等物质应分别安全包装，明确标识，并应与原料、半成品、成品、包装材料等分隔放置。

5.1.9 温控设施

5.1.9.1 应根据食品生产的特点，配备适宜的加热、冷却、冷冻等设施，以及用于监测温度的设施。

5.1.9.2 根据生产需要，可设置控制室温的设施。

5.2　设备

5.2.1 生产设备

5.2.1.1 一般要求

应配备与生产能力相适应的生产设备，并按工艺流程有序排列，避免引起交叉污染。

5.2.1.2 材质

5.2.1.2.1 与原料、半成品、成品接触的设备与用具，应使用无毒、无味、抗腐蚀、不易脱落的材料制作，并应易于清洁和保养。

5.2.1.2.2 设备、工器具等与食品接触的表面应使用光滑、无吸收性、易于清洁保养和消毒的材料制成，在正常生产条件下不会与食品、清洁剂和消毒剂发生反应，并应保持完好无损。

5.2.1.3 设计

5.2.1.3.1 所有生产设备应从设计和结构上避免零件、金属碎屑、润滑油、或其他污染因素混入食品，并应易于清洁消毒、易于检查和维护。

5.2.1.3.2 设备应不留空隙地固定在墙壁或地板上，或在安装时与地面和墙壁间保留足够空间，以便清洁和维护。

5.2.2 监控设备

用于监测、控制、记录的设备，如压力表、温度计、记录仪等，应定期校准、维护。

5.2.3 设备的保养和维修

应建立设备保养和维修制度，加强设备的日常维护和保养，定期检修，及时记录。

6　卫生管理

6.1　卫生管理制度

6.1.1 应制定食品加工人员和食品生产卫生管理制度以及相应的考核标准，明确岗位职责，实行岗位责任制。

6.1.2 应根据食品的特点以及生产、贮存过程的卫生要求，建立对保证食品安全具有显著意义的关键控制环节的监控制度，良好实施并定期检查，发现问题及时纠正。

6.1.3 应制定针对生产环境、食品加工人员、设备及设施等的卫生监控制度，确立内部监控的范围、对象和频率。记录并存档监控结果，定期对执行情况和效果进行检查，发现问题及时整改。

6.1.4 应建立清洁消毒制度和清洁消毒用具管理制度。清洁消毒前后的设备和工器具应分开放置妥善保管，避免交叉污染。

6.2　厂房及设施卫生管理

6.2.1 厂房内各项设施应保持清洁，出现问题及时维修或更新；

厂房地面、屋顶、天花板及墙壁有破损时，应及时修补。

6.2.2 生产、包装、贮存等设备及工器具、生产用管道、裸露食品接触表面等应定期清洁消毒。

6.3　食品加工人员健康管理与卫生要求

6.3.1 食品加工人员健康管理

6.3.1.1 应建立并执行食品加工人员健康管理制度。

6.3.1.2 食品加工人员每年应进行健康检查，取得健康证明；上岗前应接受卫生培训。

6.3.1.3 食品加工人员如患有痢疾、伤寒、甲型病毒性肝炎、戊型病毒性肝炎等消化道传染病，以及患有活动性肺结核、化脓性或者渗出性皮肤病等有碍食品安全的疾病，或有明显皮肤损伤未愈合的，应当调整到其他不影响食品安全的工作岗位。

6.3.2 食品加工人员卫生要求

6.3.2.1 进入食品生产场所前应整理个人卫生，防止污染食品。

6.3.2.2 进入作业区域应规范穿着洁净的工作服，并按要求洗手、消毒；头发应藏于工作帽内或使用发网约束。

6.3.2.3 进入作业区域不应配戴饰物、手表，不应化妆、染指甲、喷洒香水；不得携带或存放与食品生产无关的个人用品。

6.3.2.4 使用卫生间、接触可能污染食品的物品、或从事与食品生产无关的其他活动后，再次从事接触食品、食品工器具、食品设备等与食品生产相关的活动前应洗手消毒。

6.3.3 来访者

非食品加工人员不得进入食品生产场所，特殊情况下进入时应遵守和食品加工人员同样的卫生要求。

6.4　虫害控制

6.4.1 应保持建筑物完好、环境整洁，防止虫害侵入及孳生。

6.4.2 应制定和执行虫害控制措施，并定期检查。生产车间及仓库应采取有效措施（如纱帘、纱网、防鼠板、防蝇灯、风幕等），防止鼠类昆虫等侵入。若发现有虫鼠害痕迹时，应追查来源，消除隐患。

6.4.3 应准确绘制虫害控制平面图，标明捕鼠器、粘鼠板、灭蝇灯、室外诱饵投放点、生化信息素捕杀装置等放置的位置。

6.4.4 厂区应定期进行除虫灭害工作。

6.4.5 采用物理、化学或生物制剂进行处理时，不应影响食品安全和食品应有的品质、不应污染食品接触表面、设备、工器具及包装材料。除虫灭害工作应有相应的记录。

6.4.6 使用各类杀虫剂或其他药剂前，应做好预防措施避免对人身、食品、设备工具造成污染；不慎污染时，应及时将被污染的设备、工具彻底清洁，消除污染。

6.5　废弃物处理

6.5.1 应制定废弃物存放和清除制度，有特殊要求的废弃物其处理方式应符合有关规定。废弃物应定期清除；易腐败的废弃物应尽快清除；必要时应及时清除废弃物。

6.5.2 车间外废弃物放置场所应与食品加工场所隔离防止污染；应防止不良气味或有害有毒气体溢出；应防止虫害孳生。

6.6　工作服管理

6.6.1 进入作业区域应穿着工作服。

6.6.2 应根据食品的特点及生产工艺的要求配备专用工作服，如衣、裤、鞋靴、帽和发网等，必要时还可配备口罩、围裙、套袖、手套等。

6.6.3 应制定工作服的清洗保洁制度，必要时应及时更换；生产中应注意保持工作服干净完好。

6.6.4 工作服的设计、选材和制作应适应不同作业区的要求，降低交叉污染食品的风险；应合理选择工作服口袋的位置、使用的连接扣件等，降低内容物或扣件掉落污染食品的风险。

7　食品原料、食品添加剂和食品相关产品

7.1　一般要求

应建立食品原料、食品添加剂和食品相关产品的采购、验收、运输和贮存管理制度，确保所使用的食品原料、食品添加剂和食品相关产品符合国家有关要求。不得将任何危害人体健康和生命安全的物质添加到食品中。

7.2　食品原料

7.2.1 采购的食品原料应当查验供货者的许可证和产品合格证明文件；对无法提供合格证明文件的食品原料，应当依照食品安全标准进行检验。

7.2.2 食品原料必须经过验收合格后方可使用。经验收不合格的食品原料应在指定区域与合格品分开放置并明显标记，并应及时进行退、换货等处理。

7.2.3 加工前宜进行感官检验，必要时应进行实验室检验；检验发现涉及食品安全项目指标异常的，不得使用；只应使用确定适用的食品原料。

7.2.4 食品原料运输及贮存中应避免日光直射、备有防雨防尘设施；根据食品原料的特点和卫生需要，必要时还应具备保温、冷藏、保鲜等设施。

7.2.5 食品原料运输工具和容器应保持清洁、维护良好，必要时应进行消毒。食品原料不得与有毒、有害物品同时装运，避免污染食品原料。

7.2.6 食品原料仓库应设专人管理，建立管理制度，定期检查质量和卫生情况，及时清理变质或超过保质期的食品原料。仓库出

货顺序应遵循先进先出的原则，必要时应根据不同食品原料的特性确定出货顺序。

7.3　**食品添加剂**

7.3.1 采购食品添加剂应当查验供货者的许可证和产品合格证明文件。食品添加剂必须经过验收合格后方可使用。

7.3.2 运输食品添加剂的工具和容器应保持清洁、维护良好，并能提供必要的保护，避免污染食品添加剂。

7.3.3 食品添加剂的贮藏应有专人管理，定期检查质量和卫生情况，及时清理变质或超过保质期的食品添加剂。仓库出货顺序应遵循先进先出的原则，必要时应根据食品添加剂的特性确定出货顺序。

7.4　**食品相关产品**

7.4.1 采购食品包装材料、容器、洗涤剂、消毒剂等食品相关产品应当查验产品的合格证明文件，实行许可管理的食品相关产品还应查验供货者的许可证。食品包装材料等食品相关产品必须经过验收合格后方可使用。

7.4.2 运输食品相关产品的工具和容器应保持清洁、维护良好，并能提供必要的保护，避免污染食品原料和交叉污染。

7.4.3 食品相关产品的贮藏应有专人管理，定期检查质量和卫生情况，及时清理变质或超过保质期的食品相关产品。仓库出货顺序应遵循先进先出的原则。

7.5　**其他**

盛装食品原料、食品添加剂、直接接触食品的包装材料的包装或容器，其材质应稳定、无毒无害，不易受污染，符合卫生要求。

食品原料、食品添加剂和食品包装材料等进入生产区域时应有一定的缓冲区域或外包装清洁措施，以降低污染风险。

8　生产过程的食品安全控制

8.1　产品污染风险控制

8.1.1 应通过危害分析方法明确生产过程中的食品安全关键环节，并设立食品安全关键环节的控制措施。在关键环节所在区域，应配备相关的文件以落实控制措施，如配料（投料）表、岗位操作规程等。

8.1.2 鼓励采用危害分析与关键控制点体系（HACCP）对生产过程进行食品安全控制。

8.2　生物污染的控制

8.2.1 清洁和消毒

8.2.1.1 应根据原料、产品和工艺的特点，针对生产设备和环境制定有效的清洁消毒制度，降低微生物污染的风险。

8.2.1.2 清洁消毒制度应包括以下内容：清洁消毒的区域、设备或器具名称；清洁消毒工作的职责；使用的洗涤、消毒剂；清洁消毒方法和频率；清洁消毒效果的验证及不符合的处理；清洁消毒工作及监控记录。

8.2.1.3 应确保实施清洁消毒制度，如实记录；及时验证消毒效果，发现问题及时纠正。

8.2.2 食品加工过程的微生物监控

8.2.2.1 根据产品特点确定关键控制环节进行微生物监控；必要时应建立食品加工过程的微生物监控程序，包括生产环境的微生物监控和过程产品的微生物监控。

8.2.2.2 食品加工过程的微生物监控程序应包括：微生物监控指标、取样点、监控频率、取样和检测方法、评判原则和整改措施等，具体可参照附录 A 的要求，结合生产工艺及产品特点制定。

8.2.2.3 微生物监控应包括致病菌监控和指示菌监控，食品加工过程的微生物监控结果应能反映食品加工过程中对微生物污染的控制水平。

8.3　**化学污染的控制**

8.3.1 应建立防止化学污染的管理制度，分析可能的污染源和污染途径，制定适当的控制计划和控制程序。

8.3.2 应当建立食品添加剂和食品工业用加工助剂的使用制度，按照 GB 2760 的要求使用食品添加剂。

8.3.3 不得在食品加工中添加食品添加剂以外的非食用化学物质和其他可能危害人体健康的物质。

8.3.4 生产设备上可能直接或间接接触食品的活动部件若需润滑，应当使用食用油脂或能保证食品安全要求的其他油脂。

8.3.5 建立清洁剂、消毒剂等化学品的使用制度。除清洁消毒必需和工艺需要，不应在生产场所使用和存放可能污染食品的化学制剂。

8.3.6 食品添加剂、清洁剂、消毒剂等均应采用适宜的容器妥善保存，且应明显标示、分类贮存；领用时应准确计量、作好使用记录。

8.3.7 应当关注食品在加工过程中可能产生有害物质的情况，鼓励采取有效措施减低其风险。

8.4　**物理污染的控制**

8.4.1 应建立防止异物污染的管理制度，分析可能的污染源和污染途径，并制定相应的控制计划和控制程序。

8.4.2 应通过采取设备维护、卫生管理、现场管理、外来人员管理及加工过程监督等措施，最大程度地降低食品受到玻璃、金属、塑胶等异物污染的风险。

8.4.3 应采取设置筛网、捕集器、磁铁、金属检查器等有效措施降低金属或其他异物污染食品的风险。

8.4.4 当进行现场维修、维护及施工等工作时，应采取适当措施避免异物、异味、碎屑等污染食品。

8.5　**包装**

8.5.1 食品包装应能在正常的贮存、运输、销售条件下最大限度地保护食品的安全性和食品品质。

8.5.2 使用包装材料时应核对标识，避免误用；应如实记录包装材料的使用情况。

9　检验

9.1　应通过自行检验或委托具备相应资质的食品检验机构对原料和产品进行检验，建立食品出厂检验记录制度。

9.2　自行检验应具备与所检项目适应的检验室和检验能力；由具有相应资质的检验人员按规定的检验方法检验；检验仪器设备应按期检定。

9.3　检验室应有完善的管理制度，妥善保存各项检验的原始记录和检验报告。应建立产品留样制度，及时保留样品。

9.4　应综合考虑产品特性、工艺特点、原料控制情况等因素合理确定检验项目和检验频次以有效验证生产过程中的控制措施。净含量、感官要求以及其他容易受生产过程影响而变化的检验项目的检验频次应大于其他检验项目。

9.5　同一品种不同包装的产品，不受包装规格和包装形式影响的检验项目可以一并检验。

10　食品的贮存和运输

10.1　根据食品的特点和卫生需要选择适宜的贮存和运输条件，必要时应配备保温、冷藏、保鲜等设施。不得将食品与有毒、有害、或有异味的物品一同贮存运输。

10.2　应建立和执行适当的仓储制度，发现异常应及时处理。

10.3　贮存、运输和装卸食品的容器、工器具和设备应当安全、无害，保持清洁，降低食品污染的风险。

10.4 贮存和运输过程中应避免日光直射、雨淋、显著的温湿度变化和剧烈撞击等，防止食品受到不良影响。

11　产品召回管理

11.1　应根据国家有关规定建立产品召回制度。

11.2　当发现生产的食品不符合食品安全标准或存在其他不适于食用的情况时，应当立即停止生产，召回已经上市销售的食品，通知相关生产经营者和消费者，并记录召回和通知情况。

11.3　对被召回的食品，应当进行无害化处理或者予以销毁，防止其再次流入市场。对因标签、标识或者说明书不符合食品安全标准而被召回的食品，应采取能保证食品安全、且便于重新销售时向消费者明示的补救措施。

11.4　应合理划分记录生产批次，采用产品批号等方式进行标识，便于产品追溯。

12　培训

12.1　应建立食品生产相关岗位的培训制度，对食品加工人员以及相关岗位的从业人员进行相应的食品安全知识培训。

12.2　应通过培训促进各岗位从业人员遵守食品安全相关法律法规标准和执行各项食品安全管理制度的意识和责任，提高相应的知识水平。

12.3　应根据食品生产不同岗位的实际需求，制定和实施食品安全年度培训计划并进行考核，做好培训记录。

12.4　当食品安全相关的法律法规标准更新时，应及时开展培训。

12.5　应定期审核和修订培训计划，评估培训效果，并进行常规检查，以确保培训计划的有效实施。

13　管理制度和人员

13.1　应配备食品安全专业技术人员、管理人员，并建立保障食品安全的管理制度。

13.2　食品安全管理制度应与生产规模、工艺技术水平和食品的种类特性相适应，应根据生产实际和实施经验不断完善食品安全管理制度。

13.3　管理人员应了解食品安全的基本原则和操作规范，能够判断潜在的危险，采取适当的预防和纠正措施，确保有效管理。

14　记录和文件管理

14.1　记录管理

14.1.1 应建立记录制度，对食品生产中采购、加工、贮存、检验、销售等环节详细记录。记录内容应完整、真实，确保对产品从原料采购到产品销售的所有环节都可进行有效追溯。

14.1.1.1 应如实记录食品原料、食品添加剂和食品包装材料等食品相关产品的名称、规格、数量、供货者名称及联系方式、进货日期等内容。

14.1.1.2 应如实记录食品的加工过程（包括工艺参数、环境监测等）、产品贮存情况及产品的检验批号、检验日期、检验人员、检验方法、检验结果等内容。

14.1.1.3 应如实记录出厂产品的名称、规格、数量、生产日期、生产批号、购货者名称及联系方式、检验合格单、销售日期等内容。

14.1.1.4 应如实记录发生召回的食品名称、批次、规格、数量、发生召回的原因及后续整改方案等内容。

14.1.2 食品原料、食品添加剂和食品包装材料等食品相关产品进货查验记录、食品出厂检验记录应由记录和审核人员复核签名，记录内容应完整。保存期限不得少于 2 年。

14.1.3 应建立客户投诉处理机制。对客户提出的书面或口头意见、投诉，企业相关管理部门应作记录并查找原因，妥善处理。

14.2　应建立文件的管理制度，对文件进行有效管理，确保各相关场所使用的文件均为有效版本。

14.3　鼓励采用先进技术手段（如电子计算机信息系统），进行记录和文件管理。

附录 A
食品加工过程的微生物监控程序指南

注：本附录给出了制定食品加工过程环境微生物监控程序时应当考虑的要点，实际生产中可根据产品特性和生产工艺技术水平等因素参照执行。

A.1　食品加工过程中的微生物监控是确保食品安全的重要手段，是验证或评估目标微生物控制程序的有效性、确保整个食品质量和安全体系持续改进的工具。

A.2　本附录提出了制定食品加工过程微生物监控程序时应考虑的要点。

A.3　食品加工过程的微生物监控，主要包括环境微生物监控和过程产品的微生物监控。环境微生物监控主要用于评判加工过程的卫生控制状况，以及找出可能存在的污染源。通常环境监控对象包括食品接触表面、与食品或食品接触表面邻近的接触表面、以及环境空气。过程产品的微生物监控主要用于评估加工过程卫生控制能力和产品卫生状况。

A.4　食品加工过程的微生物监控涵盖了加工过程各个环节的微生物学评估、清洁消毒效果以及微生物控制效果的评价。在制定时应考虑以下内容：

a）加工过程的微生物监控应包括微生物监控指标、取样点、监控频率、取样和检测方法、评判原则以及不符合情况的处理等；

b）加工过程的微生物监控指标：应以能够评估加工环境卫生状况和过程控制能力的指示微生物（如菌落总数、大肠菌群、酵母霉菌或其他指示菌）为主。必要时也可采用致病菌作为监控指标；

c）加工过程微生物监控的取样点：环境监控的取样点应为微

生物可能存在或进入而导致污染的地方。可根据相关文献资料确定取样点，也可以根据经验或者积累的历史数据确定取样点。过程产品监控计划的取样点应覆盖整个加工环节中微生物水平可能发生变化且会影响产品安全性和/或食品品质的过程产品，例如微生物控制的关键控制点之后的过程产品。具体可参考表 A.1 中示例；

d）加工过程微生物监控的监控频率：应基于污染可能发生的风险来制定监控频率。可根据相关文献资料，相关经验和专业知识或者积累的历史数据，确定合理的监控频率。具体可参考表 A.1 中示例。加工过程的微生物监控应是动态的，应根据数据变化和加工过程污染风险的高低而有所调整和定期评估。例如：当指示微生物监控结果偏高或者终产品检测出致病菌、或者重大维护施工活动后、或者卫生状况出现下降趋势时等，需要增加取样点和监控频率；当监控结果一直满足要求，可适当减少取样点或者放宽监控频率；

e）取样和检测方法：环境监控通常以涂抹取样为主，过程产品监控通常直接取样。检测方法的选择应基于监控指标进行选择；

f）评判原则：应依据一定的监控指标限值进行评判，监控指标限值可基于微生物控制的效果以及对产品质量和食品安全性的影响来确定；

g）微生物监控的不符合情况处理要求：各监控点的监控结果应当符合监控指标的限值并保持稳定，当出现轻微不符合时，可通过增加取样频次等措施加强监控；当出现严重不符合时，应当立即纠正，同时查找问题原因，以确定是否需要对微生物控制程序采取相应的纠正措施。

表 A.1　食品加工过程微生物监控示例

监控项目		建设取样点[a]	建议监控微生物[b]	建议监控频率[c]	建议监控指标限值
环境的微生物监控	食品接触表面	食品加工人员的手部、工作服、手套传送皮带、工器具及其他直接接触食品的设备表面	菌落总数 大肠菌群等	验证清洁效果应在清洁消毒之后，其他可每周、每两周或每月	结合生产实际情况确定监控指标限值
	与食品或食品接触表面邻近的接触表面	设备外表面、支架表面、控制面板、零件车等接触表面	菌落总数、大肠菌群等卫生状况指示微生物，必要时监控致病菌	每两周或每月	结合生产实际情况确定监控指标限量
	加工区域内的环境空气	靠近裸露产品的位置	菌落总数 酵母霉菌等	每周、每两周或每月	结合生产实际情况确定监控指标限量
过程产品的微生物监控		加工环节中微生物水平可能发生变化且会影响食品安全性和（或）食品品质的过程产品	卫生状况况指示微生物（如菌落总数、大肠菌群、酵母霉菌或其他指示菌）	开放第一时间生产的产品及之后连续生产过程中每周（或每两周或每月）	结合生产实际情况确定监控指标限量

a 可根据食品特性以及加工过程实际情况选择取样点。
b 可根据需要选择一个或多个卫生指示微生物实施监控。
c 可根据具体联样点的风险确定监控频率。

GB

中华人民共和国国家标准

GB 2721—2015

食品安全国家标准
食　用　盐

2015－09－22 发布　　　　2016－09－22 实施

中华人民共和国　发布

国家卫生和计划生育委员会

前　言

本标准代替 GB 2721－2003《食用盐卫生标准》及第 1 号修改单。

本标准与 GB 2721－2003 相比，主要变化如下：

——标准名称修改为“食品安全国家标准　食用盐”

——修改了范围；

——增加了术语和定义；

——修改了感官要求；

——修改了理化指标；

——增加了标签的要求。

食品安全国家标准
食　用　盐

1　范　围

本标准适用于食用盐。

2　术语和定义

2.1　食用盐

以氯化钠为主要成分，用于食用的盐。

2.2　精制盐

以卤水或盐为原料，用真空蒸发制盐工艺、机械热压缩蒸发制盐工艺或粉碎、洗涤、干燥工艺制得的食用盐。

2.3　粉碎洗涤盐

以海盐、湖盐或岩盐为原料，用粉碎、洗涤工艺制得的食用盐。

2.4　日晒盐

以日晒卤水浓缩结晶工艺制得的食用盐。

2.5　低钠盐

以精制盐、粉碎洗涤盐、日晒盐等中的一种或几种为原料，为降低钠离子浓度而添加国家允许使用的食品添加剂（如氯化钾等）经加工而成的食用盐。

3 技术要求

3.1 原料要求

原料应符合相应的食品标准和有关规定。

3.2 感官要求

感官要求应符合表1的规定。

表1 感官要求

项 目	要 求	检验方法
色泽	白色	取适量试样于白色清净浅盘中，在自然光线下，观察其色泽和状态。闻其气味，用温开水漱口后品其滋味
滋味、气味	味咸、无异味	
状态	结晶体，无正常视力可见外来异物	

3.3 理化指标

理化指标应符合表2的规定。

表2 理化指标

项 目		指 标	检验方法
氯化钠[a]（以干基计）/（g/100g）	≥	97.00	GB 5009.42
氯化钠[b]（以干基计）/（g/100g）		10~35	
碘[c]（以I计）/（mg/kg）	<	5	
钡（以Ba计）/（mg/kg）	≤	15	

a 不适用于低钠盐。
b 仅适用于低钠盐。
c 强化碘的食用盐碘含量应符合 GB 26878 的规定。

3.4 污染物限量

污染物限量应符合 GB 2762 的规定。

3.5 食品添加剂

食品添加剂的使用应符合 GB 2760 的规定。

4 其它

低钠盐的产品标签中应标示钾的含量，并应清晰标示：“高温作业者、重体力劳动强度工作者、肾功能障碍者及服用降血药物的高血压患者等不适宜高钾摄入的人群应慎用”。

ICS 67.040
分类号：Y00
备案号：63752－2018

QB

中华人民共和国轻工行业标准

QB/T 5279—2018

食盐安全信息追溯体系规范

Specification for traceability system of edible salt safety informationon

2018－05－08 发布　　2018－09－01 实施

中华人民共和国工业和信息化部　发布

本标准按照 GB/T 1.1－2009 给出的规则起草。

本标准由中国轻工业联合会提出。

本标准由全国盐业标准化技术委员会（SAC/TC 295）归口。

本标准起草单位：中国轻工业信息中心、国家工业信息安全发展研究中心（工业信息化部电子一所）、中国盐业协会、全国盐业标准化技术委员会、江苏井神盐化股份有限公司、山东岱岳制盐有限公司、湖北广盐蓝天盐化有限公司、中盐上海市盐业公司、中盐安徽润华盐业发展有限公司、中盐金坛盐化有限责任公司、中盐榆林盐化有限公司、中盐东兴盐化股份有限公司、北京鑫创佳业科技股份有限公司、江苏瑞德信息产业有限公司、上海天臣防伪技术股份有限公司、武汉华工赛百数据系统有限公司、上海中商网络股份有限公司、北京爱创科技股份有限公司、北京三友防伪商标印刷有限公司、河南省卫群科技发展有限公司、泰安市正泰激光印务有限公司、江苏银河激光科技股份有限公司。

本标准主要起草人：郭和生、赵阳、邢腾飞、刘艳杰、李帮柱、严红九、张栋、张传水、张峰、陈锐、伍柒华、谢兴胜、苏海飞、陆金华、吴冬、蒋泽群、王宗国、汪鹤、蒋心武、杜薇、王伟宏、刘晓东、刘峥、符维民。

本标准为首次发布。

食盐安全信息追溯体系规范

1　范围

本标准规定了食盐安全信息追溯体系中的术语和定义、一般要求、追溯体系功能、追溯编码规则、追溯信息要求、追溯标识要求、追溯信息查询要求、追溯信息采集要求、追溯信息管理要求、追溯系统建设与管理要求。

本标准适用于食盐生产企业和批发企业的食盐安全信息追溯体系建设。

2　规范性引用文件

下列文件对于本文件的应用是必不可少的。凡是注日期的引用文件，仅注日期的版本适用于本文件。凡是不注日期的引用文件，其最新版本（包括所有的修改单）适用于本文件。

GB/T 18284－2000 快速响应矩阵码。

3　术语和定义

下列术语和定义适用于本文件。

3.1

信息追溯　information traceability

对产品原料供应、生产加工、仓储、销售、消费等环节的正向、反向信息查询，并可用于责任界定的信息技术手段。

3.2

追溯标识 traceabilityidentification

产品信息追溯的识别编码的物理载体。

3.3

追溯编码（标识编码） traceability code（identification code）

产品信息追溯的唯一识别码。

3.4

追溯节点 traceability node

产品在变化监管责任人或使用人时的信息采集与使用点，如原料入厂、出厂、经销出入库、消费者使用等。

3.5

追溯信息 traceability information

由各追溯节点进行采集与交换的产品可追溯信息条目。

4 一般要求

4.1 追溯体系的设计、实施、管理、运行应符合国家相关法律、法规与标准的规定，并充分满足消费者、企业、相关部门等不同类型用户的差异化需求。

4.2 追溯体系的架构与系统设计应可扩展及可兼容，适应和包容差异化的追溯技术。

4.3 追溯体系的建设应运用成熟的技术架构、设备和软件，充分利用已有的企业设备、信息系统和公共平台，能够在较短时间内实施、见效、推广应用。

4.4　追溯体系的建设应符合国家有关信息系统安全的管理规定和相关标准要求，应具备防攻击、防病毒等系统安全防护能力，应避免由于基础设施、业务系统、数据传输等产生的安全问题。

4.5　追溯体系的设计应将食盐原料供应、生产加工、仓储、销售、消费等过程中各追溯节点质量安全相关信息作为主要追溯内容，实现各追溯节点的全程信息追溯。

4.6　追溯体系对追溯信息进行分级管理，向消费者、企业、相关部门等追溯用户按需、按权限提供可追溯的信息内容。公开信息应向社会开放查询。

5　追溯体系功能

5.1　食盐生产企业追溯系统基本功能

食盐生产企业追溯系统应具备以下功能：

——原辅料管理：原辅料信息管理；

——质检管理：原辅料、半成品、成品质检管理和不合格处理管理等；

——仓库管理：原辅料、半成品、成品的出入库管理；

——生产管理：生产线、班组、批次管理，投料记录，每批次最小包装与外包装建立关联关系等；

——销售管理：出库扫描，销售信息管理；

——追溯管理：通过标识编码或批次码查询原辅料信息、质检信息、生产信息和流向信息等；

——召回管理：发现问题能快速定位问题批次或关联批次的原辅料、生产和流向；

——接口管理：与全国食盐电子防伪追溯服务平台的数据接口；

——系统管理：基础信息维护、系统设置。

5.2　食盐批发企业追溯系统基本功能

食盐批发企业追溯系统应具备以下功能：

——销售管理：入库扫描、入库信息管理、出库扫描、出库信息管理；

——系统接口：与全国食盐电子防伪追溯服务平台的数据接口；

——系统管理：基础信息维护、系统设置。

6　追溯编码要求

6.1　编码要求

追溯体系为每件产品编制一个唯一的追溯编码。追溯体系应确保追溯编码的唯一性。

6.2　编码规则

追溯编码包含企业代码及企业内部产品代码两部分。企业代码应符合附录A的要求，企业内部产品代码应为长度不超过20位的随机码。

6.3　编码管理

企业产品追溯编码应上传至全国食盐电子防伪追溯服务平台。

7　追溯信息要求

7.1　原辅料信息

原辅料信息应符合表1的要求。

表1 原辅料信息

序号	类型	内容
1	原料信息	原料名称、净含量、规格、原料标准号、生产日期、保质期、生产地、原料批次、出厂检验报告、验收检验报告、不合格原料处置记录等
2	原料企业信息	企业名称、企业地址、联系方式、企业网址、企业营业执照编号、生产许可证编号
3	辅料信息	辅料名称、净含量、规格、辅料标准号、生产日期、保质期、生产地、辅料批次、出厂检验报告、验收检验报告、不合格辅料处置记录等
4	辅料企业信息	企业名称、企业地址、联系方式、企业网址、生产许可证编号、生产许可证有效期等
5	其他信息	其他相关信息

7.2 生产加工信息

食盐生产加工过程信息应符合表2的要求。

表2 食盐生产加工过程信息

序号	类型	内容
1	投料信息	原辅料名称、规格、批次、数量、操作人、投料点、投料时间等
2	分装信息	产品名称、规格、批次、生产线、班组、负责人、产品追溯编码、内外包装追溯码关联、生产日期等
3	检验信息	取样日期、取样人、收样日期、收样人、检测依据、检验结果、检验判定、检验员、审核人、批准人等
4	关键控制点的信息	企业应对生产过程的关键控制点进行数据采集，以做到信息溯源，如金属检测仪、磁棒的检测记录、净含量检测、安全筛检测等

7.3 成品信息

成品信息应符合表3的要求。

表3　成品信息

序号	类型	内容
1	产品信息	产品名称、产品品牌、净含量、规格、产品标准号、产品的类别、生产工艺、生产日期、保质期、产地、产品批次、外包装展开图、产品追溯编码等
2	消费说明	适用人群、食用方法、温馨提示、配料表、贮存条件、主要营养成分及含量、其他质量承诺等
3	管理信息	产品放行记录、关键控制点记录、产品留样记录、库房保管记录、不合格产品处置记录、退货处置记录等
4	产品检验报告	产品名称、产品批次、检验方法、检验设备、检验结果、检验判定、检验员、审核人、批准人等
5	产品仓储信息	产品名称、产品批次、库存信息、出入库信息等

7.4　销售信息

生产企业及批发企业销售信息应符合表4的要求。

表4　销售信息

序号	类型	内容
1	销售出库信息	出库单号、出库时间、往来单位（单位类型、单位名称）、产品名称、规格、批次、数量、产品追溯编码等信息

说明：单位类型包括生产企业、批发企业、终端客户（包括零售商、单位用户等）。

7.5　消费信息

消费信息应符合表5的要求。

表5　消费信息

序号	类型	内容
1	消费者信息	消费者姓名、联系方式等基本信息
2	投诉信息	投诉时间、地点、投诉内容等
3	追溯查询记录	追溯查询时间、地点、次数、查询渠道、意见反馈等

7.6　其他信息

企业相关信息、问题产品召回信息、食品安全事故处置记录、统计分析信息、决策支持信息、预警信息等。

7.7 **公开信息**

公开信息应符合表6的要求。

公开信息面向社会提供消费者查询。

表6 公开信息

序号	信息项名称	信息属性	数据类型	内容样例或说明
1	产品名称	品类	字符	例：精制盐（应与包装袋上的产品名称一致）
2	净含量	品类	字符	例：300g
3	产品标准号	品类	字符	例：GB/T 5461
4	产品的类别	品类	字符	说明：加碘食盐或未加碘食盐
5	生产工艺	品类	字符	例：真空蒸发制盐工艺
6	生产日期	单品	字符	例：2017 10 17
7	保质期	单品	字符	例：三年
8	生产企业	品类	字符	例：某某盐业有限公司
9	生产企业地址	品类	字符	例：某省某市某路某号
10	电话	品类	字符	说明：区号+电话号码
11	企业网址	品类	字符	例：http：//www. xxx. com
12	产地	品类	字符	例：某省某市
13	原料盐生产商及产地	品类	字符	例：某某盐业有限公司，某省某市
14	定点生产企业许可证编号	品类	字符	说明：食盐定点生产企业证书编号
15	定点生产企业许可证有效期	品类	字符	例：自2014年4月1日至2017年3月31日
16	产品批次	单品	字符	例：20160414
17	产品的追溯编码	单品	字符	说明：企业码+产品码
18	食用方法	品类	文本	例：依据个人口味于烹饪时加入
19	温馨提示	品类	文本	例：本品偶有结块时可放心食用

续 表

序号	信息项名称	信息属性	数据类型	内容样例或说明
20	配料表及其含量	品类	文本	例： 氯化钠含量：（70.00～80.00）g/100g； 氯化钾含量：（20.00～30.00）g/100g； 碘含量（以I计）：（18～33）mg/kg； 亚铁氰化钾（以 $[Fe(CN)_6]^{4-}$ 计）：≤10mg/kg
21	贮存条件	品类	字符	例：密封、避光、防潮
22	营养成分表	品类	文本	说明：应与产品包装标签中的营养成分表内容一致
23	产品检验结果及产品等级	单品	字符	例：合格，一级
24	特殊人群适应性	品类	文本	说明：应与产品包装标签中的特殊人群适应性内容一致
25	生产企业销售信息	单品	文本	说明：生产企业销售出库信息
26	批发企业销售信息	单品	文本	说明：批发企业销售出库信息
27	企业信用等级	品类	字符	例：AAA

说明：信息属性分为品类与单品两种，其中品类信息为某类产品追溯信息，单品信息为每件产品追溯信息。

8 追溯标识要求

8.1 产品包装上应带有追溯标识，并确保追溯标识清晰、完整、未经涂改。追溯标识应符合 GB/T 18284－2000 的相关要求。

8.2 追溯标识中应包含解析服务器地址信息与产品追溯编码信息。

8.3 产品在生产过程中通过企业追溯系统实现追溯编码与追溯信息的关联，在批发过程中通过批发企业追溯系统实现追溯编码与追溯信息的关联。

8.4 各环节需新增或变更包装形态时，其新增追溯标识应与原追溯标识保持关联一致。

8.5 追溯标识的贴装、喷涂或印刷位置，同一品种或同一包装应保持一致。

8.6 应保证标识载体不对食品造成污染。

8.7 应保持追溯标识不因搬运或其他因素而被磨损或消失。

8.8 追溯标识不能被转移、复制。

9 追溯信息查询要求

9.1 扫描方式

用户使用智能读取设备扫描商品包装上的追溯标识获取标识信息，自动向解析服务器地址发出请求，解析服务器对请求的追溯编码进行合法判断并返回查询结果。

9.2 输入方式

用户根据商品包装上印制的追溯编码，通过查询平台直接输入，向解析服务器地址发出请求，解析服务器对请求的追溯编码进行合法判断并返回查询结果。

10 追溯信息采集要求

10.1 配料环节

生产企业应要求原料、辅料供应商提供每批次产品的原料信息记录。生产企业应采集原料、辅料入厂验收检验信息。

10.2　生产加工环节

10.2.1 生产加工环节应配有工业自动化设备及信息管理系统进行产品可追溯信息的采集与存储。

10.2.2 生产加工环节应配有追溯编码读取设备，并通过信息管理系统实现追溯编码与各环节可追溯信息的关联。

10.2.3 生产加工环节中的追溯信息采集节点应包括投料、加碘、包装、检验等节点。

10.2.4 生产加工过程的追溯信息采集要以批次为主线，将整个批次的追溯信息与包装单品关联。

10.3　销售环节

10.3.1 销售环节应配有追溯编码读取设备。

10.3.2 产品销售出库时应进行扫码登记。

10.4　消费环节

10.4.1 消费者根据产品追溯标识及追溯编码可查询追溯信息中的公开信息。

10.4.2 通过人工反馈或查询入口采集投诉信息。

10.5　特定用户环节

追溯体系应支持特定类型的用户（如企业、政府等）依权限对追溯信息及系统记录进行查询、统计分析等。

10.6　召回环节

产品召回过程中应对产品进行扫码登记。

11　追溯信息管理要求

11.1　信息存储

纸质追溯信息记录应及时进行电子化或录入信息系统，电子追溯信息记录应做到及时、可靠的备份，并至少保存至产品保质期之后一年。

11.2　信息传输

批量追溯信息的传输与迁移，在保障数据安全与完整性的前提下，应尽量采用自动化、信息化的方式进行。

单条追溯信息的传输，可依托计算机通信网络、无线通信网络或其他离线传输手段。

各追溯节点应按需做好追溯信息共享，其追溯信息应及时上传至全国食盐电子防伪追溯服务平台。

11.3　信息交换

生产企业、批发企业追溯系统与全国食盐电子防伪追溯服务平台间的信息交换应采用通用的 XML 数据交换格式。

11.4　信息安全

追溯信息的安全管理应符合国家有关信息安全的管理规定和相关标准要求。应具备追溯信息防篡改、防攻击、访问权限控制、数据加密传输、数据库灾备、访问日志记录等安全防护能力。对外查询服务器与企业内部信息系统应分离，最大限度保障信息安全。

12　追溯系统建设与管理要求

12.1　生产企业追溯系统建设与管理要求

12.1.1 应明确追溯管理岗位职责，由企业管理者代表担任追溯体系管理者。

12.1.2 应明确追溯系统的建设目标、原则、系统功能、适用产品类型、追溯信息覆盖范围、与企业其他管理系统的协同关系等。

12.1.3 应制定追溯系统设计、实施、运维、培训等计划，确保追溯系统的有效实施。

12.1.4 应按需建设追溯码管理系统，实现产品追溯码与追溯信息的关联关系管理。

12.1.5 应按需建设实现追溯信息采集的工业自动化设备和追溯信息管理系统，支撑追溯数据的源头采集与信息化管理。

12.1.6 应与全国食盐电子防伪追溯服务平台进行对接。

12.2　批发企业追溯系统建设与管理要求

12.2.1 应明确追溯管理岗位职责，由企业管理者代表担任追溯体系管理者。

12.2.2 应制定追溯培训计划，为企业内部参与者提供培训，确保参与者具备实施追溯系统的意识与能力。

12.2.3 应按需建设实现追溯信息采集的扫码设备和追溯信息管理系统，支撑追溯数据的源头采集与信息化管理。

12.2.4 应与全国食盐电子防伪追溯服务平台进行对接。

附录 A
（规范性附录）
企业代码表

A.1　编码规则

食盐定点生产企业代码编码方法：8+食盐定点生产企业证书编号后三位数字编码（共四位）。

多品种盐生产企业代码编码方法：9+食盐定点生产企业证书编号后三位数字编码（共四位）。

A.2 企业代码表

序号	省 市	单 位 名 称	原证书编号	企业代码
1	广西（3）	广西壮族自治区银鹏多品种盐公司	DZ－023	9023
2		中盐广西盐业有限公司防城碘盐厂	SD－063	8063
3		中盐广西盐业有限公司北海碘盐中心	SD－064	8064
4	安徽（2）	中盐东兴盐化股份有限公司	SD－024	8024
5		中盐安徽润华盐业发展有限公司	DZ－020	9020
6	湖北（10）	久大（应城）盐矿有限责任公司	SD－046	8046
7		久大（应城）制盐有限责任公司	SD－051	8051
8		湖北长舟盐化有限公司	SD－048	8048
9		中国石化江汉油田分公司盐化工总厂	SD－053	8053
10		湖北广盐蓝天盐化有限公司	SD－049	8049
11		湖北久大品种盐有限责任公司	DZ－011	9011
12		中盐长江盐化有限公司	SD－047	8047
13		中盐枣阳盐化有限公司	SD－045	8045
14		孝感广盐华源制盐有限公司	SD－050	8050
15		中盐宏博（集团）有限公司	SD－052	8052
16	河南（5）	中盐皓龙盐化有限责任公司	SD－042	8042
17		河南省平顶山神鹰盐业有限责任公司	SD－043	8043
18		中盐舞阳盐化有限公司	SD－044	8044
19		河南省卫群多品种盐有限公司	DZ－010	9010
20		中盐河南盐业物流配送有限公司	DZ－022	9022
21	吉林（1）	中盐吉林盐业有限公司	DZ－004	9004
22	湖南（3）	湖南省湘澧盐化有限责任公司	SD－054	8054
23		湖南省湘衡盐化有限责任公司	SD－055	8055
24		湖南雪天盐业技术开发有限公司	DZ－012	9012
25	重庆（4）	重庆合川盐化工业有限公司	SD－069	8069
26		云阳盐化有限公司	SD－075	8075
27		重庆索特盐化股份有限公司	SD－068	8068
28		重庆盐业集团	DZ－039	9039

续　表

序号	省 市	单 位 名 称	原证书编号	企业代码
29	西藏（1）	西藏自治区盐业总公司拉萨食盐加碘厂	SD－101	8101
30	新疆（9）	新疆盐湖制盐有限责任公司	SD－093	8093
31		温宿县银峰盐业有限责任公司	SD－095	8095
32		和布克赛尔蒙古自治县宏达盐业有限责任公司	SD－090	8090
33		哈密盐业有限责任公司	SD－091	8091
34		吐鲁番联达制盐有限公司	SD－092	8092
35		精河县精河盐化有限责任公司	SD－094	8094
36		新疆盐业阿图什有限责任公司	SD－096	8096
37		轮台县银海盐业有限责任公司	SD－097	8097
38		巴州保健盐厂	SD－100	8100
39	海南（3）	海南晶辉盐业有限公司	SD－065	8065
40		海南莺歌海盐场有限公司	SD－066	8066
41		海南省东方盐场	SD－067	8067
42	江苏（6）	江苏省银宝盐业有限公司	SD－018	8018
43		江苏金桥制盐有限公司	SD－017	8017
44		江苏井神盐化股份有限公司	SD－015	8015
45		江苏省瑞丰盐业有限公司	SD－013	8013
46		中盐金坛盐化有限责任公司	SD－016	8016
47		江苏省苏盐连锁有限公司张虞配送中心	DZ－030	9030
48	甘肃（2）	甘肃武阳盐化有限公司	SD－085	8085
49		中盐甘肃高台盐化有限公司	SD－086	8086
50	广东（9）	广东省盐业集团江门有限公司	SD－056	8056
51		广东省盐业集团阳江有限公司	SD－057	8057
52		广东省盐业集团雷州盐场有限公司	SD－058	8058
53		广东省盐业集团徐闻盐场有限公司	SD－059	8059
54		广东省盐业集团广州有限公司	SD－060	8060

续 表

序号	省市	单位名称	原证书编号	企业代码
55	广东（9）	广东省盐业集团深圳有限公司	SD－061	8061
56		广东省盐业集团汕头有限公司	SD－062	8062
57		广东省盐业集团多品种盐有限公司	DZ－013	9013
58		广东省盐业集团梅州有限公司	DZ－014	9014
59	山西（1）	山西晋久品种盐有限责任公司	DZ－002	9002
60	上海（3）	中盐上海市盐业公司	DZ－027	9027
61		上海中盐莫顿盐业有限公司	DZ－006	9006
62		上海味好美食品有限公司	DZ－005	9005
63	河北（12）	河北永大食盐有限公司	SD－003	8003
64		唐山兴海制盐有限公司	SD－007	8007
65		河北绿海康信多品种食盐有限公司	DZ－029	9029
66		唐山达峰盐业有限责任公司	SD－019	8019
67		唐山市南堡开发区冀盐食盐有限公司	SD－082	8082
68		唐山市丰南区第一盐场	SD－081	8081
69		黄骅通宝特种盐有限公司	DZ－024	9024
70		唐山市唐丰盐业有限责任公司	SD－027	8027
71		沧州盐业集团有限公司	SD－098	8098
72		沧州盐业集团银山食盐有限公司	SD－099	8099
73		唐山市银海食盐有限公司	SD－102	8102
74		河北中盐龙翔盐化有限公司	DZ－028	9028
75	四川（10）	四川省盐业总公司	SD－070	8070
76		四川久大制盐有限责任公司	SD－071	8071
77		四川乐山联峰盐化有限责任公司	SD－072	8072
78		四川驰宇盐化有限责任公司	SD－073	8073
79		四川久大蓬莱盐化有限公司	SD－074	8074
80		四川顺城盐品股份有限公司	DZ－038	9038
81		四川省天渠盐化有限公司	SD－077	8077
82		四川（省）广安盐化工有限责任公司	SD－078	8078

续　表

序号	省市	单位名称	原证书编号	企业代码
83	四川（10）	宜宾丰源盐化有限公司	SD－079	8079
84		四川久大品种盐有限责任公司	DZ－015	9015
85	内蒙古（4）	鄂托克前旗兴盛盐化有限责任公司	SD－005	8005
86		内蒙古兰太实业股份有限公司制盐分公司	SD－004	8004
87		内蒙古雅布赖盐化集团有限公司	SD－006	8006
88		内蒙古锡林郭勒盟额吉淖尔盐场	SD－008	8008
89	天津（4）	天津长芦汉沽盐场有限责任公司	SD－001	8001
90		天津长芦海晶集团有限公司	DZ－018	9018
91		中盐工程技术研究院有限公司	SD－002	8002
92		中盐国本盐业有限公司	DZ－001	9001
93	青海（3）	青海省盐业股份有限公司柯柯制盐分公司	SD－087	8087
94		格尔木盐化（集团）有限责任公司	SD－088	8088
95		青海省盐业股份有限公司茶卡制盐分公司	SD－089	8089
96	云南（1）	云南省盐业有限公司	SD－080	8080
97	北京（1）	中盐北京市盐业公司	DZ－017	9017
98	陕西（3）	延长石油定边盐化有限公司	SD－083	8083
99		中盐榆林盐化有限公司	SD－084	8084
100		陕西浩海品种盐有限责任公司	DZ－026	9026
101	山东（11）	山东莱央子盐场	SD－040	8040
102		山东岱岳制盐有限公司	SD－035	8035
103		山东肥城精制盐厂	SD－034	8034
104		山东寒亭第一盐场	SD－038	8038
105		山东无棣精盐厂	SD－039	8039
106		山东省广饶明华盐化有限责任公司	SD－036	8036
107		山东昌邑盐化精盐厂	SD－037	8037

续 表

序号	省市	单位名称	原证书编号	企业代码
108	山东（11）	威海市高岛制盐有限公司	SD－041	8041
109		青岛盐海制盐有限公司	DZ－025	9025
110		山东鲁晶制盐科技有限公司	DZ－021	9021
111		莱阳市盐场	DZ－037	9037
112	浙江（8）	浙江省盐业集团台州市盐业配送有限公司	SD－020	8020
113		浙江省宁波晶泰盐业发展有限公司	SD－021	8021
114		浙江绿海制盐有限责任公司	SD－022	8022
115		浙江杭州湾盐业配送有限公司	SD－023	8023
116		浙江临安三和园竹盐食品有限公司	DZ－007	9007
117		浙江蓝海星盐制品有限公司	DZ－008	9008
118		浙江颂康制盐科技有限公司	DZ－019	9019
119		浙江舟山远东进口海盐制品有限责任公司	DZ－040	9040
120	福建（4）	中盐福建盐业有限公司	SD－025	8025
121		福建省泉州晶海轻化有限公司	SD－026	8026
122		福建省莆田市晶秀轻化有限公司	SD－028	8028
123		福建省晶浦轻化有限公司	SD－029	8029
124	辽宁（11）	营口盐业有限责任公司	SD－010	8010
125		大连盐化集团有限公司	SD－011	8011
126		瓦房店五岛粉洗盐厂	SD－012	8012
127		中盐沈阳（瓦房店）五岛盐业有限公司	DZ－003	9003
128		大连新春多品种盐有限公司	DZ－016	9016
129		铁岭市盐业专营有限责任公司	DZ－034	9034
130		抚顺市盐业有限责任公司	DZ－035	9035
131		大连东宇盐化有限公司	DZ－032	9032
132		营口蓝天盐业进出口有限公司	DZ－033	9033
133		大连雅特盐业有限公司	DZ－031	9031
134		辽宁益盐堂制盐有限公司	DZ－036	9036

续　表

序号	省 市	单 位 名 称	原证书编号	企业代码
135	江西（5）	江西九二盐业有限责任公司	SD－033	8033
136		江西富达盐化有限公司	SD－031	8031
137		中盐新干盐化有限公司	SD－032	8032
138		江西晶昊盐化有限公司	SD－030	8030
139		江西强本科技发展有限公司	DZ－009	9009

参考文献

［1］ GB 2721－2015 食品安全国家标准 食用盐

［2］ GB/T 5461－2016 食用盐

［3］ GB 7718－2011 预包装食品标签通则

［4］ GB/T 18248－2000 快速响应矩阵码

［5］ GB/Z 25008－2010 饲料和食品链的可追溯性 体系设计与实施指南

［6］ GB 26878－2011 食品安全国家标准 食用盐碘含量

［7］ GB/T 28843－2012 食品冷链物流追溯管理要求

［8］ DB15/T 641－2013 食品安全追溯体系设计与实施通用规范

［9］《中华人民共和国食品安全法》

［10］《食盐专营办法》

［11］《食盐加碘消除碘缺乏危害管理条例》

图书在版编目（CIP）数据

食盐专营办法释义／甘藏春，罗文主编．—北京：中国法制出版社，2018.9（2018.11重印）
ISBN 978-7-5093-9824-1

Ⅰ.①食… Ⅱ.①甘…②罗… Ⅲ.①食盐-专营-法律解释-中国 Ⅳ.①D922.294.5

中国版本图书馆CIP数据核字（2018）第230103号

策划编辑：袁笋冰　　责任编辑：欧　丹　　封面设计：李　宁

食盐专营办法释义

SHIYAN ZHUANYING BANFA SHIYI

主编/甘藏春，罗文
经销/新华书店
印刷/三河市紫恒印装有限公司
开本/880毫米×1230毫米　32开　　印张/11　字数/183千
版次/2018年9月第1版　　2018年11月第2次印刷

中国法制出版社出版
书号 ISBN 978-7-5093-9824-1　　定价：39.00元

北京西单横二条2号
邮政编码 100031　　传真：010-66031119
网址：http：//www.zgfzs.com　　编辑部电话：010-66066621
市场营销部电话：010-66033393　　邮购部电话：010-66033288

（如有印装质量问题，请与本社印务部联系调换。电话：010-66032926）